dtv
premium

Stephen Tree

Isaac Bashevis Singer

Deutscher Taschenbuch Verlag

Viele Titel Isaac B. Singers sind in deutscher Übersetzung im Carl Hanser Verlag, München Wien, erschienen sowie im Deutschen Taschenbuch Verlag.

Von Isaac B. Singer
sind im Deutschen Taschenbuch Verlag lieferbar:

Feinde, die Geschichte einer Liebe (1216) – Das Landgut (1642) – Das Erbe (10132) – Verloren in Amerika (10395) – Die Familie Moschkat (10650) – Old Love (10851) – Der Kabbalist vom East Broadway (11549) – Der Tod des Methusalem (12312) – Meschugge (12522) – Das Visum (12738) – Der König der Felder (12814) – Eine Kindheit in Warschau (12815) – Ein Tag des Glücks (12820) – Max, der Schlawiner (13004) – Schatten über dem Hudson (13021) – Schoscha (13124) – Jentl (25203 – Großdruck) – Der Geschichtenerzähler (62094 – Reihe Hanser) – Leidenschaften. Geschichten aus der neuen und der alten Welt (13192) – Die Gefilde des Himmels (25220 – Großdruck) – Der Büßer (13220)

Originalausgabe
Juli 2004

www.dtv.de

Umschlagkonzept: Balk & Brumshagen
Umschlagfoto: Ausschnitt aus einer Aufnahme von
© Bruce Davidson / Magnum / Agentur Focus
Satz: Fotosatz Reinhard Amann, Aichstetten
Gesetzt aus der Poppl Pontifex 9,5/12'
Druck und Bindung: Kösel, Krugzell
Gedruckt auf säurefreiem, chlorfrei gebleichtem Papier
Printed in Germany · ISBN 3-423-24415-1

Inhalt

Kindheit und Jugend

Leoncin

Polen – am Ostrand Europas gelegen. Gewaltige Wälder, fruchtbare Äcker. Von großen Flüssen durchzogen, über die der Reichtum des Landes verschifft wird: Erze, Bernstein, landwirtschaftliche Produkte, Holz, Pelze. Seit 900 von den westslawischen Polen besiedelt. Seit 1200 nachweislich auch von Juden: Grabsteine, Erwähnungen in Chroniken, Münzen mit hebräischer Aufschrift. Deren genaue Zweckbestimmung umstritten ist. Aber ob reguläres Geld oder Gedenkmedaillen – der hohe Rang der Auftraggeber steht fest. Wie denn in mehreren jüdischen Legenden berichtet wird, dass eines sagenhaften Tages ein Jude zum König von Polen gewählt worden sei. Die Polen hätten sich, wie so oft in ihrer Geschichte, nicht auf einen geeigneten Kandidaten einigen können. Und beschlossen, den Ersten, der in die Stadt komme, zu krönen. Der sich dann als Jude erwiesen habe und die Polen dazu brachte, doch noch einen der ihren zu wählen. Legenden. Die eines zeigen: dass sich die Juden in Polen willkommen fühlten – und zu Hause. In alten Texten sprechen sie von »po – lin«. Hebräisch für: Hier sollst du verweilen. Und von »po – lon – ja«. Hebräisch für: Wo Gott wohnt.

Das damalige Polen galt als »semiprimitiv«. Oder, wie man heute sagen würde, als Entwicklungsland. Und ist damit aufnahmewillig für Einwanderer, die zum Aufbau des dünn besiedelten Riesenlandes beitragen wollen: Deutsche, Armenier, Italiener, Tataren – und eben die Juden.

Je stärker die Verfolgung im übrigen Europa, desto mehr von ihnen wandern nach Polen ein. Die meisten aus dem deutschen Reichsgebiet, wo sie schon vor der Völkerwanderung nachgewiesen sind. Ihre Sprache behalten sie bei. *Bereits mein Name – Jiddisch – sagt, was ich bin, eine jüdische Sprache. Wie alt ich bin? Nun, ich kann mein Alter nicht mit dem meiner älteren und ehrwürdigen Schwester, Hebräisch, vergleichen, aber Englisch ist etwa so jung wie ich. Entstanden bin ich wohl im alten Deutschland …*[1] So die jiddische Sprache, aus dem Munde ihres berufenen Vertreters Isaac Bashevis Singer.

1550 beherbergt Polen die größte jüdische Bevölkerungsgruppe Europas. Deren Zahl nach der Reformation und der damit zusammenhängenden Vertreibung aus lutherisch gewordenen Gebieten noch steigt. (Luther hält es für theologisch unverantwortlich, den Juden durch Gewährung einer Aufenthaltsberechtigung das Verbleiben in ihrem Irrtum zu erleichtern.) Wohl sind die Juden auch in Polen Anfeindungen ausgesetzt, aber weit weniger als im übrigen Europa. Sie fungieren hier nicht nur als Zinsen fordernde Geldverleiher, sondern genauso als Zinsen zahlende Kreditnehmer, die viele Legate an die Kirche zu verwalten haben. Sie erheben ihre Staatssteuern selbst. Sie bauen eine innerjüdische Zivilverwaltung auf, die sämtliche Streitfälle unter Juden gemäß talmudischem Recht klärt, was eine eingehende und kreative Beschäftigung mit der Überlieferung erforderlich macht. Klagen deutsche Rabbiner im dreizehnten Jahrhundert noch über die Ungelehrtheit der polnischen Gemeinden, stellen diese seit dem sechzehnten Jahrhundert die bedeutendsten Rabbiner West- und Mitteleuropas. Die polnischen Juden beteiligen sich mit den anderen Bevölkerungsgruppen am gemeinsamen Wachdienst, tragen Waffen, errichten gemäß königlicher Ordre ihre Gebetshäuser als schießschartenstarrende Festungen. Sie sind in die Vorschriften über gegenseitige Hilfeleistung, die in den damaligen unsicheren Zeiten den Polizeischutz ersetzen, gleichberechtigt mit einbezogen. Ihr »Blutgeld«, die gesetzlich festgelegte Sühnezahlung für den Totschlag eines der ihren, entspricht dem eines Adeligen. Und wenn sie aus den Städten Westpolens vertrieben werden, wo die Zünfte sie als Preisbrecher bekämpfen, gibt es im Osten genügend Neugründungen, in denen jeder tüchtige Bürger willkommen ist. Der italienische Kardinal Commendoni, der in der zweiten Hälfte des sechzehnten Jahrhunderts zwei Mal Polen bereist hat: *Viele Juden leben in der polnischen Ukraine, und werden, anders als Juden in anderen Gebieten, nicht verachtet. Im Gegenteil, sie besitzen Land, führen vielerlei Beschäftigungen durch und sind wohlhabende, hoch angesehene Leute. Äußerlich unterscheiden sie sich nicht von Christen: Sie dürfen Schwerter tragen und führen sonstige Waffen und haben dieselben Rechte wie die anderen Leute.*[2]

Bis 1648 die Katastrophe des ukrainischen Kosakenaufstandes über sie hereinbricht. Nicht nur, dass sie dabei, durch Mord und Vertreibung, um etwa ein Drittel dezimiert werden. Nach der brutalen Tributeintreibung während des Krieges werden sie mit hohen Steuerabgaben belastet. Sie geraten in eine Verarmung, aus der sie sich im Laufe ihrer weiteren Geschichte nie mehr befreien können.

Das geschwächte Polen wird schließlich unter seine Nachbarländer Österreich, Preußen und Russland aufgeteilt. Das Zarenreich hatte seit seiner Entstehung Juden das Siedlungsrecht verweigert. Nun, nachdem es sich Gebiete einverleibt hat, auf denen viele Juden wohnen, werden sie in einem schmalen Siedlungsgürtel eingezwängt, dem »Rayon«. Den sie bis zur Russischen Revolution nur mit schwer zu erlangender Sondererlaubnis verlassen dürfen. Anfangs des neunzehnten Jahrhunderts angegliederten »Königreich Polen«, dem eine gewisse Scheinselbstständigkeit zugestanden wird, geht es den Juden, trotz mancher Schikanen, besser.

Drei Viertel der Juden im ehemaligen polnischen Herrschaftsgebiet wohnen in eigenen Wohnbezirken in oder am Rande großer Städte oder in kleinen, manchmal winzigen Siedlungen, die sie in Eigeninitiative und/oder unter dem Patronat eines Land besitzenden Adeligen aufgebaut haben. Siedlungen, in denen sie einen großen Bevölkerungsanteil oder die überwiegende Mehrheit stellen, und die von ihnen selbst als »Schtetl« (jiddisch für »Städtchen«) bezeichnet werden.

Als eine weitgehend sich selbst verwaltende Bevölkerungsgruppe mit eigener Sprache, eigenen Speisegesetzen und eigener Kleidung entwickelt die jüdische Bevölkerung, in einer Verbindung von Religionsgesetz und Brauchtum, ihre besondere Lebensform. Der fellumrandete Samthut, die Kniehosen und weißen Strümpfe, die Rabbiner bei festlichen Anlässen tragen, der alltägliche Kaftan der Männer sind die Bürgertracht des siebzehnten Jahrhunderts, an der sie seit der Katastrophe des Kosakenaufstandes festhalten – nur eben in strengem Schwarz und ohne die sich als nutzlos erwiesenen Waffen. Darunter ein sichtbares weißes Quastenhemd, dessen vier

Fransen den Träger an die Einhaltung der Gebote mahnen sollen. Gemäß 3. Buch Moses, 19/27, *Schneidet nicht rund ab die Seitenecken eures Haupthaars, und verderbe nicht die Seitenecken deines Bartes*, lassen die Männer sich Schläfenlocken und Bart stehen. Die Frauen tragen zeitgenössischere Kleidung, aber sie pflegen sich nach der Hochzeit das Haar abscheren zu lassen und eine Haube oder eine Perücke anzulegen.

Die Juden stellen seit Beginn des neunzehnten Jahrhunderts etwa ein Zehntel der Gesamtbevölkerung.[3] Und werden von den anderen als Außenseiter wahrgenommen. Salomon Maimon, ein Talmudgelehrter des achtzehnten Jahrhunderts, der sich der preußischen Aufklärung anschloss und seine Lebenserinnerungen auf Deutsch verfasste: *Es gibt vielleicht kein andres Land außer Polen, wo Religionsfreiheit und Religionshass so im gleichen Grade anzutreffen wären. Die Juden genießen da einer völlig freien Ausübung ihrer Religion und aller übrigen bürgerlichen Freiheiten, haben auch sogar ihre eigne Gerichtsbarkeit. Von der andern Seite aber geht der Religionshass so weit, dass der Name Jude zum Abscheu wird ...*[4]

Maimon teilt die Einwohnerschaft Polens in »sechs Klassen oder Stände« ein: *Hoher Adel, Niedrer Adel, Halbadlige, Bürger, Bauern und Juden ...*

Die letzten zwei Stände, nämlich der Bauernstand und die Juden, sind die nützlichsten im Lande. Jener beschäftigt sich mit dem Ackerbau, Viehweide, Bienenzucht usw., kurz mit allem, was das Land hervorbringt. Diese treiben Handel, sind Professionisten und Handwerker, Bäcker, Brauer, Bier-, Branntwein- und Metschenker u. dgl.[5]

Die Juden können wiederum in drei Klassen eingeteilt werden, nämlich in arbeitsame Ungelehrte, in Gelehrte, die von ihrer Gelehrsamkeit Profession machen, und in diejenigen, die sich bloß der Gelehrsamkeit widmen, ohne sich mit irgendeinem Erwerbsmittel abzugeben, sondern von der arbeitsamen Klasse erhalten werden. Aus der zweiten Klasse sind die Oberrabbiner, Prediger, Richter, Schulmeister und dgl. Die dritte Klasse besteht aus denjenigen Gelehrten, die wegen ihrer vorzüglichen Talente und Gelehrsamkeit die Aufmerksamkeit der Ungelehrten auf sich ziehn, von diesen in ihre Häuser genommen, mit ihren Töchtern verheiratet und einige Jahre auf eigne Unkosten mit Frau und Kindern unterhalten werden. Nachher aber muss diese Frau die Ernährung ihres heiligen Müßiggängers und ihrer Kinder (die gemeiniglich bei dieser Klasse sehr zahlreich sind) auf sich nehmen, worauf sie sich, wie billig, sehr viel einbildet.[6]

Eine solche Familien-Ernährerin, die Juwelenhändlerin Tema »Temerl« Zynger aus Tomaszów, sucht 1887 eine Frau für ihren jüngsten Sohn Pinchos Menachem. Ihr Mann Samuel, der »heilige Müßiggänger« Salomon Maimons, ist zwar Rabbiner, hat sich aber meist mit kabbalistischen Studien befasst und zeichnet sich neben dem Eifer, mit dem er sich seinen religiösen Pflichten widmet, vor allem durch seine große Schweigsamkeit aus. Sein Sohn Pinchos Menachem, den die Mutter verheiraten möchte, ist aus damaliger Sicht für einen Heiratskandidaten an Jahren bereits recht fortgeschritten – 1868 geboren, ist er neunzehn Jahre alt –, was darauf zurückzuführen ist, dass er vor seiner Verheiratung die gefürchtete Einberufung abwarten musste, der er durch das Ziehen einer hohen Einberufungsnummer entging (was er zeitlebens als göttliches Wunder betrachtet hat). Und Temerl ist besonders anspruchsvoll. Die Braut ihres Sohnes muss aus einer guten rabbinischen Familie stammen. Nicht anders als sein Vater ist Pinchos Menachem etwas weltfremd – aber ein vorzüglicher Talmudist und bedeutender Religionsgelehrter.

Da trifft es sich, dass der Rabbiner von Bilgoraj, Jakob Mordechai Zylberman, einen Mann für seine Jüngste, die damals 16-jährige Lieblingstochter Bathseba sucht. Bathseba ist ein zurückhaltendes und strenges Mädchen, das sich als einzigen Backfisch-Luxus die Freude an der Feinheit und Eleganz seines besonders zierlich geratenen Schuhwerks gönnt, das von ihr sorgfältig blank gewienert wird, ehe sie damit auf den ungepflasterten Straßen ihrer Heimatstadt spazieren geht. Bilgoraj ist die drittgrößte Stadt des Bezirks Lublin. Ein klassisches Schtetl, das zu 40 Prozent von Juden bewohnt wird. Die mehr schlecht als recht von der Herstellung von nach Russland exportierten Rosshaarsieben leben. Israel Joshua Singer, der ältere Bruder von Isaac Bashevis Singer: *Die Frauen sammelten das Rosshaar, aus dem die Siebe gemacht wurden, reinigten und wuschen es. Die Männer saßen an den Webstühlen … und webten das Rosshaar. Es war eine ungesunde Arbeit, die nach zwanzig Jahren oder schon früher zu Schwindsucht führte.*[7] Eine Arbeit, mit der vor Tagesanbruch begonnen und spätnachts aufgehört wurde; die den Rücken krümmte, während der Webstaub die Augen verdarb und die Lungen zerfraß. Und den Frauen, die den kärglichen Heimarbeitsplatz teilten, genauso zusetzte.

Daneben gibt es eine russische, aus Don-Kosaken bestehende Garnison, und polnische Christen. Isaac Bashevis Singer: *Die drei Nationalitäten lebten streng getrennt, sprachen jede ihre eigene Sprache und feierten ihre Festtage.*[8]

Als Lieblingstochter des Rabbi hat sich Bathseba, ungewöhnlich für eine Frau ihrer Zeit und Sphäre, weitgehende religiöse Kenntnisse angeeignet, die sie später befähigen, ihrem Mann jederzeit mit Bibelstellen und selbst mit Talmudzitaten auszuhelfen. Sie sind auch entscheidend für ihre Wahl. *Als sie [meinen Vater] mit ihrem Vater über religiöse Fragen diskutieren hörte, empfand sie Respekt und Bewunderung für ihn.*[9] Und so wird 1888 die Verlobung, und, am 14. Juni 1889, in Bilgoraj Hochzeit gefeiert.

Es ist, wie sich bald herausstellt, eine Verbindung zweier gegensätzlicher Welten. *Haben die Heiratsvermittler vielleicht Verstand? Sie machen die dümmsten Kombinationen. In meinem Fall war alles, was sie wussten, dass ich die Tochter des Rabbi von Bilgoraj und dein Vater der Sohn des Rabbi von Tomaszów war.*[10]

Pinchos Menachem Zynger stammt aus einer uralten Rabbinerfamilie. Mit einem Stammbaum, den er bis auf die größten Leuchten des Judentums Polens und der Diaspora zurückverfolgen kann, und damit, indirekt, bis auf König David selbst. Bathsebas Vater dagegen war ein armes Waisenkind, das sich mit großer Begabung und außergewöhnlichem Fleiß zum geachteten und gefürchteten Rabbiner hochgearbeitet hatte. Sein Enkel Israel Joshua, der ältere Bruder Isaac Bashevis Singers, hat ihn noch bewusst erlebt: *Eine Art unbeugsame Kraft schien von diesem hoch gewachsenen, strengen, ehrfurchtgebietenden Mann auszugehen ... Er führte ein weises und gerechtes Regiment ... und gestand keinem Sonderrechte zu, egal, wie reich oder wie fromm oder wie mächtig jemand war.*[11]

Auch die beiden Mütter könnten unterschiedlicher nicht sein. Temerl geht ganz selbstverständlich davon aus, dass sie alle praktischen Entscheidungen in der Familie zu treffen und außerdem für deren Lebensunterhalt zu sorgen hat, und bleibt dabei stets bester

Laune und zuversichtlich. Hannah, die Frau des Rabbiners von Bilgoraj, die diesem mit zwölf Jahren anverlobt worden war und mit fünfzehn ihr erstes Kind bekam, hat sich, weil ihr gestrenger Mann mit ihr ebenso wenig ein privates Wort wechselt wie mit allen anderen in der Familie, ganz auf ihren häuslichen Bereich zurückgezogen. Jeden Freitag richtet sie ein wunderbares Sabbatmahl an – mit Silber, auf weißem Tischtuch –, an dem sie, da ihr Mann jedes Mal die Bettler der Stadt dazu einlädt, als fromme jüdische Hausfrau wegen der fremden Männer nicht teilnehmen kann, und in der Küche essen muss. Isaac Bashevis Singer beschreibt sie als eine *verbitterte... Frau, die ungeachtet ihrer Frömmigkeit zu anderen sehr verletzend sein konnte.* Die der Mutter ihres Schwiegersohns ins Gesicht sagt, dass sie es ihm nicht zutraut, eine Familie zu ernähren. Worauf sich Großmutter Temerl frohgemut auf die Hilfe Gottes beruft. Und ans Manna in der Wüste erinnert.

Hannah antwortete trocken: »Das ist lange her.«

»Gott ändert sich nicht«, sagte Temerl.

»Wir sind keiner Wunder mehr würdig«, konterte Hannah.

»Warum nicht?« fragte Temerl. »Wir können genauso gut und fromm sein, wie es unsere Vorfahren waren.«[12]

Außerdem vertreten die Eheleute gegensätzliche Interpretationen des Judentums. Wohl kommen beide aus frommen, streng religiösen Familien. Doch Pinchos Menachem ist ein Chassid, Anhänger einer Mitte des achtzehnten Jahrhunderts entstandenen gefühlsmächtigen Neuauffassung der Religion, bei der die Freude am Leben und am Gebet bestimmend sind. Ein Chassid hat in der Regel einen Zaddik, einen als heilig empfundenen Rabbi, den er als wundermächtig und Gott näher stehend betrachtet; die Vielfalt und das demokratische Potenzial der Religion bleiben dadurch gewahrt, dass sich dem Gläubigen mehrere Zaddikim mit unterschiedlichen Vorgaben und Interpretationsmustern anbieten. Seit der Entstehung des Chassidismus haben sich Dynastien und Höfe gebildet, die von Vätern auf Söhne oder Schwiegersöhne vererbt werden, nicht immer problemlos. Chassidismus kann ebenso ein beinahe magisches Weltverständnis beinhalten wie eine hoch entwickelte und komplexe Lebens- und Gottesauffassung.

Die Mutter dagegen ist mit der strengen Glaubensinterpretation der Mitnaggedim aufgewachsen, von denen ihr Vater, der Rabbiner, ein prominenter Vertreter war. Die Mitnaggedim, die sich bei der Entstehung des Chassidismus als Gegenbewegung gebildet haben, verstehen sich als die Bewahrer der traditionellen Werte des Judentums, denen sie sich durch genaues Studium der Gesetzestexte und der Überlieferung lebenslang anzunähern versuchen, im sicheren Wissen, die absolute Wahrheit erst nach Ankunft des Messias erlangen zu können.

Nur in der Haarfarbe sind die beiden sich gleich – rot. Wobei die Mutter, um als Rabbinersfrau den Vorschriften besonders streng zu genügen, ihre nach der Hochzeit kurz geschnittenen Haare mit einer Kunsthaarperücke bedeckt; Ziege für den Alltag, Rohseide für den Sabbat. Sie wird als mager und eckig beschrieben. Israel Joshua Singer: *Mutter … war groß und ein bisschen vornübergebeugt. Sie hatte große, stechende, eisgraue Augen, eine scharfgeschnittene Nase und ein vorspringendes maskulines Kinn.*[13] Sie gehört zu den Menschen, die sich selber nichts vormachen und entsprechend auch von anderen nichts vormachen lassen.

Pinchos Menachem dagegen ist kleingewachsen und stämmig, mit zarten Gesichtszügen, *ein tief gläubiger Mann.*[14] Mit von seinem Sohn immer wieder beschriebenen roten Bart, schwarzen Schläfenlocken und blauen Augen. Er verfügt über eine Unerschrockenheit vor den Widrigkeiten des Lebens, ein absolutes Gottvertrauen, das, wenn es denn nicht so fromm wäre, an die manchmal fast sträfliche Risikobereitschaft seines zweiten Sohnes erinnert. *»Mein Vater hat in einer Welt von Illusionen gelebt, die stark und klar umrissen waren. Nur ein Mensch mit großer Intelligenz kann in einer Welt von derart starken Illusionen leben.«*[15] Sein oft wiederholter Wahlspruch: *Mit Gottes Hilfe wird alles gut.*[16] Womit er seiner Frau Bathseba, die sehr oft miterleben muss, dass es eben nicht immer gut ausgeht, ziemlich zusetzt.

Es fängt mit der Russischprüfung an. Die er, ein ausgewiesen guter Kopf, ablegen müsste, um als offizieller Rabbiner fungieren zu können. Russischkenntnisse auf dem Niveau der vierten Gymnasialklasse und ein russisches Gespräch mit dem Gouverneur. Die Ausbildung ist Teil des Hochzeitsvertrags und wird vom Schwiegervater mehrmals bezahlt. Und in allen möglichen Varianten angeboten –

Hausunterricht, Wohnen beim Lehrer, Selbststudium. Umsonst. Pinchos Menachem ist um keinen Preis der Welt bereit, den weltlichen, für ihn heidnischen Behörden, das Recht zuzugestehen, in irgendeiner Form über seine Befugnis zur Ausübung eines Amtes zu urteilen, das er als das einzig ihm zukommende betrachtet und für das er sich seit frühester Jugend vorbereitet hat.

Bathsebas Familie legt ihr frühzeitig nahe, sich von dem schwärmerischen Schwerenöter scheiden zu lassen. Ihrer entschiedenen Weigerung haben wir die Existenz Isaac Bashevis Singers zu verdanken. So sehr sich die Jungverheiratete über die Selbstbezogenheit ihres Mannes ärgert – angesichts der bitteren Armut, in der sie deswegen mit ihren Kindern leben muss, mehr als verständlich – sie hat für Pinchos Menachem wohl das empfunden, was ihr zweiter Sohn, der so viele unmögliche Beziehungen ungleicher Menschen beschrieben hat, mehrmals zum Untertitel von Geschichtensammlungen oder eines Romans machte; ein Begriff, der in ihrer religiös streng geregelten Welt so nicht vorkommt oder als selbstverständlich vorausgesetzt wird: Liebe. Wie ihr Enkel Maurice Carr berichtet, klärte der Rabbiner Pinchos Menachem seine Tochter, bevor diese unter den Trau-Baldachin trat, wie folgt auf: *»Sei mit deinem Mann nicht scheu. Was ihr beide tun werdet, ist von der Tora vorgeschrieben, ein heiliger Akt, von dem deine Mutter, die mich Nacht für Nacht erschöpfend in Anspruch nimmt, nicht genug bekommen kann.«*[17]

Die Mutter hat darunter gelitten, nicht dem vermeintlichen Ideal ihres Mannes zu entsprechen: *»Ich bin ihm zu mager und zu unverblümt. Er liebt Honig, und ich bin Meerrettich. Ich bin meinem Vater nachgeraten, und dein Vater seiner Mutter, die über das ganze Gesicht lachte und Gutes tat.«*[18]

Leicht haben es die beiden nicht miteinander. Die ersten Jahre bringen sie, gemäß altem Brauch, »auf Kost« bei den Eltern der Braut, dem strengen Rabbi von Bilgoraj, zu – wo sich der junge Chassid gründlich unwohl fühlt. Nach dem endgültigen Fiasko mit den Russischstunden flieht er zu seiner Mutter, von wo ihn die Ehefrau zurückholt. Im Gegensatz zu Bathsebas Vater, der trotz vieler besser dotierter Angebote stets in Bilgoraj verbleibt, ist Pinchos Menachem, teils aus der Notwendigkeit der Stellungsuche, teils aus der Freude an religiösen Feiern an chassidischen Höfen und am Umgang und am Disput mit anderen Gottesgelehrten, oft und gern verreist. Zeiten, in denen Frau und Kinder für sich selber schauen müssen. Umgekehrt lässt ihn die Ehefrau manchmal allein, wenn sie sich nicht anders zu helfen weiß, als für eine Weile mit den Kindern zu ihrem Vater nach Bilgoraj zu ziehen.

Es dauert eine Weile, bis Bathseba schwanger wird, und dann, 1891, ist es ein Mädchen. Es wird nach Temerls verstorbener Mutter »Hinde Esther« genannt; einer berühmt frommen Frau, die unter ihren Kleidern das gewöhnlich Männern vorbehaltene Quastenhemd trug und die wie ein Chassid Pilgerfahrten zu großen Rabbinern unternahm, wobei ihr der Rabbi von Belz einen Stuhl zuwies – eine unerhörte Ehre für eine Frau. Doch der Freisinn des Wunderrabbi hat der gleichnamigen Urenkelin wenig geholfen. Ob es, wie sie selber vermutet, ihr Geschlecht war, die Unsicherheit einer mageren und flachbrüstigen jungen Mutter (die später oft zu wenig Milch für ihre Babys hat), oder die Spannungen in der Ehe – das Neugeborene wird einer Amme übergeben. Die ihrem Brustkind zwar einen prächtig milchstrotzenden Busen, aber nur einen Abstellplatz unter einem alten staubigen Tisch zu bieten hat. Wo es drei Jahre lang liegen bleibt. Um einmal die Woche von der Mutter besucht zu werden, die sich dabei vorsichtig über die Tochter beugt, ohne das Kind in die Arme zu nehmen. Erst als sich die 3-jährige Hinde Esther infolge des herabrieselnden Schmutzes eine Augeninfektion zuzieht, nimmt man sie nach Hause. Sie leidet zeit ihres Lebens an psychischen Problemen, Hysterie, Lachkrämpfen, Ohnmachten, epileptischen oder epilepsieähnlichen Anfällen, schließlich Verfolgungswahn, ohne – so die Ärzte, die sie später untersuchen – im klinischen Sinne geisteskrank zu sein.

1893, ebenfalls in Bilgoraj, wird der erste Sohn des Paares, Israel Joshua geboren. Den die Mutter selber nährt.

1897, die acht Kostjahre sind so gut wie abgelaufen, hält Pinchos Menachem auf einer seiner Wandertouren in einem kleinen Schtetl bei Warschau eine derart überzeugende Gastpredigt, dass man ihn als Rabbiner dabehalten möchte, obwohl er über keine Konzession verfügt. Mit vier Rubeln Wochengehalt. (Der Preis von einem Pfund Tee.) Sondervergütung für rabbinische Amtshandlungen wie Schiedsgerichte extra, dazu das Monopol für den Hefeverkauf an Bathseba, die Rabbinersfrau.

Der Dreihundertseelen-Ort ist eine Neuansiedlung – um 1880 entstanden, nachdem die russischen Behörden eine Gruppe von Juden von ihrem angestammten Wohnsitz vertrieben hatten. Die sich nicht anders zu helfen wussten, als sich, wie von alters her, bei einem adeligen Großgrundbesitzer um die Erlaubnis zur Neuansiedlung zu bemühen. Ein sandiges Ufergrundstück am Weichselufer, für Landwirtschaft ungeeignet, steht zur Verfügung, und der Eigentümer, Leon Chrystowski, ist agnostisch genug, keine wie immer gearteten religiösen Vorurteile zu haben: *Dass Jesus, im Gegensatz zu allen anderen, kein Geld nehmen wollte, erklärt sich daraus, dass seine Hände ans Kreuz genagelt waren.*[19] Und dennoch so gottesgläubig oder vornehm, den Juden das Land für ihre sakralen Bauten – Synagoge, Ritualbad – zu schenken. Weswegen sie den Ort ihm zu Ehren »Leoncin« nennen. Er besteht aus den für jüdische Siedlungen typischen Häusern mit Schindeldächern (die Polen haben Stroh). Und wird, außer vom Schweinemetzger und einem Kneipier, ausschließlich von Juden bewohnt.

Pinchos Menachem wird als Rabbiner sehr geschätzt. Wegen seiner Frömmigkeit, wegen der Übereinstimmung zwischen Predigen und Tun. Obwohl er sich seit seiner Jugend nichts sehnlicher wünscht, als mit seiner Gläubigkeit Wunder wirken zu können, lehnt er alle diesbezüglichen Ansinnen ab, da er diese Fähigkeit bei sich nicht feststellt (an die er, bei anderen, durchaus glaubt). Seine eine irdische Schwäche ist der schriftstellerische Ehrgeiz, sein Bemühen, die religiösen Schriften, an denen er ständig arbeitet, gedruckt zu sehen. Was ihm nur selten vergönnt ist.

In Leoncin erweist sich, dass Bathseba für die Rolle der Rabbinersfrau, der »Rebezen«, der energischen Chefin der Frauen der Gemeinde, nicht durchsetzungsfreudig oder derb genug ist und von lautstarken, religiös und charakterlich weniger befähigten Frauen beiseite gedrängt wird. Worunter sie leidet, ohne es ändern zu können.

Bathseba bekommt nochmals zwei Mädchen, an denen sie sehr hängt und die wahrscheinlich das Los der Ältesten erleichtert hätten. Doch beide Töchter erkranken an Scharlach und sterben. Am gleichen Tag. Israel Joshua Singer: *Mutter begann verzweifelt zu weinen ... »Warum?«, rief sie mit emporgereckten Händen. »Vater im Himmel, womit habe ich das verdient?«*

Der Vater im Himmel gab keine Antwort, aber mein Vater antwortete ihr. »Offenbar hat es so sein sollen«, sagte er mit gebrochener Stimme.[20] Der Mensch dürfe den Ratschluss Gottes nicht infrage stellen. Gott sei gerecht – und gütig.

Nach dem Tod der Töchter wird der Familie von einem wohlmeinenden Holzhändler, einem »Reb Jair«, das Baumaterial für ein Haus gespendet. Zu dem Leon Chrystowski das Land gratis zur Verfügung stellt. *»Ein Richter nimmt kein Geld von einem anderen Richter.«*[21] Und so kommt die Familie zu einem eigenen Haus. In dem ein neues Kind das Licht der Welt erblickt – Izaak Hersz (Hersch, »Hirsch« = hebräisch »Zwi«, »der Schnelle, Starke«) Zynger, oder, wie wir ihn heute kennen, Isaac Bashevis Singer.

Geboren wurde er, wie er Paul Kresh, seinem offiziellen Biografen, erklärt hat, *»in der dritten Woche des jüdischen Monats Cheschwan, der grob dem Monat November entspricht. Aber als ich ein kleiner Junge war, und wir von Leoncin nach Radzymin umzogen, wollte ich von meinen Eltern wissen, wann mein Geburtstag sei. Das war im Monat Tamus, der normalerweise dem Juli entspricht. Sie sagten »heute«, um mich aufzuheitern. Deswegen habe ich ihn meist am Bastille-Tag (14. Juli) gefeiert.«*[22]

Ein Datum, das er, mit Geburtsjahr 1904, als ganz junger Mann in einen Geburtsschein hat eintragen lassen, den er für eine geplante Auswanderung nach Palästina brauchte. Und den er – das entsprechende Archiv sei im Ersten Weltkrieg abgebrannt – nur für teures Geld erhielt. Wobei Geburtsjahr- und -datum aufgrund von zwei Zeugenaussagen neu beglaubigt werden mussten. Hier hat sich Singer wahrscheinlich jünger gemacht, um der, wie wir aus seinen Büchern wissen, von ihm verabscheuten Einberufung in die polnische Armee zu entgehen.[23]

Ein Geburtsdatum in der zweiten Novemberhälfte 1903 oder 1902 würde den historischen Eckdaten in den Kindheitserinnerungen der beiden Brüder eher entsprechen. Als die Familie mit zwei- bis dreiwöchiger Verspätung vom Tod Theodor Herzls am 3. Juli 1904 erfährt, liegt der Säugling Isaac, Israel Joshua zufolge, bereits in der Wiege und hat eine Kinderkrankheit überstanden. (Als Säugling galt man, wie das Beispiel der älteren Schwester zeigt, bis ins dritte Lebensjahr.) Singer selbst gibt an, dass er *alt genug* war, *die Gebetsriemen anzulegen*, als er in der Zeitung las, *dass Zar Nikolaus unter Hausarrest stand und sich die Zeit damit vertrieb, Holz zu spalten.*[24] Da das Anlegen von Gebetsriemen mit dem dreizehnten Geburtstag zusammenfällt, heißt das, dass er diesen im Februar 1917 bereits hinter sich hatte. Stimmt das Datum 11. November, das sich nur in Paul Kreshs 1984 erschienener Singer-Biografie für Jugendliche findet[25], ist er am 21. Cheschwan 1903 geboren. Stimmt der 21. November, der in Paul Kreshs offizieller Biografie von 1979 genannt wird und den er laut seiner Sekretärin Dvorah Telushkin privat bei ihr feierte, ist er 1902 zur Welt gekommen, wo der 21. Cheschwan und der 21. November zusammenfallen (was nur alle zehn, elf Jahre vorkommt).

Dass der Schriftsteller so lange am Julidatum festhielt, dürfte damit zusammenhängen, dass das Datum über den falschen Geburtsschein in die hochoffiziellen amerikanischen Staatsbürgerschaftspapiere gelangt ist, auf die er, ein armer und namenloser Emigrant, sechs Jahre warten musste, die ihm sehr viel bedeuteten, und bei denen der nachträgliche Nachweis von Falschangaben zur Aberkennung führen kann. Die vorsichtige Richtigstellung erfolgte nach dem Nobelpreis.

1906 kommt in Leoncin als letztes Kind des Rabbinerpaares Isaacs jüngerer Bruder Mosche zur Welt.

Pinchos Menachems Existenz als »illegaler« Rabbiner hängt nicht nur von den regelmäßigen Schmiergeldzahlungen an den Ortsgendarmen ab, sondern, vor allem, vom Wohlwollen der Gemeinde. Im Gegensatz zum christlichen Pastor oder Pfarrer, der seine Autorität aus der Religion ableitet, muss der Rabbiner in der Diaspora seine Fähigkeit zur religiösen Führung ständig unter Beweis stellen. *Die Gemeindemitglieder, die meines Vaters Wochenlohn bestritten, passten genau auf und waren immer bereit, bei seinen Kindern Anzeichen für Verstöße gegen die religiösen Vorschriften zu finden.*[26] Ein Fehler, eine Lässlichkeit, können den Rabbi Autorität und Stellung kosten. Nun hatten einige jüdische Mystiker das Kommen des Messias für das jüdische Jahr 5666 (29. September 1905 – 20. September 1906) vorausgesagt. Dabei hatten sie sich nicht nur auf kabbalistische Überlegungen bezogen, sondern auch auf politische Ereignisse, die sie als die von der Tradition vorhergesagten »Geburtswehen des Messias« verstehen wollten: das schreckliche Pogrom von Kishinev von 1903, bei dem 45 Juden ermordet und 600 verletzt wurden, die Erscheinung Theodor Herzls, der die Juden nach Palästina zurückzuführen beabsichtigte, der russisch-japanische Krieg von 1905, bei dem das mächtige russische Reich unerwartet von den Japanern geschlagen wurde, die bürgerlich-liberale Oktober-Konstitution, die Zar Nikolaus II. unterschrieb.

Der Rabbi von Leoncin schließt sich dieser Deutung an. Und mit ihm seine Gemeinde. Ein Jahr wird gehofft. Isaac Bashevis Singer hat in seinem ersten Roman, ›Satan in Goraj‹, beschrieben, wie der Messias-Glaube einer jüdischen Gemeinde von der Ahnung zur Überzeugung wächst. Die sich spätestens am Vorabend des letzten Tages vor dem nächsten Neujahrsfest erfüllen muss. Wo die Menschen bis zum Sonnenuntergang verzweifelt auf ein Wunder warten. Doch als die Sonne nicht stehen bleiben will, und die Sterne, deren Dreizahl das Abendgebet zwingend vorschreibt, trotz der Wolken deutlich zu sehen sind, wird den Gläubigen klar, *dass sie das Exil noch über die Feiertage hinaus ertragen mussten.* Während die Frauen erstarrt in ihren Häusern sitzen, in denen sie nun kein Licht mehr anstecken dürfen, eilen die Männer ungewaschen, ungekämmt und unfeiertäglich zum Gottesdienst. *Sie schämten sich so sehr, dass sie kein Wort miteinander wechselten, sondern sogleich begannen, die längst fälligen Nachmittagsgebete zu sprechen.*[27]

Pinchos Menachem war ohnehin auf der Suche nach einer besseren Stelle gewesen. Nach dem Messias-Fiasko verstärkt er seine Bemühungen. Was dazu führt, dass er öfter auf Reisen ist. Worauf in seiner Abwesenheit ein Streit zwischen Chassidim und Mitnaggedim um die Gebetsordnung in der kleinen Synagoge ausbricht. Schließlich kommen die Parteien überein, dem abwesenden Rabbiner Schuld zu geben. Dem man bei seiner Rückkehr eine lange Verpflichtungsliste zur Unterschrift vorlegt. Damit, dass er nicht mehr ohne weiteres verreisen darf, könnte sich Pinchos Menachem noch einverstanden erklären. Aber man will ihm auch vorschreiben, mit wem er Umgang haben darf und mit wem nicht.

Israel Joshua Singer: *Mutter überflog das Ultimatum und sagte zornig: »Jetzt reicht's! Und wenn wir hungern müssen – nach dieser Demütigung darfst du nicht hier bleiben.«*[28]

Radzymin

Es beginnt, wie so viele wichtige Wendepunkte in seinem Leben, mit einer Eisenbahnfahrt. Die Reise im Juli 1907, deren ungefähres Datum Isaac Bashevis Singer zu seinem offiziellen Geburtstag erklärt hat. Ein Aufbruch aus dem Dreihundertseelen-Dorf in die weite oder fürs Erste weitere Welt hinein.

Zunächst in die Kleinstadt Radzymin, die der älteren Schwester nach der ländlichen Abgeschiedenheit ihrer Kindheit ungeheuer spannend und belebt erscheint. Der Vater war vom Zaddik dieser Stadt an seinen chassidischen Hof gebeten und zum Leiter seiner neu gebauten Jeschiwa, seiner Talmudakademie, bestimmt worden. Die Radzyminer sind eine vergleichsweise junge chassidische Dynastie, der jetzige Rabbi der Enkel des Gründers. Mit einer Neigung zu großartigen Gesten – er hat dem Vater einen teuren, fellbesetzten Rabbinerhut und einige Goldmünzen geschenkt – und schönen, aber verschwommenen Versprechungen. Fazit der Mutter: Eine klare Gehaltszusicherung gibt es nicht, die Familie wird, notgedrungen, vom tagtäglichen Wohlwollen des Zaddiks abhängig sein. Der denn prompt zur Badekur verreist, ohne Mittel für den laufenden Lehrbetrieb zu hinterlassen. Um nach seiner Rückkehr den Leiter der Schule zusammenzustauchen, als die Studenten wegbleiben. Und ihn gleich wieder als »Hebamme«, als Ghostwriter, für die unter dem Namen des Rabbiners erscheinenden religionsgesetzlichen Texte zu bemühen.

Aus nicht-chassidischer Sicht nützt der Radzyminer Rabbi Pinchos Menachem weidlich aus. So sieht es die Mutter, die mit dem nicht regelmäßig ausgezahlten Gehalt ihre vier Kinder durchfüttern und unter unsicheren Wohnverhältnissen leben muss (theoretisch auf Kosten des Rabbi, praktisch mit einer Hausbesitzerin, die ständig wegen der Miete nervt). Und so sehen es die beiden älteren Kinder, deren Frömmigkeit dadurch nachhaltig erschüttert wird. Der damals 14-jährige Israel Joshua hat Gestalt und Wesen des Radzyminer Rabbi in seinem ersten Roman verewigt: *Ein beleibter [Mann], über dessen dicken Bauch sich der lange gelbe Gebetsmantel legte wie das Umstandskleid bei einer werdenden Mutter. ... Jähzornig, laut, mit vollen, sinnlichen Lippen, zwischen denen immer eine brennende oder kalte Zigarre steckte; ein sehr rechthaberischer Mensch.*[29] Der Rabbi hat eine sauertöpfische Mutter, die sich darin gefällt, dem neuen Schulleiter das Leben schwer zu machen, und, erstaunlicherweise, eine nette, liebenswürdige Frau, die Pinchos Menachem wohlgesonnen ist. Ebenso wie dessen Sohn Isaac, für den sie eigens eine Reihe Perlen von ihrem Umhang abschneidet.

In Radzymin geht Isaac in den »Cheder«, die Kleinkinderschule, wo, für damalige Verhältnisse ungewöhnlich, Mädchen und Jungen gemeinsam unterrichtet werden. Und wo er bei »Reb Fischl«, der bereits der Lehrer des Radzyminer Rabbi war, das hebräische Alphabet erlernt. Ein solcher Unterricht findet meist in der Stube des Lehrers statt. Es gibt die Prügelstrafe; geübt wird an Texten, die die kleinen Kinder kaum verstehen können. Aber die jahrhundertealten Lehrmethoden umfassen auch eine bildkräftige, der kindlichen Vorstellungswelt angepasste Vermittlung des hebräischen Alphabets: »Gimmel« ist ein Soldat, der sich zu einem Marschschritt anschickt, »Beth« ein Zimmer, dem eine Wand fehlt.

Singer beschreibt sich als ausgesprochen neugieriges Kleinkind, das den Eltern, besonders der Mutter, durch seine ständige Fragerei auf die Nerven geht. *»Er macht mich noch meschugge. Er ist ein Dibbuk, kein Kind.«*[30]

Hinde Esther, Israel Joshua und Isaac haben ihre Kindheit deutlich unterschiedlich erlebt. Hinde Esther, die Älteste, empfindet sie als trostloses Aschenputtel-Dasein unter einer distanzierten Mutter und einem sich betont zurückhaltenden Vater. Der sich religiös und pädagogisch verpflichtet fühlt, möglichst selten das Wort an die Tochter zu richten und ihr nie ein Geschenk von seinen Reisen mitzubringen. Was er für die Söhne sehr wohl tut. Als er dem jüngeren Bruder eine große Zukunft als Talmudgelehrter prophezeit, will sie vom Vater *halb im Spaß, halb ernsthaft* wissen, was einmal aus ihr werden wird. Die Antwort: *»Was du eines Tages wirst? Nichts, natür-*

lich.«[31] Ihre einzige Freude ist der alle vier Wochen stattfindende Leonciner Markttag mit der Hoffnung, dass der Trödler vielleicht ein neues jiddisches Buch dabei hat. Sie soll nicht lernen, sie soll den Haushalt mitbesorgen. Und das, ohne dass man ihr dafür ein gutes Wort gönnen oder ihre bemerkenswerten geistigen Gaben – von denen ihr autobiografischer Roman ›Deborah‹ zeugt – bemerken oder gar fördern würde: *Fast jede Nacht im Bett beschloss sie ganz fest, ihre Pflicht, die Hausarbeit zu machen, aufzugeben und stattdessen ein Student zu werden. Bereits seit ihrer Kindheit hatte sie danach verlangt, gebildet zu werden, damit aufzuhören, die Null in der Familie zu sein.*[32] Aufmerksamkeit erhält sie nur für ihre jähen Stimmungsschwankungen und epilepsieähnlichen Anfälle. Manchmal – so Isaac Bashevis Singer, der ihr in seinen Kindheitserinnerungen ein Kapitel widmet – habe sie gewirkt wie von einem Dibbuk besessen. Er meint, dass sie, *ein Chassid in Weiberröcken*[33], wie ihre Urgroßmutter und Namenspatronin das Zeug zu einer weiblichen Heiligen gehabt hätte und als solche in einer anderen Zeit viel glücklicher geworden wäre.

Ihr ebenso erschreckendes wie faszinierendes Verhalten wird ihre beiden jüngeren Brüder beeindruckt haben. In der Fachliteratur werden Doktorspiele zwischen der frustrierten älteren Schwester und ihrem zwei Jahre jüngeren Bruder Israel Joshua vermutet, bei denen die Initiative von der Schwester ausging. Singer schreibt, dass er und sein kleinerer Bruder von der zwölf Jahre älteren Schwester gern und oft abgeknutscht wurden. Beide Brüder haben in ihrem ersten Roman junge Frauenfiguren gestaltet, die von der Persönlichkeit wie vom Verhalten her an die Schwester erinnern: Beim älteren wird sie, ungefragt mit einem alten Witwer verheiratet, zur sexuell enthemmten Verführerin und Verderberin des unschuldigen Romanhelden Josche; bei Isaac Bashevis ist sie der tragische Mittelpunkt der Geschichte vom ›Satan in Goraj‹, als junge, unglückliche Frau, die mit ihrer geistigen und erotischen Sensibilität die Verfehlungen der Gemeinschaft auf sich nimmt und, stellvertretend für alle, daran zugrunde geht.

Auch Israel Joshua Singer, der ältere Bruder, hat wenig gute Erinnerungen an seine Kindheit. Das »Joch der Tora«, unter das er sich seit seinem dritten Lebensjahr gespannt sieht, empfindet er als ausgesprochen bedrückend. Und sein Zuhause als »düster«. *Es war eher ein Lernhaus als ein Zuhause. Eher ein Haus Gottes als eines für Menschen.*[34] Den Nachmittag in Leoncin, an dem er verbotenerweise mit einem zugelaufenen Hund spielt, empfindet er als den glücklichsten seiner Kindheit. Alles sei Sünde gewesen – den Lehrer »meschugge« zu nennen, am Sabbat Fliegen zu fangen, selbst rennen, weil sich das für einen Juden nicht gehöre. *»Warum vergeudest du deine Zeit?«, fragte Vater jedes Mal, wenn er mich dabei ertappte, dass ich aus dem Fenster schaute. »Ein Jude darf nie müßig sein. Er muss lernen und studieren.« – Der »Jude« war in diesem Fall ein kleiner Junge, der täglich zehn Stunden im Cheder verbrachte.*[35] Obwohl ein ausgezeichneter Schüler und vorzüglicher Talmudist, hat er stets das Bedürfnis, anders zu leben als nach den Regeln seines Vaters. Worin er von der Mutter, deren Liebling er ist, unterstützt wird. Als er beim Hausbau in Leoncin mit anpacken möchte und der Vater ihm dies als unjüdisch verweist, lässt ihn die Mutter ausdrücklich gewähren: *»Tu, was getan werden muss – vorausgesetzt, du vernachlässigst deswegen die Tora nicht. Aus dir soll nicht so ein hilfloser Träumer werden.« Auf wen sie damit anspielte, war mir klar.*[36] Joshuas Vorbild ist der Vater seiner Mutter, der Rabbi von Bilgoraj. Von dem er die Skepsis übernimmt – und die Fähigkeit, Entscheidungen zu treffen, Probleme zu lösen und Verantwortung zu übernehmen. Auch für das eigene Schicksal. Und immer wieder, und letztlich lebensrettend, für den jüngeren Bruder.

Der »Itsche« oder »Itschele«, wie er genannt wird, fühlt sich in seiner Familie und ihrer religiösen Welt deutlich wohler. Einerseits geht ihm der gradlinig rebellische Charakter des älteren Bruders ab. Er versteht oder lernt es, seine kleinen und größeren Fluchten diskret und unter der Hand durchzuführen. Dann hat er die zwölf Jahre ältere Schwester, die ihn und seinen jüngeren Bruder Mosche *ständig küsst und herzt*[37]. Er hat den bewunderten älteren Bruder, der ihn mit Lesestoff und geistiger Anregung versorgt. Den er als der Frommere und Bravere beim Vater ausstechen kann. (Als sich die beiden erwachsenen Brüder einmal zanken, beschimpft Israel Joshua den jüngeren als »Schlange«[38].) Er hat eine Mutter, die wesentlich besser mit ihrer Rolle zurechtkommt als beim ersten Kind, die »besondere Leckerbissen« für die beiden Jüngsten zurücklegt und »alle möglichen Ausreden« erfindet, warum sie selber nichts davon mag. Sie weiß

Zaubersprüche, die von weit her kommen und *gebrauchte Ausdrücke, die sie von Generationen liebevoller Mütter und Großmütter übernommen hatte. ... »Möge ich dein Lösegeld sein und mögest du meine Gebeine überleben!« Oder sie sagte: »Möge ich das Sühneopfer für den geringsten deiner Finger sein.«*[39] Sie gibt den Kindern »am Tag vor Neumond« besondere Süßigkeiten, die vor Würmern schützen sollen, und lässt sie für teures Geld segnen, um sie vor dem »bösen Blick« zu schützen. *All das hielt sie nicht davon ab, ›Die Herzenspflichten‹, ›Das Buch der Aufrechten‹ und andere bedeutende ethische Werke zu studieren.*[40]

Isaac hat die beiden gegensätzlichen elterlichen Religions- und Weltauffassungen – die skeptische Rationalität der Mutter und die mystische Frömmigkeit des Vaters – gleichrangig wahrgenommen. Gefühlsmäßig dem Mystizismus des Vaters zuneigend, kann er sich der zwingenden Logik der mütterlichen Argumentation nicht verschließen. Ein Kindheitsdilemma, das er in ›Tote Gänse schreien nicht‹ beschrieben hat. Wo er erzählt, wie eine Frau seinem Vater, dem Rabbi, zwei geschlachtete Gänse brachte. Darf sie deren Fleisch verzehren oder muss sie die Tiere wegschmeißen?

Die Gänse geben beim Aneinanderschlagen im Kochtopf ein schreiähnliches Geräusch von sich, das sie vorführt – das den jungen Singer das Fürchten lehrt und den erwachsenen Schriftsteller an den stummen Schrei der geschundenen Kreatur denken lässt, die Klage vor ihrem Schöpfer erhebt.

Die Frau ist verzweifelt. Sie ist arm. Gänse bedeuten eine große Investition, von der sich eine Familie lange ernähren kann – noch das ausgelassene Fett ist kostbar.

Der Vater sieht das Eingreifen höherer Mächte. Die Mutter lässt sich den Schrei noch einmal vorführen. Und will danach wissen, ob die Frau die Luftröhren herausgenommen habe. Was diese verneint.

Worauf die Mutter trotz des offenkundigen Ärger ihres Mannes beherzt zugreift und die Luftröhren selbst entfernt. Und die Frau auffordert, die Probe aufs Exempel zu machen.

Es ging um die Entscheidung. Wenn die Gänse schrien, würde Mutter alles verlieren: ihre Kühnheit ... und ihren Skeptizismus ... Aber die Gänse blieben stumm, so stumm, wie zwei tote Gänse ohne Luftröhren nur sein können.[41]

Als das neue Jeschiwagebäude abbrennt, steht die Familie des Schulleiters Pinchos Menachem vor dem Nichts. Ein beschämender Brief an den Schwiegervater (ob man zu ihm ziehen könne) ist schon abgegangen, eine knapp zustimmende Antwort (ohne die dem gelehrten Schwiegersohn zukommenden Höflichkeitsfloskeln) eingetroffen – als (so die Schwester) ein »Rabbi Salman« in die Geschicke der Familie eingreift. Ein weltläufiger Fremder, der mit Pinchos Menachem in der Radzyminer Synagoge ins Gespräch gekommen ist. Er erzählt ihm von einem Stadtteil in Warschau, *wo ein Rabbi dringend benötigt wurde.* In dem viele orthodoxe Juden, aber keine »offiziellen Rabbiner« wohnten. *Nun hatte Reb Salman eine große Anzahl von Freunden in dieser Gegend, und ... mit klein wenig Zureden von ihm würden sie sich gerne an einem Gehalt ... beteiligen.*[42]

Reb Salman sorgt dafür, dass der Rabbi von Radzymin seinen Warschauer Chassidim Pinchos Menachem als Rabbiner empfiehlt. Und so kommt es erneut zum Aufbruch, diesmal für einen längeren und besonders wichtigen Abschnitt im Leben von Isaac Bashevis Singer: an die Krochmalnastraße in Warschau.

Warschau

Wieder wird die Eisenbahn bestiegen. *Die ganze Fahrt dauerte nur zwei Stunden, hinterließ aber so viele Eindrücke, dass es mir vorkam, als sei es eine lange Reise gewesen.*[43] Der Vater ist vorausgereist, der 14-jährige Bruder mit dem Pferdefuhrwerk und den Sachen mitgefahren. In Warschau leistet sich die Mutter mit ihren drei Kindern und dem Reisegepäck den Luxus einer Droschke, ein Abenteuer auch das.

Plötzlich sagte der Kutscher: »Dies ist die Krochmalna.«[44] Die Häuser erscheinen dem kleinen Jungen besonders hoch, das Gedränge der Menschen in der engen Straße erinnert ihn an die Feuersbrunst in Radzymin.

Ein Teil des Umzugsgutes ist, trotz der Bemühungen des Ältesten, gestohlen worden. Und was noch da ist, teilweise beschädigt.

Von der Toreinfahrt geht es in ein Treppenhaus – für das ebenerdige Häuser gewohnte Provinzkind eine neue, aufregende Erfahrung.

Eine Tür wurde geöffnet, und wir betraten eine Küche. Die Wände waren rosa gestrichen. Dann kamen wir in ein großes Zimmer, das ein Fenster und einen Balkon hatte. Ich ging hinaus auf den Balkon und war gleichzeitig drinnen und draußen.[45]

Und damit sind wir in einem für Isaac Bashevis Singer besonders wichtigen Wohnbereich. Dem Balkon. Wo er in der für ihn – und wohl für viele Künstler typischen – Haltung »gleichzeitig drinnen und draußen« sein kann, Anteilnahme an der Welt nehmend, ohne sich in ihr zu verlieren, genau beobachtend, mit ständiger Rückzugsmöglichkeit. Dort wird er Stunden, fast Tage zubringen – und schauen. Sich Vorgänge, Menschen, Zwischenfälle einprägen. Um sie, eines noch sehr fernen Tages, beschreibend festzuhalten.

Warschau. Eine alte – nicht die älteste – Stadt Polens. Seit 1321 Stadtmauern, seit 1414 nachweislich jüdische Einwohner. Die 1454 nach den Predigten des katholischen Heiligen St. Johann Capistrano verfolgt und vertrieben werden. Um sich, im Laufe des achtzehnten und neunzehnten Jahrhunderts, neu anzusiedeln. Seit 1816 Teil des von Russland verwalteten Königreichs Polen. Nach den Pogromen von 1881, staatlich geduldeten blutigen Judenverfolgungen im zaristischen Mutterland, wird die Stadt zur wichtigen Zufluchtsstätte für russische Juden. Um 1910, als die Singers einziehen, umfasst sie die größte jüdische Ansiedlung der damaligen Welt. Knapp 40 Prozent, über 300 000 der rund 780 000 Einwohner, sind Juden.

Die Singers hatten in Leoncin gleichsam im Mittelalter oder in der Renaissance gelebt – in einer neu gegründeten Siedlung, unter dem Patronat eines Aristokraten, in einem ebenerdigen Haus ohne fließend Wasser, ohne Strom oder Gas, mit ungepflasterten Wegen, deren hoher Sandgehalt, wie dankbar festgestellt wurde, bei Regen das völlige Verschlammen verhinderte. In Radzymin waren sie ins achtzehnte oder frühe neunzehnte Jahrhundert gewechselt, in eine Stadt, die, was die Juden betraf, vom gleichen chassidischen Hof bestimmt wurde, dem die Familie zugeordnet war. Mit einer Hauptstraße mit Laternen und Bänken. Deren einstöckige Häuser der Tochter vorkommen »wie hoch aufragende Wolkenkratzer«. Nun, in Warschau, sind sie im zwanzigsten Jahrhundert angelangt. Im Armenviertel – Singer spricht von einem »Slum« – aber in der Neuzeit.

Mit all ihren technischen und geistigen Errungenschaften. *Aus den Nachbarwohnungen drang Gesang zu uns. ... Ein Kantor sang wie in einer Synagoge. Ein Mädchen lachte, Frauen zankten, aber das alles war nicht wirklich. All diese Stimmen kamen aus riesigen Schalltrichtern ...*[46] Singer ist immer ein leidenschaftlicher Stadt-, genauer, Großstadtbewohner geblieben, er hielt das, wie er in einem Interview sagte, für die einem Juden besonders angemessene Daseinsform.

Die Wohnung in der Krochmalna 10 hatte fließendes kaltes Wasser und einen Schüttstein, aber kein Gas und kein Klo. Das befand sich auf dem Hof und war, wie Singer schreibt, *der Schrecken meiner Kindheit. Es war dort immer dunkel, und alles starrte vor Dreck. Überall liefen Mäuse und Ratten herum, über den Boden und oben auf dem Dach.*[47]

Im Treppenhaus sei es auch nicht viel besser gewesen, da es manche Kinder dem Klo vorzogen und die Hausfrauen dort ihren Müll loswurden. Und eben durch dies schlimme Treppenhaus musste man steigen, um die Wohnung von Rabbi Pinchos Menachem durch die rosa gestrichene Küche zu betreten. Von dort gelangte man ins Ess- oder Wohnzimmer, das ein Fenster zur Straße und den besagten Balkon hatte. Ebenfalls direkt an die Küche schloss sich das wahrscheinlich auf den Hinterhof hinausgehende Studierzimmer des Vaters mit vielen religiösen Büchern und einem Toraschrein an. Der Schrein war der einzige Schmuck der Wohnung, neben einem ungeheuer schweren, geschnitzten Schrank. Bilder oder Blumen wurden als »heidnisch« empfunden. *Während andere Kinder Spielzeug besaßen, spielte ich mit den Büchern meines Vaters.*[48] Den blauen Ballon zum Aufblasen, den ihm der Vater mitbringt, als er einmal hohes Fieber hat, empfindet er wie ein Wunderwerk. Hinter den beiden Zimmern befand sich, als Gegenstück zur Küche, das Schlafzimmer, in dem die Eltern aus religiösen Gründen in getrennten Betten schliefen; möglicherweise auch die Betten oder das Bett der beiden jüngeren Söhne. Das der Schwester stand in der Küche; Israel Joshua hat eine Zeit lang auf dem Arbeitstisch des Vaters übernachtet.

Es ist gerade die Enge der Verhältnisse, die Isaac erlaubt, überall zu sein und zugucken zu können – auch und besonders am rabbinischen Gerichtshof des Vaters. Für ihn, im Rückblick, eine Mischung aus Schiedsgericht, Synagoge, Lehrhaus und psychoanalytischer Praxis. Wo er die Vielfalt menschlicher Probleme, Schicksale und Eigenarten kennen lernen kann. Eine kindliche Wissbegier, die die Fähigkeit voraussetzt, zu erkennen, wann man den Mund halten muss. Denn nicht wenige der Ratsuchenden sind die Eltern seiner Spielgefährten.

Isaacs bemerkenswerte Neugier ist auch der älteren Schwester aufgefallen, die den kleinen Bruder ihrem Sohn Maurice Carr gegenüber als »erschreckend bleich« beschrieben hat, *ein mageres Kerlchen ... sommersprossig, mit roten, schulterlangen Schläfenlocken ..., der ständig hinter anderen hergeht, hinter Türen lauscht, nie ein Wort sagt.*[49] Den erwachsenen Autor schildern seine Freunde als begnadeten Zuhörer, der, wenn er es darauf anlegte, jeden dazu bringen konnte, ihm alles über sein Leben zu erzählen – die Putzfrau im Hotel wie Honoratioren bei einem Galadiner. *»Wo leben Sie? Wie leben Sie? Mit wem leben Sie« – wenn ich die Antwort auf diese drei Fragen weiß, weiß ich alles.*[50]

Für ihre Wohnung zahlen die Singers 24 Rubel im Monat – eine Summe, die sich dem Kind eingeprägt hat. Die Hochzeit Bessergestellter bringt dem Rabbiner fünf Rubel, von armen Leuten nimmt er drei. Eine wichtige Einnahmequelle ergibt sich an den hohen jüdischen Feiertagen, Neujahr und Versöhnungstag. Wo die Rabbinerwohnung zur Synagoge umgebaut wird. Das ist vor allem für die Frauen wichtig, die, im Gegensatz zu ihren Männern, in den Bethäusern keine festen Plätze haben. Anfangs findet der Feiertagsgottesdienst im Studierzimmer des Rabbi statt; später wird das (kleinere) Schlafzimmer als gesonderter Gebetsraum der Männer und das (größere) Studierzimmer als Frauensynagoge verwendet. Arme Frauen, die nicht zahlen können, beten umsonst, oder, wenn ihnen dies lieber ist, gegen ein symbolisches Entgelt in der Küche mit. *Unter den Juden damals war ein Rabbi ein Mann mit vielen Aufgaben und wenig Einkünften.*[51]

Mit dem Essen seien sie so weit hingekommen. Singer schreibt von einer *Suppe aus Kartoffeln ... Mehlschwitze und angebratenen Zwiebeln. Eier aßen wir nur an Pessach. Ein Pfund Fleisch kostete zwar zwanzig Kopeken, dafür reichte es aber für einen großen Topf*

Brühe.[52] Der Biograf Paul Kresh hat das durchschnittliche Tagesmenü besserer Zeiten zusammengestellt: zum Frühstück Brot, Butter und etwas Quark, gelegentlich ein Happen Hering. Zu Mittag die von Singer beschriebene Fleischsuppe mit Kartoffeln und Zwiebeln oder Reis und Bohnen, ein kleines Stückchen Fleisch, manchmal Nudeln und hier und da süßer Pudding oder Strudel als Nachtisch. Zum Abendessen nochmals Nudeln, Milchreis, Brot mit Sauermilch oder Hering mit Brot. Tomaten kannte er nicht. Ananas gab es zum jüdischen Neujahr in winzigen Portionen. Zum Trinken viel dünner Tee oder Wasser. Die Kinder aßen gemeinsam mit den Erwachsenen und gingen gleichzeitig mit ihnen schlafen. Isaac Bashevis Singer: *Man hat damals keinen besonderen Wert auf eine Unterscheidung von Erwachsenem und Kind gelegt. Kinder wurden einfach wie kleine Erwachsene behandelt.*[53]

Mit Kleidern tat sich die Familie ausgesprochen schwer. Das eine und einzige Mal, dass Isaac in seiner Kindheit und Jugendzeit von einem wohlmeinenden Schneider einen neuen Staat gestiftet bekommt, ist ein sehr großes Ereignis – und geht denn auch gründlich schief. Und wird, wie so vieles, Anlass für eine Geschichte.

Das ist das Besondere an Schriftstellern – die ersten fünfzehn Jahre ihres Lebens gehen ihnen nie verloren. Sie sind so etwas wie ein unerschöpflicher Brunnen.[54] Wie weit diese von Singer Richard Burgin gegenüber getroffene Feststellung Allgemeingültigkeit hat, muss dahingestellt bleiben. Auf den Schriftsteller Singer trifft sie zu. *In meinen Büchern kehre ich immer wieder in die Krochmalnastraße 10 zurück. Ich kann mich noch genau an jeden Winkel und an jeden Bewohner erinnern. Andere graben nach Gold, das Gott vor Milliarden Jahren geschaffen hat, aber für mich ist diese Straße meine Goldader.*[55]

Wie exakt Singer die Geschehnisse in der Krochmalna in Erinnerung hat, zeigt die Auswahl ›Eine Kindheit in Warschau‹, wo er auf knapp 120 Druckseiten über zwanzig namentlich genannte, in Funktion und Charakter und gegenseitigem Verwandtschaftsgrad genau definierte Figuren beschreibt, die namenlosen Personen, die nur einen kurzen Sprech- oder Gesangsauftritt haben, die eigene Familie und die Fantasie-Gestalten (Räuber, Riesen, Dämonen, wundermächtige Rabbiner) nicht mitgerechnet. Singers Orientierungssinn in seinem imaginären Warschau ist geografisch exakt – einschließlich historisch verbürgter Spitznamen und Slangbegriffe.

Mit dem ausgeprägten Hang zum Festhalten von Eindrücken verbunden ist die Freude an deren Wiedergabe in Bildern, Zeichen und Buchstaben. *Ich begann schon zu »schreiben«, als ich das Alphabet noch gar nicht kannte. Ich tauchte einfach eine Feder in Tinte und kritzelte etwas hin. ... Der Sabbat war eine Qual für mich, weil es verboten ist, an diesem Tag zu schreiben.*[56]

Wichtig ist diese Zeit auch für Singers Ohr. Das polnische Jiddisch, das er in der Studierstube seines Vaters und auf der Krochmalnastraße in vielen Schattierungen und Abwandlungen hört, als religiöser Disput, Rufe von Verkäufern, Streitgespräch, Schimpfwort, gibt ihm einen Fundus von Ausdrucksformen an die Hand, die er zu einer rhythmischen und reichen Schriftsprache gestaltet, die, wie selbst Gegner bezeugen, im Jiddischen ihresgleichen sucht und in jeder Übersetzung nur sehr annähernd wiedergegeben werden kann.

Bis zum Zweiten Weltkrieg hat sich Singer ganz selbstverständlich als Teil eines jiddischsprachigen Universums begriffen. Das sich über viele Länder und Kontinente, bis nach Berlin, Antwerpen, London, New York, Buenos Aires und Johannesburg erstreckt. Einer Kultur, die sich selbst als maßgebend empfindet. Und die anderen Kulturen, mit denen sie in Berührung kommt, als außenstehend. Und fremd. *Von den drei Millionen Juden, die in Polen lebten, waren etwa zweieinhalb Millionen nicht in der Lage, den einfachsten Brief auf Polnisch zu schreiben, und machten beim Sprechen die gröbsten Fehler. Polnisch bedeutete ihnen ebenso viel wie Chinesisch. Ich selber stamme aus einer Familie, die seit den Zeiten meines Urgroßvaters Großvater in diesem Land lebte, aber mein Vater konnte kaum mehr als zwei Worte Polnisch und es wäre ihm nie eingefallen, dass das irgendwie außergewöhnlich sein könnte.*[57]

Das jüdische Selbstverständnis hat die schweren und bewusst demütigend angelegten Verfolgungen im Laufe der Jahrhunderte zu erdulden und zu überdauern vermocht, indem es sich abgrenzte und diese als Spielart der eigenen, als absolut begriffenen biblischen Wirklichkeit verstand: als schlechte Kopie eines bereits in der Bibel beschriebenen und damit göttlich sanktionierten Vorgangs. Ein überlebensnotwendiger Hochmut, der gern als eigentlicher Auslöser der Verfolgung hingestellt wurde.

Aus damaliger nicht-jiddischer Sicht ist es die nahe Verwandtschaft des Jiddischen zum Deutschen, die als besonders problematisch empfunden wird. Den Deutschen war es deutlich unangenehm, an die gemeinsamen mittelhochdeutschen Wurzeln, denen das Jiddische näher steht, erinnert zu werden. Das man denn gar nicht als Sprache wahrnehmen wollte. Sondern als schlecht geratenes, unschönes und bestenfalls komisches Deutsch. Nun hatten auch die deutschen Juden, die, im Gegensatz zu den Juden vieler anderer europäischer Länder, bis zur Nazi-Zeit nie ganz vertrieben wurden, das so genannte »Westjiddisch« gesprochen, es aber im Laufe des neunzehnten Jahrhunderts aus den genannten Gründen abgelegt. Auch sie standen damals dem Habitus und der Sprache der jiddischen Welt eher fremd und in der Regel (nicht immer) ablehnend gegenüber; Salomon Maimon, der den Sprung zwischen den Sphären im achtzehnten Jahrhundert gewagt hat, bezeichnet die eigene Muttersprache als »Kauderwelsch«. Franz Kafka, der sich mit dem Jiddischen intensiv auseinander gesetzt hat, definiert es in einer Rede, in der er seine Zuhörer dafür begeistern will, ganz selbstverständlich mit dem damals gebräuchlichen Ausdruck »Jargon«. Ein abwertender Begriff, den Singer in seinen Erzählungen gern hochmütigen oder beschränkten Personen deutsch-jüdischer Abstammung oder sich dem deutschen Kulturkreis verbunden fühlenden Personen zuschreibt. Der Autor hat äußerst empfindlich darauf reagiert, wenn andere – in der Regel Juden – über das Jiddische herzogen oder es herabsetzten. Das konnte dazu führen, dass er eine Lesung schmiss oder verließ; als Menachem Begin, immerhin der Premierminister Israels, sich durch Singers Bemerkung, man möge doch in Israel mehr für das Jiddische tun, gehalten fühlte, dem bekanntesten lebenden jiddischen Schriftsteller einen Vortrag über die geringe Eignung desselben als Kommandosprache zu halten, hatte dies (1978) zur Folge, dass Singer jeden Kontakt mit Begin abbrach und Israel nicht mehr betreten wollte, solange dieser im Amt war – und das hieß, bis zu Singers Lebensende. (Der Fairness halber sei hinzugefügt, dass Begin der erste Premier

Israels wurde, der bei öffentlichen Anlässen Jiddisch sprach und den Krach mit Singer dessen Sohn gegenüber als »Missverständnis« bedauert hat.)

Geistig wächst Singer in drei Welten auf. Zunächst in der traditionellen Welt der Bibel und des Talmud, bei dem es sich, der orthodoxen Überlieferung zufolge, um das Moses am Sinai offenbarte mündliche Gesetz handelt, das von Generation zu Generation weitergegeben und nach der Zerstörung des Zweiten Tempels in einem jahrhundertelangen Prozess schriftlich kodifiziert wurde. Und zwar nicht im Hebräisch der Bibel, sondern in der damals gebräuchlichen Umgangssprache, dem Aramäischen. Texte, die auf jeder Druckseite von in rabbinischem Hebräisch abgefassten Kommentaren späterer Zeiten umgeben sind.

Der Talmud umfasst zwei Gebiete; die Gesetzessammlung der »Halacha«, in Heines wunderbarer Formulierung:

... diese große

Fechterschule, wo die besten
Dialektischen Athleten
Babylons und Pumbedithas
Ihre Kämpferspiele trieben

Lernen konnte hier der Knabe
Alle Künste der Polemik ...[58]

Und die »Aggada« oder »Hagada«, in der traditionelles Erzählgut, Gleichnisse, Anekdoten, Legenden und Bibelauslegungen enthalten sind:

Letztre aber, die Hagada,
Will ich einen Garten nennen
Einen Garten, hochfantastisch ...
...
Und der junge Talmudschüler
Wenn sein Herze war bestäubet

Und betäubet vom Gezänke
Der Halacha, vom Dispute
Über das fatale Ei,
Das ein Huhn gelegt am Festtag,

Oder über eine Frage
Gleicher Importanz – der Knabe
Floh alsdann, sich zu erfrischen,
In die blühende Hagada ...[59]

All dies überlagert und durchdrungen von der jahrhundertealten folkloristischen Vorstellungswelt der polnischen Juden mit ihrer verzweigten Dämonologie, in der uralte jüdische Traditionen ebenso erscheinen wie orientalisches und mitteleuropäisches und slawisches Sagengut (wie ein kluger Beobachter bemerkte, haben sich die Religionen, was abergläubische Vorstellungen anging, jederzeit und gut verstanden).

Dazu kommt die eigentliche jüdische Mystik, die Kabbala. Deren Studium, seit sie im siebzehnten Jahrhundert entscheidend zum Erfolg eines falschen Messias beitrug, erst für charakterlich gefestigte Personen ab dreißig Jahren freigegeben ist. Die sich der kleine Isaac trotzdem anzueignen versucht – heimlich natürlich, hinter dem Rücken des Vaters. *Obwohl ich nur einen kleinen Teil davon verstand, gab es mir doch schon etwas.*[60] Die Kabbala erlaubt ihren Adepten, in eine höhere, schönere, harmonischere Welt einzutauchen – und durch geheimnisvolle Praktiken und intensive Gebete die als grobe äußere Schale empfundene Alltagswirklichkeit zu beeinflussen. Womit sie in den Bereich des Magischen übergeht, von dem gerade Jugendliche und Kinder wie der kleine neugierige Rabbinersohn fern gehalten werden sollen. Was natürlich erst recht ein Anreiz für ihn ist, seinen Kameraden und Freunden gegenüber mit eben diesen magischen Fähigkeiten zu prunken.

Aus kabbalistischer Sicht, in der Interpretation des erwachsenen Singer, hat Gott die Welt geschaffen, indem er sich »eindunkelte«, gleichsam seine Allmacht zurücknahm, um einen Bereich zu eröffnen, der dem freien Willen, und damit auch dem Bösen, überlassen bleibt. Ein Tatbestand, der für Singer, der immer (und nicht immer siegreich) mit den eigenen Triebkräften und Zwängen zu kämpfen hat, im Mittelpunkt seiner geistigen und moralischen Betrachtungen steht.

Doch im Talmud wie in der Kabbala bleibt Isaac Bashevis Singer fest in der Welt der jüdisch-polnischen Tradition verwurzelt. Geistig wie sprachlich. Mit Jiddisch für den Alltag und für die Unterhaltung. Mit Hebräisch und Aramäisch als Hochsprachen. Und Gesprächen am Familientisch, die sich um religiöse Zwistigkeiten vergangener Jahrhunderte und deren Protagonisten drehen. Die Singers Vater weit gegenwärtiger oder jedenfalls wichtiger erscheinen als die politische Tagesaktualität.

Singer hat in späteren Jahren wiederholt darauf hingewiesen, wie tief er sich dieser dem weltlichen Zeitablauf entzogenen jüdischen Welt verbunden fühlt. Und wie wichtig diese Wurzeln für sein künstlerisches Schaffen sind. Er beschreibt, wie ernst die prophezeite Ankunft des Messias in seiner Familie genommen wurde. *Mein jüngerer Bruder Mosche und ich sprachen oft darüber.* Nach dem Klang des Widderhorns des Propheten Elia, das man um die ganze Welt hören kann, wird der Tempel wieder in Jerusalem erstehen, ebenso wie der Palast König Davids, den die Kinder, ihrer Abstammung gemäß, »Großpapa« nennen dürfen.

Aber um all dies zu verwirklichen, mussten wir fromme Juden sein, die Tora studieren, gute Taten vollbringen, inbrünstig beten und unseren Eltern gehorchen …

All das wäre gut und schön gewesen, hätte ich nicht schon von jung auf mir selbst die Frage gestellt: »Ist das wahr?«[61]

Denn seit dem Umzug nach Warschau an die Krochmalnastraße, mit ihren Menschen, Tönen, Schriften, ist er in das beginnende zwanzigste Jahrhundert eingetaucht. Womit er die Sphäre des traditionell Jüdischen verlassen hat. Er liest nicht nur heilige Bücher, sondern, mit Begeisterung, jiddische Groschenromane – Lieblingsdetektiv: Max Spitzkopf und sein Gehilfe Fuchs.

Nicht anders als seine beiden älteren Geschwister bringt er sich, in der nun auch schon jahrhundertealten Tradition der jüdisch-polnischen Aufklärung, das Deutsche zumindest als Lesesprache bei, und später das Polnische, das er mit jiddischem (für die Polen jüdischem) Akzent spricht, aber gut liest und schreibt. Kommentar des Vaters: »*Ausgerechnet jetzt, wo der Messias gleich kommt, versuchst du, Polnisch zu lernen.*«[62]

In den Erinnerungen der Schwester ist es erneut Reb Salman, der ihr die gute Nachricht bringt: dass er einen idealen Heiratskandidaten für sie gefunden hat. Was spätestens Ende 1911 erfolgt sein dürfte. Der Bräutigam ist aus frommer Familie und zugleich so aufgeschlossen, dass er sich, entsprechend den Wünschen von Hinde Esther, den Bart rund stutzt und keinen langen Kaftan trägt. Er stammt aus Warschau und arbeitet als Diamantenschleifer in Antwerpen. Entgegen dem Brauch will der Brautvater die Mitgift des jungen Ehepaars selber stellen und die Hochzeit – in Berlin – auf eigene Kosten ausrichten.

Singer hat von einem »freudianischen Drama vor Freud« gesprochen, das sich in der elterlichen Wohnung abspielte. Wobei die Tochter der Mutter vorwirft, sie nur loswerden zu wollen – was die Mutter empört von sich weist. Nun gilt das Verheiraten der Töchter frommen Juden als Elternpflicht, und das Sammeln für die Mitgift war ein beliebter Bettler-Kunstgriff. (Singers Vater hatte einem besonders beeindruckenden Bittsteller einmal die Familienersparnisse ausgehändigt.) Umso erfreuter muss die praktisch denkende Mutter über die unerwartete Chance gewesen sein. Hinde Esther, die den Mann, mit dem sie ihr Leben zubringen soll, nur von Fotografien und Beschreibungen kennt, ist weniger überzeugt und entsprechend schwierig. Sie schreibt in ihrem autobiografischen Roman von einem Nervenzusammenbruch.

Der Bräutigam nimmt brieflich Verbindung mit seiner Braut auf, und mit ihren *langen, lebendigen und sogar humorvollen*[63] Antworten gelingt es Hinde Esther für einmal, die Mutter und damit wohl auch die jüngeren Brüder zu beeindrucken. (Dem Vater werden die Briefe nicht gezeigt.) Als die Braut zur Hochzeit nach Berlin fährt, hat sie, wie ihr Sohn berichtet, bereits eine Sammlung von Kurzgeschichten dabei. Die sie vor der Grenze zerreißt und aus dem Fenster wirft, weil die sie begleitende Mutter Ärger mit der zaristischen Grenzpolizei vermeiden möchte.

Singer hat die Verlobung und Heirat seiner Schwester als eine Zeit des Umbruchs und der Veränderung in der Familie empfunden.

Nicht nur, dass Hinde Esther plötzlich ein überraschendes schriftstellerisches Talent zeigt, der ältere Bruder, Israel Joshua, macht mit seiner Leidenschaft fürs Malen ernst, bringt sich Russisch im Selbststudium bei und schafft heimlich verbotene »literarische« Bücher nach Hause. Außerdem entwickelt Israel Joshua sozialistische Ideen, die er dann der Mutter und dem jüngeren Bruder vorträgt.

Ein Seitenblick auf die Tragödie der Schwester ist angebracht. Obwohl der Mann, den ihr die Eltern aufgedrängt haben, sich ihrer eigenen Schilderung zufolge als einfühlsam und charmant erweist und alles tut, um sie zu gewinnen, auch Kräche und Spannungen mit seiner Familie auf sich nimmt, vermag sie nicht, ihn zu lieben. Sie sehnt sich ständig nach Warschau zurück. Die Streitigkeiten mit der Familie des Mannes führen dazu, dass diese dem jungen Ehepaar die Unterstützung entzieht, als im Diamantenschleifgewerbe Antwerpens Flaute herrscht, so dass die Singers, trotz eigener Notlage, Geld nach Belgien überweisen müssen. Im Ersten Weltkrieg verschlägt es sie nach London, wo ihr Mann als russischer Staatsbürger zum Kriegsdienst nach Russland ausgeliefert und jahrelang von ihr getrennt wird. 1926 reist oder flieht sie mit ihrem 13-jährigen Sohn nach Polen zu einem Familientreffen zurück. Um von der Mutter nach fünfzehn Jahren Abwesenheit (so der Enkelsohn) mit den Worten begrüßt zu werden: *»Na, Hindele, du bist ja gar nicht so hässlich, wie ich dich in Erinnerung hatte!«*[64] Ihren Enkel, ohne Käppchen, ohne Ohrlocken, ohne Quastenhemd, würdigt sie nur eines einzigen »eisigen Blickes«. Während sich der fromme Großvater als liebenswürdiger und freundlicher erweist. Doch Hinde Esther kann in Warschau nicht bleiben und kehrt nach drei Monaten wieder zum ungeliebten Mann zurück. Sie übersetzt Dickens und Shaw ins Jiddische, veröffentlicht einen zweiten Roman, ›Brillanten‹, der im Antwerpener Diamantenschleifer-Milieu spielt, und ›Yiches‹ (Stolz), eine Sammlung von Kurzgeschichten. Ihr Sohn, der später unter dem Pseudonym »Martin Lea« und »Maurice Carr« selber ein erfolgreicher Schriftsteller und Journalist wird, kümmert sich aufopfernd um sie, bis er, mit 27, heiratet. Als er sich notgedrungen von der Mutter trennt – wobei er den Kontakt selbstverständlich aufrechterhält –, bricht bei ihr Verfolgungswahn aus. Hinde Esther stirbt 1954, 63 Jahre alt, in London. Der autobiografische Roman ›Deborah – Narren tanzen im Ghetto‹, den sie 1936 in Warschau unter ihrem Ehenamen Esther Kreitmann mit mäßigem Erfolg auf Jiddisch publizierte, wurde von ihrem Sohn ins Englische und Hebräische übersetzt und gilt heute als bemerkenswertes literarisches Zeitdokument. Was sie mit Isaac Bashevis Singer gemeinsam hat, ist das ausgeprägte Feingefühl und den schonungslosen Blick auf sich selbst: *Warum passiert es mir, dass ich immer das Gegenteil von dem tue, was ich machen will.... Ein Fehler nach dem anderen, eine Dummheit nach der anderen! Ich weiß doch, dass ich mich zum Narren mache, und doch kann ich mir nicht helfen.*[65]

Die Eltern und die älteren Geschwister Singers sind alle begeisterte Geschichtenerzähler. Für den frommen chassidischen Rabbi sind Geschichten ein wesentlicher Teil seiner religiösen Tradition; für die Mutter sind sie, mit ihren angedrohten Höllenstrafen, ein wichtiges Erziehungsmittel – und eine Möglichkeit, den Kindern die eigene Jugend und Herkunft näher zu bringen. Der ältere Bruder gibt dem jüngeren sein heimlich angeeignetes weltliches Wissen – Astronomie, Geografie, Bräuche und Religionen anderer Völker – weiter, während die Schwester, solange sie zu Hause ist, dem kleinen Bruder die romantischen Romane nacherzählt, die sie gerne liest.

Um die Zeit der Verlobung seiner Schwester findet Isaac eine Spielkameradin. Derer er später in einer bewegenden Geschichte gedenken und die er zur Hauptfigur eines seiner schönsten Altersromane machen wird: das Nachbarsmädchen »Schoscha« – blond, blauäugig, hellhäutig. Die er, obwohl sie ein Jahr älter ist, als jünger empfindet.

Auch Schoscha hat eine Fantasiewelt, die sie ihrem kleinen Freund zugänglich macht: ein Hauskobold, der hinter dem Ofen lebt. *Ein Hauskobold tut niemandem etwas zuleide, er hilft sogar manchmal im Haushalt. Trotzdem fürchtet man sich vor ihm.* Sie hat einen festen Satz von Geschichten, *aber sie ließen mich jedes Mal von neuem vor Aufregung zittern.* Er selber denkt sich gerne Neues aus – dass sein Vater einen Schatz besitze, dass sein Großvater der König von Bilgoraj sei, dass er *ein Zauberwort kenne, das die Welt zerstöre, wenn man es ausspreche. »Bitte, Itschele, bitte sag es nicht«, flehte sie mich an.*[66] Auch mit seinen Zeichenkünsten kann er sie beeindrucken. Er hat sie sehr gern und fühlt sich bei ihr sicher. Als er einmal ausbüxt – ausgerechnet am Chanuka-Abend, wo es Geschenke gibt –, kehrt er, als er wieder den Weg nach Hause findet, nicht zu den Eltern, sondern zu Schoscha zurück.

Mit den Jungs im Cheder tut er sich schwerer. Er hält zu ihnen eine für ihn lebenslang typische Distanz. Er geht körperlichen Auseinandersetzungen aus dem Weg und bestreitet gerne Fantasie-Wettbewerbe – wer kann sich die beeindruckendere Geschichte ausdenken und sie unter Druck geschickter weiterspinnen? Einmal beschließen seine Freunde, ihn mit dem Bann zu belegen und nichts mehr mit ihm zu tun haben zu wollen. Er übersetzt sich den Vorgang, jüdisch traditionell, in die biblische Welt und denkt an »Josef und seine Brüder«. Der von denselben aus Eifersucht in die Fremde verkauft wird. Als er nach Gründen ihrer Ablehnung fragt, erhält er keine Antwort. *Worum beneideten sie mich? Um meine Träume?*

Eine Zeit der Absonderung, die er nutzt, um die zweibändige jiddische Ausgabe von Dostojewskis ›Schuld und Sühne‹ zu lesen, die der ältere Bruder ins Haus gebracht hat. Es ist sein erster Kontakt mit weltlicher Literatur. Ein Werk, das ihn fasziniert und begeistert, obwohl er es nicht so genau versteht. Der Grundvorgang ist ihm klar: Ein Student ermordet eine alte Frau und leidet unter seiner Tat. Singer fühlt sich an seine Märchenbücher erinnert *und doch war es anders. Das Fremde daran, das beinah Erhabene erinnerte mich an die Kabbala.*

Mit diesem Buch kann er die Ächtung durch die Freunde so gut durchstehen, dass die Versöhnung mit den Spielkameraden zu seinen Bedingungen erfolgt. Sie schreiben ihm einen Brief – und bitten darum, die Beziehung wieder aufnehmen zu dürfen. Was ihn erneut an Josef und seine Brüder erinnert. Doch blieb denen nichts anderes übrig, als bei ihrem verstoßenen Bruder dringend benötigtes Korn zu erwerben. *… aber warum kamen meine Freunde zu mir? … Außer neuen Träumen hatte ich nichts zu verkaufen.*

Es ist seine Begeisterung über ›Schuld und Sühne‹, die er ihnen in seiner persönlichen Fassung vermittelt, die schließlich zur rückhaltlosen Aussöhnung führt. *Nur die Zeit konnte uns trennen. Alles Übrige besorgten die deutschen Mörder.*[67]

1914 geht es Singers Familie so gut, dass sie in eine bessere Wohnung umzieht – zwei Hausnummern entfernt. Aber an einem ganz anderen Innenflur gelegen. Womit der Kontakt zu Schoscha abbricht. *Zudem war es unpassend für einen chassidischen Jungen, der den Talmud studierte, mit Mädchen zu spielen. Doch Schoscha fehlte mir.*[68]

Zum ersten Mal haben die Singers ein Innenklo und verfügen über den Luxus eines Gasherds. Und eines ständig zur Verfügung stehenden Gaslichts. Die Wohnung kostet drei Rubel mehr, aber sie ist für die rabbinische Gerichtsbarkeit des Vaters besser gelegen. Er kann die alten Klienten behalten und neue dazugewinnen. Der Hausbesitzer ist ein Geizhals, hat aber noch nie einen Juden vor die Tür gesetzt. Und der Verwalter ist ein Anhänger des Radzyminer Rebbe. So hat sich die Familie nach reiflicher Überlegung entschlossen, den Schritt zu wagen.

Die Schwester verheiratet, eine schönere Wohnung, wachsendes Einkommen – Isaac und die Seinen haben Grund, zuversichtlich in die Zukunft zu blicken. Bis der Schuss von Sarajewo und eine verfehlte deutsch-österreichische Außenpolitik ihren Zukunftshoffnungen ebenso ein Ende setzen wie denen ihrer europäischen Zeitgenossen.

Singer und seine Kameraden politisieren und entscheiden, dass ein deutscher Sieg für sie besser sei – *denn was hätten wir schon von einer Herrschaft der Russen zu erwarten?*[69] Unter deutscher Herrschaft würden sie bestimmt per Gesetz zum Besuch des Gymnasiums verpflichtet und schicke Schuluniformen mit verzierten Mützen tragen. Wobei sich die Buben allerdings nicht vorstellen können, wie Deutschland gegen alle anderen europäischen Armeen bestehen will.

Ausgerechnet am 9. Aw (1. August 1914), dem traditionellen jüdischen Trauertag um die Zerstörung des Ersten und Zweiten Tempels, bricht der Erste Weltkrieg dann wirklich aus. Der ältere Bruder soll sich in der Heimatstadt des Vaters als Soldat stellen. Was er zum Entsetzen der Eltern tut. Der aufgeklärte junge Jude will kein Drückeberger sein. Und verstümmeln, wie ihm der Vater rät, will er sich erst recht nicht. Er reist ab.

Eine schlimme Zeit für die Familie – die ihn in den Mühlen der antisemitischen russischen Militärmaschinerie vermutet. Die Mutter ist derart deprimiert, dass sie mit dem Kochen aufhört. Nachrichten erhalten sie keine. Bis eines Nachts unvermutet der ältere Sohn an die Tür klopft. Er hatte sich nicht anders zu helfen gewusst, als sich an den Großvater in Bilgoraj zu wenden. Der ihn freizukaufen versuchte, und ihm, als das nicht ging, die Desertion nahe legte. Anfangs versteckt sich Israel Joshua bei den Eltern, später bei Freunden. Nun kocht die Mutter wieder – soweit denn die immer knapperen Lebensmittel zur Verfügung stehen. Doch der letzte Happen darf nicht gegessen werden. Der wird an Menschen weitergegeben, die noch weniger haben. Für das Kind Isaac eine Qual – für den erwachsenen Sohn der Inbegriff gelebter Moral.

Ihr Liebling Joshua bleibt in Lebensgefahr – bis die Deutschen Warschau besetzen. Die jüdischen Kinder bekommen keine Schuluniformen. Und werden auch nicht aufs Gymnasium geschickt. Dafür bricht die Wirtschaft völlig zusammen. Das Essen wird noch dürftiger. Die Frauen können an den hohen Feiertagen die Synagogenplätze nicht mehr bezahlen. Singers Vater wird fast nur noch wegen Speisevorschriften konsultiert, wofür er keine Bezahlung erhält. Einziger Vorteil: Wegen des Krieges muss keine Miete gezahlt werden.

Singer bekommt handfest vor Augen geführt, *wie überflüssig Rabbis waren, auch mein Vater.* All die Rabbis und Ehevermittler, die bis dahin in den Städten und Dörfern Polens ihr schmales Auskommen hatten, drängen sich nun in Warschau zusammen. *In ihren seidenen Kaftanen wanderten sie mutlos durch die Straßen, stets auf der Suche nach einem Stückchen Brot.*[70]

Der Erste Weltkrieg gilt als schlimmste Zeit der polnischen Juden seit 1648. Die Händler, die ihren Verdienst in guten Zeiten für fromme Spenden hergegeben haben, sind übel dran; die Geizhälse und Halsabschneider verdienen sich dumm und dämlich. Zum Hunger kommt die Kälte. Brennstoff kostet Geld, und das haben die wenigsten. Die Not der Familie Singer wird so groß, dass der Vater zur Frau des Rabbi von Radzymin geht (der wegen des Krieges nach Warschau gezogen ist). Die ihm ihren Brillantring aufnötigt – mit dem Hinweis auf eine Talmudstelle, derzufolge man keinen Schmuck tragen dürfe, wenn andere am Verhungern seien.

Auch wenn sich der Vater schämt und die Mutter eher unzufrieden erscheint – Singer vermutet Eifersucht –, danach können sie *Mehl, Brot und Hafergrütze kaufen. Fleisch war zu teuer.*[71]

Die Kälte bewirkt, dass in den ungeheizten Wohnungen die Wasserleitungen einfrieren, und der einzige Luxus der Singers, das Innenklo, nicht mehr benutzt werden kann. Allen ist andauernd kalt. Tagsüber und im Bett. In dem die Kinder halbe Tage zubringen. Während der Vater pflichtbewusst aufsteht, sich mit viel Wasser und wenigen Teeblättern einen heißen Tee aufgießt, die Pfeife mit Billigsttabak stopft und, wie immer, studiert und lernt und mit steif gefrorenen Fingern schreibt.

Isaacs religiöse Ausbildung wird fortgeführt. Der Cheder, den er in Warschau besucht hatte, war bereits eine Spezialschule für besonders Fortgeschrittene gewesen. Nun wechselt er ins Lehrhaus der Radzyminer Chassidim. Wo er wie ein Erwachsener den Talmud studiert. Und heimlich jiddische Zeitungen liest.

Wie bereits ausgeführt, dürfte Singer spätestens Mitte November 1916, wenn nicht 1915, Barmitzwa geworden sein. Der Zeitpunkt, wo ein jüdischer Knabe zum ersten Mal öffentlich zur Vorlesung aus der Tora aufgefordert wird, um, dreizehn Jahre nach seiner Geburt, als eigenverantwortlicher jüdischer Mann zu gelten. Was heute in der Regel groß mit Geschenken und Gästen gefeiert wird. Doch bei einem Jungen seines Standes wurde die Fähigkeit, auf Hebräisch aus der Torarolle vorlesen zu können, als selbstverständlich vorausgesetzt. Wie Singer seiner Sekretärin Dvorah Telushkin erzählte, reichte es bei ihm gerade zu ein bisschen Schnaps und Kuchen für die anderen Synagogenbesucher. Und für einen Satz gebrauchter Gebetsriemen (von einem besonders frommen Schreiber, den er persönlich gekannt hatte). Im Übrigen war die Familie froh, wenn das Essen für die Sabbatmahlzeit langte.

Ein anderes wichtiges Ereignis wird etwa zeitgleich erfolgt sein: Er darf seinen älteren Bruder in dem Atelier besuchen, wo der mit falschen Papieren untergetaucht ist und als Maler erste künstlerische Versuche unternimmt. Und trifft dort auf ganz andere jüdische Lebensmöglichkeiten: auf einen Künstler ohne Schläfenlocken und Bart, ohne Hut, der auswendig aus dem Talmud rezitieren kann; auf einen Maler, der Singers Portrait zeichnet und den Jüngling zum ersten Mal der eigenen Körperlichkeit bewusst macht (er war bis dahin gewohnt gewesen, die Fähigkeit zu lernen als einzige wichtige Eigenschaft im Leben eines jungen Mannes zu betrachten); und, verstörender noch: auf weibliche Aktstudien. Die nackten Brüste der dargestellten jungen Frauen verblüffen ihn. Er war davon ausgegangen, dass Derartiges nur bei Schlampen, die ihre Babys öffentlich stillen, zu sehen sei. Ein Anblick, der als höchst ungehörig galt. Und dem ihm vermittelten Überlieferungskanon zufolge mit schweren Höllenstrafen verbunden war. Dass dies der Bildhauer ganz anders empfand, war ihm gleich klar. Er schreibt, dass ihm die Künstler damals wie »Geschöpfe aus einer höheren Welt« erschienen seien.

Ein zusätzlicher Antrieb, sich neben seinen religiösen Studien systematisch weltliches Wissen anzueignen. *»Ich bin es gewohnt, Freuden zu stehlen. Als Junge musste ich mich hinhocken und auf dem Dachboden verstecken, wenn ich unreine Bücher lesen wollte: alle Bücher, die nicht religiös waren.«*[72]

Doch bald geht ihm der Lesestoff aus.

Ich brannte vor Verlangen, zu lesen, was die Philosophen über Gott zu sagen hatten, über die Welt, Zeit, Raum, und vor allem, warum Menschen und Tiere so leiden mussten. Dies war für mich die Frage aller Fragen.[73]

Er beschließt, ein überfälliges Buch seines Bruders in die Bibliothek zurückzubringen und sich dort mit neuer Literatur einzudecken. Warschau verfügt damals über etwa fünfzig jüdische Bibliotheken mit einer Viertelmillion Bücher. Isaac muss gleich drei Autoritäten die Stirn bieten: dem Vater (der ihm dies streng verbieten würde), dem älteren Bruder (in dessen Angelegenheiten er sich nicht zu mischen hat) und einem ihm unbekannten fremden Wesen: dem Bibliothekar. *... ein dicker Mann – mit unbedecktem Kopf, bartlos, mit langem Haar und einem Schnurrbart ...*[74] Der den Buben gleich an die überfälligen Säumniszahlungen mahnt. Denen er durch eine Notlüge entgeht – der ältere Bruder sei im Krieg. Und den er, ein kleiner Junge im Kaftan mit langen roten Ohrlocken, von seinem echten und tief empfundenen Wissensdurst überzeugt:

»Ich möchte das Geheimnis des Lebens kennen lernen«, sagte ich. ...

»Ich möchte wissen, was die Philosophen darüber sagen, warum die Menschen leiden müssen und wie die Welt entstanden ist.«[75]

Der korpulente Mann steigt wegen seines jungen Kunden auf die Leiter – und bringt ihm zwei Bücher, ein jiddisches und ein hebräisches. Und damit nicht genug. Der Bibliothekar ist bereit, in diesem speziellen Fall auf Leihgebühr und Depot zu verzichten.

»Wenn ein junger Mensch das Geheimnis des Lebens erforschen will, dann muss man ihm dabei helfen.«[76]

Er ermahnt ihn, die Bücher gut zu behandeln, und bietet ihm bei pünktlicher Rückgabe weitere an.

Singer ist diesem Bibliothekar sein Leben lang dankbar geblieben, und hat später Bibliothekare als die ihm sympathischste menschliche Berufsgattung bezeichnet. Am liebsten hätte er ihnen die Macht über den ganzen Erdball zugesprochen, wenn sie dadurch nicht eben die guten Eigenschaften – Bescheidenheit, Dienst am Geist und am geschriebenen Wort – verlieren würden, um derentwillen er sie so schätzte.

1917 wurde unsere Lage so schlimm, dass wir nicht länger in Warschau bleiben konnten. Wir hungerten.[77] Der Bruder, der unterdessen zu einem »Deutschen« geworden ist – ein jiddischer Begriff für einen nicht streng-religiösen Juden, ein fernes Kompliment an die preußische Aufklärung des achtzehnten Jahrhunderts – verdingt sich als Brückenarbeiter und wird mit großen Broten bezahlt, von denen sich die Familie wochenlang ernährt.

Der Vater schreibt wieder Traktate für den Radzyminer Rabbi. Der ihn schlecht bis gar nicht bezahlt. Womit der Familie nur eine Fluchtmöglichkeit bleibt: das Rabbinerhaus des Großvaters in Bilgoraj.

Die Mutter drängt es ohnehin dahin, seit sie einen schweren Traum hatte, dem sie zu entnehmen glaubt, dass ihr geliebter Vater, der Rabbiner, gestorben ist. Doch Bilgoraj liegt in der österreichisch besetzten Zone. Was ein Visum erforderlich macht. Das nur durch Anstehen vor dem österreichischen Konsulat in Warschau zu erlangen ist. Vor dem sich lange Schlangen winden. Die Kinder und die Mutter lösen sich tagelang ab. Vergeblich. Es ist Israel Joshua, der das Problem löst. Indem er das nötige Bestechungsgeld zusammenkratzt und den richtigen Empfänger ausfindig macht. Er selber, 24, mit Freundin, will in Warschau bleiben. Der Vater später nachkommen. Und so besteigt der 14- oder 15-jährige Isaac mit der Mutter und dem jüngeren Bruder einmal mehr die Eisenbahn, um in einen neuen Lebensabschnitt einzutreten. Isaac Bashevis Singers Kindheit ist zu Ende. Seine Jugend beginnt.

Bilgoraj

Wie ein Kenner anmerkte, scheint in Singers Bilgoraj ewig Sommer zu herrschen, während man in Warschau friert. Und es ist tatsächlich ein besonders schöner Sommertag, als sich Bathseba Singer, die Rabbinersgattin, 1917 mit den jüngeren Söhnen Isaac und Mosche ihrer Geburtsstadt nähert. Zwei Tagesreisen von Warschau entfernt.

Dass sie überhaupt mit einem Zug nach Bilgoraj fahren können, ist ein Zeichen der Zeitenwende, die in dem abgeschiedenen Städtchen ansteht. Bilgoraj, im russisch-österreichischen Grenzgebiet gelegen, war von seinen russischen Oberherrn bewusst ohne Eisenbahnanschluss belassen worden; man wollte dem Feind Truppenbewegungen erschweren, was Singers Großvater die selbst gestellte Aufgabe, über die »Jüdischkeit« der Stadt zu wachen, erleichtert hatte. Doch Bilgoraj war, im Zuge eines der vielen, für den Kriegsausgang so unerheblichen Siege des k.u.k. Heeres, an die Österreicher gefallen. Und die hatten es mit der behelfsmäßigen Schmalspurstrecke versehen, die bis an die Stadt führte. Eine Fahrt mit zahlreichen mehr oder weniger gemütlichen Unterbrechungen (Schwätzchen, Austreten, Paket abliefern, eine nicht ungefährliche Entgleisung).

Während der langsamen Zugfahrt stößt die Mutter häufiger auf Bekannte, die sie »Bathseba« rufen. Ein für Singer ungewohnter Name, denn der Vater spricht die Mutter nie direkt an, und Bathseba, die beim Reinigungsbad nach ihrer Monatsblutung heimlich von König David belauscht und zur Mutter seines Sohnes und Nachfolgers Salomo wurde, ist für ihren bibelfesten Sohn, der sich allmählich der Pubertät nähert, ein stark besetzter Begriff. *Hier riefen alle*

Bathseba, und die Frauen umarmten und küssten Mutter. Obwohl sie seit ihrem Traum fest davon überzeugt war, dass ihr Vater tot sei, hatte es noch niemand bestätigt. Trotzdem fragte sie jetzt: »Wann ist es geschehen?«[78]

Sie, die Skeptikerin in der Familie, hatte mit ihrer Ahnung Recht gehabt. Nicht nur der Vater, auch ihre Mutter, eine Schwägerin und eine Tochter, ein Cousin und eine Cousine waren tot. Die meisten wegen der (heute heilbaren) Cholera. Als eine liebenswürdige ältere Frau, die von ihrer Ankunft gehört hat, der »Tochter des Rabbi« frisch gepflückte Brombeeren als Willkommensgruß an den Zug bringt, kann sie nichts davon essen. Ihre Söhne umso mehr. Selbst an die blauschwarzen Zungen, Münder und Hände weiß sich der ausgehungerte Halbwüchsige noch genau zu erinnern. Und er nimmt Bilgoraj zum ersten Mal bewusst wahr. Das ihm noch schöner vorkommt als in den Beschreibungen seiner Mutter.

Eine für mich ganz ungewohnte Heiterkeit lag über diesem Ort. ... Krieg und Armut schienen weit weg zu sein. ... Ich wünschte mir, ich könnte immer hier bleiben.[79]

Ein Wunsch, den sich Isaac Bashevis Singer, kraft seines schriftstellerischen Talents, erfüllt. Nach irdischen Jahren gemessen bleibt er bis ans Ende seiner Pubertät, einer wichtigen Epoche im Leben eines jeden Menschen und noch mehr eines Künstlers, der, wie Singer, die eigene Biografie als seine »Goldmine« betrachtet. Auffallend ist das Fehlen einer übergeordneten Autorität, an der sich Jugendliche in dieser Lebensphase gerne reiben oder anlehnen. Seine Onkel, die beiden neuen Rabbiner von Bilgoraj, mischen sich nicht in seine Erziehung ein. Die Mutter hat gerade beide Eltern verloren und muss unter beengten Verhältnissen mit ihren Brüdern und deren Frauen und Familien auskommen – und sie hat einen jüngeren, 11-jährigen Sohn, der sie mehr braucht als der verschlossene und eigenwillige Isaac. Zudem ist der halbwüchsige Sohn für die gesetzestreue Rabbinersgattin bereits ein im religiösen Sinne mündiger Mann.

Sie geht davon aus, dass er die in Warschau begonnenen Talmudstudien fortsetzt. Was er auch tut. Nur, dass er dafür nicht das offizielle Lehrhaus der Gemeinde besucht, wo die Onkel amtieren, sondern die exklusivere Lehrstube der Turisker Chassidim, die seinen

Großvater als rabbinische Autorität anerkannt hatten – nicht aber die Onkel. Mit seinem Cousin Samson und dessen Freund als Studiengefährten. Wenn es dort einen erwachsenen Gelehrten gab, der ihre Bemühungen überwachte, so tritt er in Singers Erinnerungen nicht in Erscheinung. Und da er deutlich fortgeschrittener ist als seine Kollegen, verbringen die drei ihre Zeit am liebsten damit, dass der Großstädter den beiden Landkindern von den Wundern Warschaus erzählt.

Sie machen denn entsprechende Witze, als er im Spätsommer unvermittelt den Geschmack des Zuckers nicht mehr wahrnimmt. Der aus Warschau sei wohl süßer... Aber er hat die Fieberkrankheit Typhus erwischt, die in Bilgoraj genauso grassiert wie in Warschau. Es ist das letzte Mal, dass er in seinen Erinnerungen auf die Mutter angewiesen ist. Die ihn aufopfernd pflegt. Und sich noch größere Sorgen macht, als sie hört, dass dieselbe Krankheit bei ihrem Ältesten, Israel Joshua, in Warschau ausgebrochen ist. Isaac träumt von drei Bäuerinnen, die man ihm um den Hals hängt.

Eine Fantasie, die er sich von der Mutter nicht ausreden lässt. Und die nach der Genesung immer eindeutiger wird. *Mein Kopf füllte sich mit Gedanken, die süß und schmerzhaft zugleich waren. Ich hatte plötzlich das weibliche Geschlecht entdeckt. ... Meine Träume wurden beängstigend und angenehm zugleich.*[80]

Er beschreibt die Familie seiner Mutter: Onkel Josef, den ältesten Bruder der Mutter, der ihre hagere Figur, ihre scharfe gebogene Nase und »glänzende Vogelaugen« hat. Er frönt einer bis zur Schrulligkeit gehenden Rechen- und Zahlensucht. Nur 15 Jahre jünger als sein verstorbener Vater, vor dem er sich stets ängstlich duckte, hat er bereits einen schneeweißen Bart. Isaac Bashevis Singer hat den älteren Onkel im ›Satan in Goraj‹ als »Rabbi Oser« porträtiert: *Man sah ihn nie anders als mit einem Stück Kreide in der Hand; auf jeden Tisch, jede Schranktür kritzelte er Zahlen, um irgendwelche Berechnungen anzustellen.*[81]

Für die vermeintlichen oder echten Demütigungen durch den Vater hält sich Onkel Josef an den eigenen Kindern schadlos, die für ihn ständig Zigaretten drehen und sie ihm überall und jederzeit anzünden müssen. Auch als Erwachsene. Auch nachts. Was dazu führt, dass Isaac und sein kleiner Bruder in der Küche, in der sie auf Matratzen auf dem Boden übernachten, immer wieder vom fürchterlichen Gebrüll des Onkels geweckt werden, wenn der, mit schöner Regelmäßigkeit, Zigaretten und Zündhölzer nicht finden kann.

Der Onkel hat sieben Kinder; das erste, eine Tochter, lebt in einer anderen Stadt; die sechs anderen hat er von der zweiten Frau, die er mit 20 Jahren heiratete. Sein dritter Sohn, Samson, ist Singers Studiengefährte. Alle haben unter seiner Ruppigkeit zu leiden, bis auf die Jüngste, die schöne, rothaarige, 8-jährige Esther, die er besonders liebt und verwöhnt. Er schickt sie sogar in die »österreichische«, weltliche Schule, eine Lässlichkeit, die sich fromme Juden nur bei Töchtern erlauben. Und auch nur, wenn sie, wie Onkel Josef, ein »Körnchen Aufklärung« in sich tragen. Esther hat, Singer zufolge, als Einzige die väterliche Intelligenz geerbt, die sich bei ihr mit dem sanften Charakter ihrer verstorbenen Mutter verbindet, einer liebenswürdigen Frau, die dem Choleriker, der sie stets mit dem jiddischen Begriff für »Rindvieh« oder »blöde Kuh« ansprach, Zeit ihres Lebens freundlich zu Diensten war. Etwas an der klugen, sanften und verwöhnten Esther muss ihrem großen Cousin aufgefallen sein – und umgekehrt. *Zwischen uns entstand eine jener stillen Lieben, über die keiner der Beteiligten spricht, ja nicht einmal darüber nachzudenken wagt.*[82]

Nach dem Tod auch dieser Frau hat sich Rabbi Josef zum dritten Mal verheiratet. *Tante Jentel war genauso beleibt und gelassen wie Onkel Josef schlank und beweglich war. Sie schien mehr von einer Rebezen an sich zu haben als er von einem Rabbi.*[83] Wie ihr Ehemann ist sie zwei Mal verwitwet. Doch blieb sie zu ihrem großen Kummer kinderlos. Dafür ist sie, für ihren angeheirateten Neffen besonders wichtig, eine begnadete Geschichtenerzählerin. Die über ihre Ehen – die mit dem ersten Mann war wunderbar, die mit dem zweiten so schlimm, dass sie, als man sie vor Rabbi Josefs aufbrausendem Charakter warnte, glaubte, schlimmer könne es nicht kommen (von wegen!) – sowie über ihre fruchtlosen, aber tröstlichen Pilgerfahrten zu großen Wunderrabbinern und vieles, vieles andere stundenlang und in allen Einzelheiten zu berichten weiß und dabei trotz mancher Umschweife und Zusätze fast immer den Überblick behält. Und das tut sie so kunstvoll und lebendig, dass ihr der Neffe und gelehrige Schüler, als er sich selber als großer Erzähler erweist, eine ganze

Reihe seiner Arbeiten in den Mund legt und damit zu dem Weiterleben verhilft, an dem ihr auf handfest körperliche Weise so viel und so vergeblich gelegen war.

Onkel Josefs 14 Jahre jüngerer Bruder Itsche war der ausgesprochene Liebling der Mutter gewesen. Im Gegensatz zu seiner fast mittelalterlich-abergläubischen Frau neigt er eher zur Skepsis, hat, als Rabbiner, eine weltliche, russische Zeitung abonniert. Nun ist er der Hilfsrabbiner des älteren geworden. Zerstritten, wie die Brüder waren, haben sie sich, in Abwesenheit der Schwestern, auf »mosaische« Erbteilung verständigt (im Gegensatz zur »talmudischen«) – und alles unter sich aufgeteilt, selbst den mütterlichen Schmuck. Nur ein paar alte Kleider gestehen sie Bathseba zu. Die sich das sehr zu Herzen nimmt, aber den Brüdern für die Gastfreundschaft dankbar sein muss. Die beiden wissen oder ahnen, dass sie ihren Mann als dritten Rabbiner nach Bilgoraj bringen möchte, und tun alles, ihr den Gedanken auszureden. Sie wollen keine Konkurrenz.

Zusammenhänge, die der junge Isaac Bashevis Singer genau erfasst – und in seinen großen Familienromanen mit ihren Macht- und Positionskämpfen schöpferisch umsetzen wird.

Die zweite wichtige Erfahrung ist das Erlebnis von Bilgoraj als »Schtetl«, als traditionelle Lebensform der »Ostjuden«. Im Gegensatz zu Singers Geburtsort Leoncin ist Bilgoraj keine Neugründung, sondern ein über Jahrhunderte gewachsenes Gemeinwesen. Das er als von außen Kommender, als Fremder erlebt. Unter dem strengen Regiment des Großvaters, fernab von der Eisenbahn, war Bilgoraj bis zu Singers Ankunft vom Lauf der Zeiten so gut wie unberührt geblieben: eine seit urdenklichen Zeiten jüdisch bestimmte Stadt. Wo die Männer fast bodenlange Kaftane und die Frauen Hauben und Kopftücher statt Perücken tragen. Mit einer großen alten Synagoge, deren Boden mit Heu bestreut ist. Mit einem Toraschrein, der von einem italienischen Meister geschnitzt wurde. In der die Reste des letzten Stücks des ungesäuerten Osterbrotes vom Pessachfest an Schnüren an einer Wand hängen. Wo eine sandgefüllte Vase mit den Vorhäuten der beschnittenen Babys steht. Wo Klagegebete gesprochen werden, die er – religiös hoch gebildet, wie er ist – als alt und ungebräuchlich erkennt. *Ich lebte jüdische Geschichte.*[84]

Was er umso deutlicher wahrnimmt, als der Ort sich vor seinen Augen verändert – wenige Monate nach seiner Ankunft gründen Jugendliche eine »zionistische Gesellschaft«; die Gemeinde spaltet sich in zwei Gruppierungen, in die »Misrachi«, die auch weltliche Bildung anerkennen und dem jungen Zionismus positiv gegenüber stehen, und die »Traditionalisten«. In der bis vor kurzem noch »verschlafenen jüdischen Gemeinde« gibt es Abend für Abend Diskussionsgruppen und öffentliche Veranstaltungen. Eine Warschauer Theatertruppe führt im Feuerwehrhaus einen Klassiker des jiddischen Theaters auf, ›Schulamit‹, von Abraham Goldfaden, was, vom Vorgang wie vom Inhalt her, von den Frommen der Gemeinde als unerhörte Provokation gewertet wird; und die Österreicher begnügen sich nicht mit einem Schulbau, sondern errichten gleich noch das für eine bessere k.u.k.-Stadt offenbar als unabdingbar empfundene Theatergebäude. *Die Chassidim nahmen es meinen Onkeln übel, dass sie sich das alles gefallen ließen und die Ketzer nicht vertrieben, wie mein Großvater es getan hätte.*[85] Junge Juden beteiligen sich – mangels anderer Arbeitsmöglichkeiten – am Aufbau der von den Österreichern errichteten Eisenbahn. Zwei jüdische Schwestern eröffnen – zum großen Kummer ihres Vaters – in der Nähe des jüdischen Friedhofs ein Soldatenbordell.

Besonders gut geht es den Menschen in Bilgoraj nicht. Der russische Absatzmarkt für Haarsiebe ist infolge des Weltkriegs zusammengebrochen. Ein Großteil der Stadt lebt von der Suppenküche, über die Singers Onkel als amtierender Rabbiner präsidiert, gemeinsam mit dem jüdischen k.u.k.-Kommandanten, einem Major Schranz – groß, kerzengerade, blondes, kurz geschorenes Stoppelhaar – und dessen Gattin, einer schwarz gekleideten Gesellschaftsdame mit Federhut, die ihrem Mann aktiv zur Seite steht. Ein eigenwilliges Trio, das trotz sprachlicher Schwierigkeiten – der Kommandant versteht kein Jiddisch, der Onkel kaum Deutsch – und Mentalitätsunterschieden – der Onkel bezeichnet den Major mit seinem Lieblingsschimpfwort »Rindvieh«, weil der im verqualmten Haus immer die mit Lehm verstopften Fenster aufreißen möchte, der Major behandelt den Rabbi als »Häuptling irgendeines Eingeborenenstamms« – zum Wohle der Stadt zusammenwirkt.

Die dritte entscheidende Erfahrung seiner Jugend macht Singer mit den Büchern, die er in sich hineinschlingt. Ein älterer Rechtsanwalt hat in Eigeninitiative eine Leihbibliothek mit fortschrittlichen Büchern eröffnet – auf 400 Juden kam in Polen eine jüdische Bibliothek. Eine gewaltige Erweiterung von Singers Horizont, die noch umfassender wird, als mit den Nahrungsmittellieferungen amerikanischer Juden auch Bücherkisten mit jiddisch übersetzter Weltliteratur ins Städtchen gelangen. *Ich las alles: Erzählungen, Romane, Theaterstücke, Essays ... Ich las Rejsen, Strindberg, Don Kaplanowitsch, Turgenjew, Tolstoj, Maupassant und Tschechow.*[86] Besonders beeindruckt ihn ein auf Jiddisch geschriebener Text von Hillel Zeitlin: ›Das Problem von Gut und Böse bei den Juden und bei anderen Völkern‹. Dessen Sohn Aaron, ein jiddischer Dichter, wird später Singer sehr nahe stehen – eine Freundschaft, die auch noch in Amerika hält, wobei sich die beiden stets mit Nachnamen angesprochen und gesiezt haben.

Etwas später entdeckte ich Stupnickis Buch über »Spinoza«. Ein Werk, das den Jugendlichen ungeheuer fasziniert: *Es kam mir so vor, als ob sich mir die Wahrheiten, nach denen ich seit meiner Kindheit gesucht hatte, endlich offenbart hätten.*[87]

Wobei Singer, nicht zum ersten Mal, feststellen muss, wie sehr er sich von anderen Menschen unterscheidet. Die von ihm als umwälzend empfundenen Erkenntnisse und Einsichten, die ihn lebenslang bestimmen – die kritische Auseinandersetzung mit der Philosophie Spinozas kommt in seinen Schriften immer wieder vor – sind den anderen Halbwüchsigen kaum ein Achselzucken wert.

Und er fängt an, heimlich Physik zu studieren, wobei er sich auf ein deutsches Lehrbuch von 1830 stützt. Die erforderliche Mathematik bringt er sich so gut es geht selber bei.

Er wird immer mutiger. Als der gleichaltrige Sohn eines Predigers, der von seinem Vater modernes Hebräisch gelernt hat, im Lehrhaus der Turisker Chassidim den Frommen Aussprache und Grammatik korrigiert, stellt sich Singer auf seine Seite. Womit er dessen Freundschaft gewinnt, aber, wie ihm die Mutter klar macht, dem Ansehen der eigenen Familie, vor allem dem seines Vaters schadet, den Bathseba ja als dritten Rabbiner nach Bilgoraj holen möchte. Isaac versucht, den Fehler durch besonders fleißiges Talmudstudium wieder gutzumachen.

Doch als ihm der dankbare junge Hebräischkenner seine Grammatik- und Lehrbücher zur Verfügung stellt, greift er zu. Und ist nach sechs Wochen in der Lage, ein Gedicht in modernem Hebräisch zu schreiben, das derart gut gerät, dass ihn der Kamerad des Plagiats beschuldigt. Um, als er sich schließlich von Singers Autorschaft überzeugen lässt, die Großtat überall herumzuerzählen – unter Hinweis auf die eigenen sprachpädagogischen Fähigkeiten. Womit er Singers Vater die Chancen für eine Rabbinertätigkeit in Bilgoraj noch mehr verbaut – aber seinem Schüler Kontakte zum »aufgeklärten Untergrund« der Stadt eröffnet, von dem dieser bis dahin nichts ahnte.

Seine Besucher tragen die schicken Schuluniformen mit den bebänderten Mützen, die er sich mit seinen Warschauer Mitschülern von der deutschen Besatzung erhofft hatte. Es sind die zwei einzigen jüdischen Burschen Bilgorajs, die aufs weltliche Gymnasium der Stadt gehen, und sie sind gekommen, um dem jungen Hebraisten und Dichter in aller Form ihre Aufwartung zu machen.

Ich empfing sie, wie Sokrates Platon empfing.[88]

Noch bedeutsamer ist der Kontakt zum früheren Lieblingsschüler seines Großvaters, dem Uhrmacher Todros. Den Erzählungen seiner Mutter zufolge hatte der Großvater länger mit dem Gedanken gespielt, den Lieblingsschüler mit der Lieblingstochter zu verheiraten – bis ausgerechnet dieser hoffnungsvolle Talmudist und hervorragende Kopf mit der strengen Religionsauffassung des orthodoxen Rabbiners brach und Uhrmacher wurde. Außerdem spielt er, vielseitig begabt, Geige, tritt mit Hochzeitsorchestern auf und amtiert in der Synagoge der Schneider als Vorleser. Er erinnert Singer nicht nur von seinem Äußeren her – Todros ist klein, bucklig, hat einen »schütteren schwarzen Bart« – an den großen Philosophen Moses Mendelssohn. *Es gibt ein ganz bestimmtes jüdisches Gesicht, dem man überall auf der Welt begegnet. Es ist das Gesicht der Spinoza, Mendelssohn, Einstein, Herzl und des Uhrmachers Todros.*[89] Wie zum Dank für die Förderung durch den Großvater nimmt der nun dessen jungen aufmüpfigen Enkel unter seine Fittiche. Nicht nur, dass Isaac jetzt jemanden hat, mit dem er sachkundige philosophische Gespräche führen kann, Todros vermittelt ihm – Ende des Ersten Weltkriegs, in einem abgelegenen Städtchen Westgaliziens – die neuesten Theorien Plancks und Einsteins. Abgesehen davon, dass der Uhrmacher eine wunderschöne Tochter hat, *mit pechschwarzen Augen und einem Lächeln, das ich nicht beschreiben kann ...*[90]

Singers Ruf als Hebräischkenner führt schließlich dazu, dass er von einer Gruppe junger Leute ein Angebot als Hebräischlehrer bekommt – seine erste selbstständige Verdienstmöglichkeit. Was einen sehr ernsten Pubertätskonflikt mit der Mutter nach sich zieht. Singer weiß – spätestens nach dem Ärger, den er durch seine Stellungnahme beim Konflikt um das richtige Hebräisch provoziert hat – ganz genau, wie sehr er damit dem Ansehen seines Vaters schadet. *Aber aus irgendeinem Grund sagte ich zu.*[91]

In seinen Erinnerungen meint er, Kinder als Schüler erwartet zu haben – doch die am Neuhebräischen interessierten Studenten sind Jugendliche, darunter nicht wenige Mädchen.

Sie kamen in ihren besten Kleidern. Ich stand in einem langen Kaftan, mit Samthut und herunterhängenden Schläfenlocken vor ihnen.[92] Und eine seiner Schülerinnen ist die schöne Uhrmacherstochter ...

1918 geht der Krieg zu Ende. Polen wird, nach über hundertfünfzigjähriger Fremdherrschaft, wieder geeint und selbstständig. Mit einer Einwohnerschaft, die, anders als heute, zu einem knappen Drittel aus Nicht-Polen besteht (13,9 Prozent Ukrainer, 9,8 Prozent Juden, 3,1 Prozent Weißrussen). Ein Agrarland, in dem die Hälfte des urbaren Bodens einem Prozent der ländlichen Bevölkerung gehört. Von der 65 Prozent so kleine Höfe haben, dass eine Familie nicht davon leben kann. Während weitere 25 Prozent, über fünf Millionen Menschen, überhaupt keinen Boden besitzen. Das heißt, dass insgesamt 90 Prozent der Landbevölkerung über zu wenig oder gar kein Land verfügt. Die bestehende Industrie hat ihren russischen Absatzmarkt verloren. In Polen kämpfen zwei gegensätzliche politische Strömungen um die Macht. Die Kräfte um den von der Linken kommenden Pragmatiker Józef Pilsudski. Und die Nationaldemokratische Christliche Partei von Roman Dmowski, der davon ausgeht – Motto seiner Massenzeitung: »Fürs Deinige halt' dich an die Deinen« –, dass die Probleme Polens auf dessen jüdischen Bevölkerungsanteil zurückzuführen sind.

1920 findet Singers Vater eine Stelle als Rabbiner im nicht weit von Bilgoraj entfernten Örtchen Stary Dzików[93]. Die Mutter will wieder einen selbstständigen Hausstand gründen. Joshua, ihr ältester Sohn, hat mit seiner Freundin ein Kind und arbeitet seit 1918 als Journalist in Kiew. Ihr Jüngster, Mosche, ist erst 14. Doch der, je nach Zählung, 16, 17 oder 18 Jahre alte Isaac will nicht mit. Schließlich einigt sich die Familie auf eine Rabbinerausbildung – *Juden werden immer Juden sein, und sie werden immer Rabbis brauchen*[94] –, die am 1919 neu gegründeten Tachkemoni-Seminar von Warschau erfolgen soll, der fortschrittlichsten Lehrstätte der Orthodoxie. Wo 20 der insgesamt 48 wöchentlichen Lehrstunden für weltliche Studienfächer vorgesehen sind.

Und so machen sich alle auf den Weg: der Vater, die Mutter und der jüngere Bruder ins abgelegene Stary Dzików, Isaac an sein Rabbinerseminar in die große Stadt Warschau.

In der Literaturküche

Hunger

»Es ist spät – spät für alles«, sagte ich mir. Damals führte ich oft Selbstgespräche. Mit achtzehneinhalb Jahren ist man kein Schuljunge mehr, und es ist sogar schon zu spät, ein Handwerk zu erlernen.[95] So Isaac Bashevis Singer über den jungen Mann, der sich 1920 nach Warschau aufmacht. Außer vielen, wild durcheinander gelesenen Büchern, ungezügelten Sexfantasien und »unzähligen Neurosen« habe er kaum etwas zu bieten gehabt. Nach wie vor in einen Kaftan gekleidet, aber bereits mit hinter die Ohren gekämmten Schläfenlocken (der erste Schritt, bevor man sie abschneidet) und einer »vernickelten Taschenuhr«, dem Geschenk des aufgeklärten Uhrmachers Todros, mit dem der junge Mann befreundet war. Warschau hat sich in den vier Jahren seiner Abwesenheit ebenso stark verändert wie er selbst, der vom Halbwüchsigen zum jungen Mann gereift ist. Er kann nun, zum ersten Mal in seinem Leben, den »Sächsischen Garten« betreten, den direkt hinter der Krochmalna gelegenen großen Stadtpark, an dessen Eingang unter russischer Herrschaft Gendarmen standen, damit beileibe kein Kaftanträger oder eine jüdische Frau mit Perücke den bürgerlichen Anblick störte; er sieht jüdische Pfadfinder mit Davidstern auf der Mütze und junge Frauen mit reizvoll kurzen Söckchen an den nackten Beinen. Dass an der Universität auch Frauen studieren dürfen, spielt für den künftigen Rabbinatstudenten eine geringere Rolle als deren neue Haarmode, der »Bubikopf«, der die Ohren verlockend freilässt. *Wegen der Mietpreisbindung, die seit 1914 in Kraft war, waren viele Häuser baufällig. Je nachdem, wie man die Stadt betrachtete, wirkte sie entweder alt oder unbändig jung.*[96]

Da soll sich nun Singer, 48 Stunden die Woche, gemeinsam mit anderen jungen Burschen, auf eine Zukunft als Rabbiner und religiöser Leiter des jüdischen Volkes vorbereiten. Es geht schief. Der Unterricht langweilt ihn, ein Gutteil des Stoffes erscheint ihm bekannt. Er kommt mit seinen Kameraden nicht aus, zu denen er – anders als bei den Künstlern im Maleratelier – keinerlei Zugehörigkeitsgefühle entwickelt und die für ihn zum Inbegriff einer verständnislosen, ablehnenden Umgebung werden. *»Was hat der denn hier zu suchen?« ... Genauso war es mir vor ein paar Jahren im Rabbiner-Seminar ergangen.*[97] Das Tachkemoni-Seminar hat einen guten Ruf und Bedeutendes geleistet; gleichnamige, den Idealen der Gründergeneration verpflichtete Ableger gedeihen noch heute in Belgien und Israel. Doch in Singers sonst so detailgenauen Erinnerungen kommt das Seminar nur als Metapher für Verlorensein vor. Als einer seiner Helden, Euser Heschel aus der ›Familie Moschkat‹, dort Lehrer wird, steht das für dessen berufliches Scheitern.

»Ich bin noch nie einem jüdischen Seminaristen begegnet. Kleiden die sich wie Rabbis? Tragen sie Schläfenlocken?«

»Nein. Sie sind europäisch gekleidet, wie die anderen auch.«[98]

Offiziell hat Singer seine Studien dort 1921 begonnen und 1922 beendet. Und ein Foto von damals zeigt ihn in der Tat glatt rasiert, mit Krawatte und kurzen Haaren. Dem Biografen Paul Kresh gegenüber hat er die Zeit am Seminar als »eine der schlimmsten Zeiten meines Lebens«[99] bezeichnet. Er habe wie ein Bettler gelebt, dort geschlafen, wo es sich eben ergeben habe, und auch mit dem Essen habe es nicht immer geklappt. Er wird, als angehender Literat, noch lange Jahre nicht viel anders zubringen. Doch Entbehrungen um der eigenen Berufung willen sind das eine; im Zusammenhang mit einer Ausbildung, die einen nicht interessiert, im Hinblick auf eine Aufgabe, für die man sich ungeeignet fühlt, unter Kollegen, die von einem ebenso wenig wissen wollen wie man selber von ihnen, sind sie unerträglich.

Sein eigentlicher Aufenthaltsort in diesen anderthalb Jahren ist ohnehin nicht das Rabbiner-Seminar, nicht einmal die faszinierende Stadt Warschau, sondern Norwegen, genauer, das Norwegen von 1890, und zwar eine kleine Hafenstadt mit dem unjüdischen Namen »Kristiania«. Wo ein schriftstellerisch hoch begabter junger Mann das eigene Talent und die immer deutlicher hervortretende Künstlerpersönlichkeit gegen äußere Widrigkeiten behaupten muss, bis er, nach mühsamen Kämpfen mit sich und einer feindlich bis gleichgültigen Umwelt, endlich auf dem Schiff anheuern kann, das mit Ziel »Leeds« in See sticht – die englische Binnenstadt ohne Hafen, die in Knut Hamsuns ›Hunger‹ für die Meeresküste Böhmens steht, wo seit Shakespeares Zeiten die Dichter ihren Wohnsitz haben. Singer ist seinem zweiten wichtigen Leseeindruck (nach Dostojewskis ›Schuld und Sühne‹) zeitlebens treu geblieben. Als Hamsun stirbt, widmet er ihm in der Samstagsausgabe des ›Forverts‹ vom 23. Februar 1952 einen langen, ausgewogenen Nachruf: ›Die Tragödie von Knut Hamsun‹.

Es sei ein trauriger Tag für alle Hamsun-Bewunderer gewesen, als sie in den Zeitungen hätten lesen müssen, dass Hamsun hingefahren sei, die blutige Hand eines Kindermörders zu drücken. Er fragt sich, wie das möglich war, und kommt zum Schluss: *Wie so oft bei Schriftstellern ist Hamsun der Held seiner besten Romane gewesen. Liebe und Stolz haben in ihm einen bitteren Kampf geführt – und gesiegt hat die arge Seite, der Stolz. Hamsuns Nazi-Freundlichkeit war ein Stück Trotz – ein Spucken ins Gesicht der Welt, die er hasste und verachtete. Hamsun hat lange gelebt, er war wohlhabend und berühmt. Aber sein Leben war eine Tragödie. Die Tragödie einer Seele, die im Leben nichts fand außer dem Kampf ums Dasein, die darwinistischen Gesetze des Dschungels.*[100] Wobei Hamsun, wie später sein Bewunderer Singer (der ihn damals auf Deutsch las), 1920 den Nobelpreis für Literatur bekam.

Nicht anders als sein literarisches Vorbild blieb Singer, im Hinblick auf den Menschen und die Art und Weise, wie dieser mit seinesgleichen umgeht, ein Pessimist. Wie Hamsun gehörte auch er zu den Künstlern, die rückhaltlos den Bedürfnissen des eigenen Genies leben und sich, was den Umgang mit Mitmenschen betrifft, ausschließlich ihrer Kunst verpflichtet fühlen. Doch im Gegensatz zu Hamsun tat er dies mit einem schlechten Gewissen. Er nahm es immer wieder auf sich, die Lehren seiner Kindheit krass zu übertreten. Aber er gab sie niemals preis. Als einer, der an Gott zweifelt und heftig mit Ihm hadert. Aber nicht als Gottesleugner.

In diesen anderthalb Jahren hat er den Bruch mit der überlieferten Religion vollzogen. Die Abwendung von der strengen Orthodoxie lag gewissermaßen in der Luft, war Bestandteil des jüdischen Zeitgeists. Und der für ihn so wichtige ältere Bruder war ihm darin vorangegangen. Dennoch gestaltet sich ein solcher Wechsel alles andere als zwanglos. Und ist weit weniger selbstverständlich, als es einem außerhalb der strengen Religionsvorschrift aufgewachsenen Menschen erscheinen mag. Denn beim Wechsel in die weltliche Gesellschaft wird mit den vielen einengenden und lastenden Ge- und Verboten auch der moralische Halt und die Sicherheit der Orientierung preisgegeben. Ein Problem, das Singer nie losließ, und mit dem er sich in vielen Geschichten auf verschiedenste Weise auseinander setzte. Öfters sehen seine schwankenden, unsicheren Helden als einzigen Ausweg die Rückkehr in die ethische Gewissheit der Orthodoxie – die ihm privat nicht möglich ist. (In seinem schärfsten zeitkritischen Roman, dem ›Büßer‹, sieht er sich geradezu genötigt, sich im Nachwort zur amerikanischen Ausgabe von der orthodoxen Lebenshaltung seines Helden zu distanzieren.) *»Nun, eine Sache habe ich gehalten ... Ich faste am Jom Kippur* [dem Versöhnungstag]. *Nicht aus vollem Herzen oder vollem Glauben. Ich habe nicht wirklich das Gefühl, dies tun zu müssen. Sondern weil ich ein Jude unter anderen Juden sein will.«*[101]

1921 kehrt Israel Joshua, der ältere Bruder, aus Russland nach Warschau zurück. Die junge Familie – Vater, Mutter, Kind – kommt in der kleinen Wohnung der Eltern von Joshuas Lebensgefährtin unter. Joshua hat den Kommunismus aus nächster Nähe miterlebt und nicht für überzeugend befunden. Nun geht er daran, sich in Warschau als Autor einen Namen zu machen.

Wie Paul Kresh berichtet, hat ihm der jüngere Bruder damals erste eigene Arbeiten zur Beurteilung vorgelegt. Sie hätten dem Älteren besser gefallen als dem erst flügge werdenden Schriftsteller. Die anderen Kollegen schließen sich, leider, Singers Selbstkritik an. *Ein so bekannter Schriftsteller wie Dr. Aschkenasi hatte mir erklärt, mein Essay sei kindisch. Ein berühmter hebräischer Dichter hatte meine hebräischen Schriften scharf kritisiert. Sie alle hatten das Gleiche gesagt: Ich müsste mich vervollkommnen, ich sei noch nicht reif.*[102]

Wie heißt es in Hamsuns ›Hunger‹: *Diese vielen Absagen, diese halben Versprechungen, glatte Nein, genährte und getäuschte Hoffnungen, neue Versuche, die jedes Mal in nichts verliefen, hatten meinen Mut erdrosselt.*[103]

Und dann ist da noch die Liebe zur schönen Uhrmacherstochter – er war mit ihr spazieren gegangen und hatte sie geküsst, wobei sie am ganzen Körper zu zittern und die Ernsthaftigkeit ihres Gefühls zu betonen pflegte. Er solle nicht mit ihr spielen. *Ich gab ihr mein feierliches Ehrenwort, dass ich sie wirklich liebte. Dass ich sie heiraten würde. Dass ich ihr bis zum letzten Atemzug treu bleiben würde. Mittlerweile hatte ich aber aufgehört, ihr zu schreiben.*[104]

1922 bricht er die Studien am Rabbiner-Seminar ab und kehrt nach Bilgoraj zurück. Wo er wieder Hebräischstunden gibt, diesmal, um seinen Lebensunterhalt zu fristen. *Meine Liebe zu Todros' Tochter brachte so viele Schwierigkeiten mit sich, dass ich alle Hoffnung aufgeben musste.*[105] Was immer diese Schwierigkeiten gewesen sein mögen – er kann oder will sich in Bilgoraj nicht halten. Er wird krank – die Lungen, ein chronischer Husten – und kriecht, 1923, bei den Eltern in Dzików unter. Mit abgeschnittenen Schläfenlocken und rasiertem Gesicht; für Stary Dzików eine Provokation. Doch Singer denkt nicht mehr ans Rebellieren. Nach dem Scheitern seiner großen Liebe, nach dem abgebrochenen Studium, ist er bereit, sich auf eine arrangierte Ehe einzulassen und sich, was seine Zukunft angeht, den Wünschen der Eltern zu fügen – als Ladenbesitzer, als Religionslehrer, gleichviel.

Der Ausflug in die westliche Welt ist zu Ende, er lässt sich Bart und Schläfenlocken wachsen und zieht, wie er meint, für immer, den althergebrachten Kaftan an. Über Stary Dzików weiß er wenig Gutes zu berichten ... *ein Dorf von ein paar Dutzend windschiefer Hütten mit Strohdächern, um einen Sumpf herum gebaut.*[106] In dessen Pfützen sich das Kaff gespiegelt habe wie in einem See. Wo dem Ortsrabbiner ein besseres Abbruchhaus zur Wohnung angewiesen wurde. Im Bart des Vaters fallen dem Sohn nun weiße Strähnen auf, während die Mutter ihre vertraute Perücke gegen das schlichte Kopftuch einer Landfrau vertauscht und ihre Zähne verloren hat. *Nur ihre Augen waren jugendlich und scharf geblieben.*[107]

Singer versucht, sich mit den wenigen geistigen Anregungen zu trösten, die in Dzików zu haben sind: ein altes Buch über die Kabbala, ein aus Warschau mitgebrachter Algebra-Band, eine polnische Übersetzung von Baudelaires Gedichten. Doch ausgerechnet in diesem weltabgelegenen Nest sollte er auf einen großen, ihm bis dahin unbekannten Autor stoßen. Der Jüngste der Familie, der damals 17/18-jährige Mosche, hat einen anderen Weg eingeschlagen als die drei älteren Geschwister: den zur Religion zurück. Er, der als Halbwüchsiger ein bedeutender zionistischer Jugendfunktionär war – bei wahrscheinlich der gleichen progressiv-religiösen Richtung, die auch Singers Rabbiner-Seminar betrieb –, hat sich nun dem chassidischen Judentum zugewandt. Aber auch er kann die überlieferte Religiosität nicht einfach nur übernehmen. Er lebt sein Judentum noch strenger aus als die doch sehr orthodoxen Eltern. Wird Anhänger des großen Mystikers und Sehers Rabbi Nachman (1772-1811), einer tragischen, zu Lebzeiten verfolgten und verfemten Figur der chassidischen Geschichte. Mit dessen Werken er den Bruder bekannt macht. *Rabbi Nachman war einer jener gesegneten Denker und Dichter, von denen man – ganz gleich, wie oft man sie gelesen und wiedergelesen hat – immer wieder mit etwas Neuem fortgeht.*[108]

Der Heiratsvermittler hat bereits einen ersten Vorschlag gemacht, eine gut situierte, sieben Jahre ältere Witwe mit zwei Kindern, der an der geschäftlichen Unbedarftheit des prospektiven Bräutigams scheitert, als die Post einen Brief aus Warschau bringt. Israel Joshua, der große Bruder, ist Mitherausgeber der Wochenzeitung ›Literarishe Bleter‹ geworden – und bietet dem jüngeren umgehend eine Stelle als Lektor oder Korrektor an. (Eine in der jiddischen Literatur besonders wichtige Position – denn da die Sprache so gut wie ausschließlich in Konsonanten notiert wird, von denen sich manche zum Verwechseln ähnlich sehen, kann ein einziger Patzer ein ganzes Sinngebäude einstürzen lassen. Ein jiddischer Autor – so Singer – sterbe nicht an der Herzschwäche, sondern an Druckfehlern.) Geschichten soll er auch veröffentlichen dürfen, wenn sie denn gut genug sind. Und damit ist er seinen Husten los. Und hat wieder Appetit. *Ich aß so viel, dass meine Mutter sich beunruhigte.*[109] Und der gute Bruder hat gleich die erste Ausgabe der Zeitschrift beigelegt. Mit einer Kritik des soeben erschienenen ›Zauberberg‹ von Thomas Mann, mit Gedichten in freien Rhythmen und kubistischen Zeichnungen. Und und und und. *Nein, ich konnte meine Tage nicht mehr in Alt-Stikow zubringen! Ich wartete nur darauf, dass man mir aus Warschau das Fahrgeld schickte.*[110]

Im »Literatn-Klub«

Die Juden waren in der gerade 4-jährigen Republik eine Minderheit. Deren Rechte in der neuen polnischen Verfassung garantiert waren. Und in einem vom Völkerbund geforderten »Minderheitenvertrag«. Der aber, wie der orthodoxe jüdische Flügel gleich prophezeit hatte, in der Praxis nicht das Papier wert war, auf dem er gedruckt wurde. Russische Revolutionstruppen – Isaac Babels ›Reiterarmee‹ – hatten versucht, sich nach Deutschland durchzukämpfen. Und waren in den eroberten Gebieten zunächst einmal auf die Juden losgegangen. Aus alter kosakischer Tradition oder progressiv gegen deren Religiosität – Letzteres manchmal unter Führung von Kommissaren aus jüdischer Familie, die ihre Parteitreue besonders unter Beweis stellen wollten. Die Polen, die sie zurückschlagen, halten es nicht anders. In einem kleinen Ort etwa wird ein orthodoxer Rabbiner standrechtlich erschossen, weil er beim Gebet auf seinem Balkon die Arme mit Gebetsriemen zum Himmel gereckt und damit den Bolschewisten ein Zeichen gegeben habe.[111] Als besonders schlimm gelten die Freiwilligen des General Haller, die im Ersten Weltkrieg auf französischer Seite gekämpft hatten. Was immer sie militärisch geleistet haben mögen, die Juden Polens empfinden seine Truppen als Inbegriff des Bösen.

Der junge Isaac Bashevis Singer bekommt dies gleich auf seiner Fahrt nach Warschau zu spüren, als polnische Schläger im Drittklasswagen gegen die Juden losgehen. Die jahrhundertealte Erfahrung, dass sich eine Minderheit nicht erfolgreich mit Gewalt gegen eine Mehrheit halten kann, und ihr tiefer Glaube verleihen den Juden im Zug die Kraft, die Verfolgung zu ertragen. *Aber diese Art von Stärke war nur dem Juden möglich, der die Tora befolgte, und nicht dem modernen Juden, der der Natur diente wie die Heiden es taten, sich ihr unterordnete und alle Hoffnung auf sie setzte ...*[112]

Und Singer reist ja nach Warschau, um sich der Gegenwart anzuschließen. Er legt die chassidische Kleidung für immer ab und schlüpft zunächst in abgelegte Anzüge des älteren Bruders hinein, die ihm buchstäblich wie im übertragenen Sinne ein wenig zu groß sind. Denn nicht nur ist der Ältere breiter und höher gewachsen; er ist unterdessen ein erfolgreicher und bekannter Autor geworden.

Israel Joshuas 1922 erschienener Kurzgeschichtenband – ›Perl un andere dertzeilungen‹ (Die Perle und andere Erzählungen) war zum Mini-Bestseller geworden, sein symbolistisches Theaterstück ›Erd-vey‹ (Schrei der Erde) wird am »Yiddish Art Theater« von New York aufgeführt. Noch wohnt Israel Joshua, samt Lebensgefährtin und Baby, bei den Schwiegereltern in deren kleiner Dreizimmerwohnung. (Die Wohnungssituation in Warschau ist katastrophal.) Deswegen kann er den Bruder nicht bei sich aufnehmen. Aber einer seiner Freunde, Melech Ravich (oder »Rawicz«, je nach Transkription), stellt Isaac großmütig einen Schlafplatz in seiner Mansardenwohnung zur Verfügung. Und unterzieht ihn, als ehemaliger k.u.k.-Soldat – Lieblingsbegriff »Ordnung!« – vor jedem Ausgang einer Musterung. Wobei er sich nicht zu gut ist, dem jungen Rekruten der westlichen Kultur die Schnürsenkel richtig zu knüpfen, das Jackett zurechtzurücken oder die Krawatte korrekt zuzuknoten. Singer hat an der ihm vom Ex-Bankangestellten Ravich vermittelten strengen Kleiderordnung zeitlebens festgehalten: dunkelblauer Anzug, weißes Hemd, Krawatte, Stock oder Regenschirm, Hut.

Was seine Kunst und seine Weltanschauung betrifft, wahrt er Distanz. *So wie ich ein Skeptiker war, so war Rawicz ein Gläubiger. Er glaubte an die erlösende Macht der Literatur, an den Sozialismus, an den Humanismus und an die Philosophie von Spinoza.* Im Gegensatz zu seinem Schützling bleibt Ravich bis zuletzt ein Idealist. Er ist zutiefst überzeugt, dass einmal das Gute siegen wird, dass sich eines Tages die Menschen verstehen und obendrein noch Vegetarier werden müssen. Dann gibt es keine Religionen mehr, sondern nur noch eine vereinigte Menschheit, die sich der Gleichheit und dem Fortschritt zuwenden wird. Hehre Ziele, die von der Literatur mit herbeigeführt werden. Vor dem Zweiten Weltkrieg arrangiert der unermüdliche Ravich eine Expedition ins Hinterland von Australien – dort, wo sonst keine anderen Menschen wohnen, wo niemand dem anderen Land oder Landbesitz streitig mache, dort werde man die europäischen Juden bestimmt sicher unterbringen können …

Ich respektierte seine Begabung und seine Kenntnis der Welt, gleichzeitig wunderte ich mich aber über seine Naivität.[113]

Isaac Bashevis Singer, verkrachter Rabbinatsstudent, wegen Geschäftsuntüchtigkeit abgeblitzter Heiratskandidat, hat die Sphäre gefunden, der er sich zugehörig fühlt – die jiddische Literatur. Die im Warschau von 1923 nicht nur ein geistiges, sondern ein irdisches Zuhause hat: den vom »Literatn-Farayn«, dem Literaten-Verband, betriebenen »Shrayber-« oder ›«Literatn-Klub«. Der angehende Autor empfindet ihn als »Tempel der Literatur«. Mit strenger Vorgabe für die Mitgliedschaft: Zehn eigene Publikationen muss der Kandidat aufweisen können. Singers bisheriger Stand: Null. Entsprechend groß die Aufregung, als ihn der ältere Bruder dort einführt.

Sein erster Besuch ist ihm in allen Einzelheiten im Gedächtnis geblieben. Dass der Bruder einfach die Tür aufdrückt – wie bei einem beliebigen anderen Gebäude. Dass es eigentlich aussieht wie in einem Restaurant, nur, dass ihm viele Gäste aus Pressefotos bekannt sind. *Bärte wippten, Nudeln hingen daran. Glatzen glänzten, Brillen glitzerten.*[114] Selbst die Beobachtung, dass Schriftsteller genauso wie andere Menschen zu Mittag essen, gierig, hungrig, mit mehr oder weniger guten oder schlechten Manieren, ist ihm eine eigene Feststellung wert. Er sieht einen ganz kleinen Mann, eine Berühmtheit, mit einer viel größeren und viel jüngeren Frau Tango tanzen – das sei dessen Ausgleichssport. Die Nervosität des Novizen macht allmählich einer gewissen Selbstsicherheit Platz. Die noch zunimmt, als einer der Habitués ihn vor dem Abschied bittet, ihm demnächst ein Essay mitzubringen.

Der Schriftsteller reichte mir seine feuchte, schlaffe Hand. Dann blieb ich allein mit meinem Bruder am Tisch sitzen. Er schwieg ein Weilchen, dann sagte er: »Trau keinem von ihnen!«[115]

Aus dem Abdruck des Aufsatzes wird nichts – dafür kommt der angehende Schriftsteller in anderer Hinsicht zum Zuge. Singer, der Ravich in der engen Mansarde nicht länger zur Last fallen will, hat sich das erste seiner vielen möblierten Zimmer besorgt. Und von den ›Literarishen Bletern‹ die Chance zu einem Interview (und damit zu einer ersten Publikation) erhalten.

Der Vorgang hat sich in der nüchternen Wirklichkeit bestimmt nicht so abgespielt, wie es der alte Meister seinem jungen Ebenbild in der Geschichte ›Das Interview‹ zugedacht hat. Doch als Darstellung des Übergangs aus einer Lebensphase in die nächste, als Klarstellung und Behauptung der sieghaften, alles überwindenden Macht des Eros und der durch ihn inspirierten Kunst, ist sie wahr.

Singers fiktiver Interviewpartner ist eine in Berlin lebende Koryphäe des jüdischen Geisteslebens. Die Koryphäe hat den jungen Reporter zur strengen Pünktlichkeit ermahnt. Der so zeitig erscheint, dass er vor dem Hoteleingang auf und ab laufen muss, wo er jämmerlich friert. Als er endlich ins Hotel will, gelangt er nur mühsam am Portier vorbei.

Und trifft im Zimmer des Professors auf eine andere Besucherin. Auf die vierzig zugehend, in der neuen Mode der Zeit gekleidet, mit einem Rock, der gerade eben die Knie bedeckt, und – der sich selbst so konservativ kleidende Singer hat stets ein Auge für die Feinheiten der weiblichen Mode gehabt – Stiefeln an den »kräftigen Waden«. Ungeschminkt, mit Pockennarben, die ausgegangene Zigarette in der Hand.

Auf dem Schreibtisch des Professors fällt ihm ein kleines Druckwerk auf: ›Die nackte Wahrheit‹ von Machla Krumbein.

Der Professor hält der Besucherin einen kürzeren Vortrag – über die Untauglichkeit der modernen Kunst im Allgemeinen und ihrer Bemühungen im Besonderen. Er verweist auf *einen gewissen Rilke [und] diese verrückte Frau … irgendetwas wie Lasker.* Ob sie sich diese »Irren« zum Muster nehmen wolle? Sie versuche niemanden nachzumachen. *»Aber da alle menschlichen Wesen, ohne Ausnahme, von der Wiege bis zum Grabe an sexuelle Beziehungen denken, wie kann da die Dichtung dieses Thema ignorieren?«* Der Professor möge zahlreiche Bücher studiert haben, sie dagegen das Leben.

Sie erzählt von den Österreichern, von der Cholera und der Hungersnot. Davon, dass viele Frauen aus blanker Not zu Schmugglern wurden. Und als solche den Grenzpolizisten, den »Finanzern« zum Opfer fielen, die ihnen, angeblich aus dienstlichen Gründen, die Kleider abnahmen, um dann über sie herzufallen. In ihre Argumente bezieht sie auch den jungen Reporter mit ein – bis ihr die Koryphäe schließlich die Türe weist. Bevor sie geht, umfasst sie Singers Handgelenke.

»Ich werde unten auf Sie warten«, flüsterte sie und küsste mich hinter dem Ohr. Sie warf die Tür mit solcher Gewalt zu, dass die Fensterscheiben klirrten.

Dann beginnt das Interview, und der Professor weiß auf jede Frage des Jungreporters eine nur zu ausführliche Antwort. Der brav mitschreibt – während er nur an eines denkt: Ob Machla Krumbein wirklich auf ihn warten wird?

Nach zwei Stunden kann er endlich gehen. Er sieht sie, draußen, *an dem Schaufenster eines Ladens, das von kleinen Gasflammen erwärmt wurde, um das Zufrieren zu vermeiden.*

Er hat gerade genügend Geld, um sie in ein kleines vegetarisches Café einzuladen. Wo sie ihm ihre Geschichte erzählt. Eine Frau, die ihre tiefe Demütigung – von vier Gendarmen vergewaltigt und bespuckt – überwand, indem sie sich entschloss, den Vorgang zur Grundlage ihrer Lebensphilosophie zu machen, die sie dichterisch umsetzt. *»Es gibt keine Liebe. Das ist alles erfunden ...«*

Als er ihr von seiner großen Liebe erzählt, lacht sie ihn aus.

»Liebe ist nichts anderes als eine in die Länge gezogene Krankheit.«

Worauf sie ihn auffordert, ihr Büchlein zu lesen.

Es waren zweiunddreißig Seiten Gedichte, jede Zeile hatte nicht mehr als vier oder fünf Worte. Ich brauchte etwa fünfzehn Minuten, um es durchzulesen. Ich hatte nie zuvor solche Obszönitäten gelesen. Ich wusste nicht, was stärker in mir war, meine Begierde oder mein Ekel.

Machla Krumbein, eine Dorfschneiderin, verdient ihren kümmerlichen Lebensunterhalt mit der Anfertigung von Herrenunterwäsche (von den Frauen bekommt sie keine Aufträge). Mittellos wie sie ist, hat sie einen Verehrer gewonnen, dem sie gibt, »was ein Mann will«, wofür er ihre literarischen Bemühungen unterstützt – selbstverständlich ohne Namensnennung.

Sie hat fünfhundert Exemplare ihrer Gedichte drucken lassen und hofft nun, diese bei Warschauer Buchläden absetzen zu können. Mit, wie ihr Gegenüber weiß, an Sicherheit grenzender Wahrscheinlichkeit vergebens.

Sie bietet dem jungen Reporter eine Liebesnacht an, seine erste, aber da beide für ein Hotel zu arm sind und keiner eine sturmfreie Bude hat – er wohnt bei einer Mutter und Tochter zur Untermiete, sie muss das Bett ihrer frommen Tante teilen –, wird nichts draus. So begleitet sie ihn zu seiner Mietskaserne. Deren Tor, wie in Warschau üblich, vom Hausmeister geschlossen wird. *»Wollen Sie beide hinein oder heraus? Ich schließe.«*

Machla Krumbein küsst ihn zum Abschied auf den Mund. *Sie biss mich sogar.* Der erschütterte Jungreporter erholt sich im trüben Hinterhof vor den Abfalleimern. Als er sich den Mund mit dem Taschentuch abwischt, sieht er Blut.

Er trifft die Tochter seiner Vermieterin, mit der er manches kluge und wissenschaftliche Buch studiert hat. Die ihn auf seinen eigenartigen Aufenthaltsort und auf sein Interview anspricht.

»Was hat er gesagt?«, fragte sie.

»Er hat gesagt, dass Mädchen nicht dafür geschaffen sind, über Amöben zu lesen, sondern um mit Männern zu schlafen«, sagte ich und war erstaunt über meine eigenen Worte.

Das Mädchen scheint noch verdutzter zu sein als er. Längere Zeit stehen sie sich schweigend gegenüber. Bis sie das erlösende Wort findet.

»Wenigstens hast du den Mut gefunden, die Wahrheit zu sagen. Eine Frau ist für dich nichts anderes als ein Stück Fleisch. Ist das richtig?«

Als er das bestätigt, erklärt sie die Beziehung für beendet. Was er achselzuckend hinnimmt. Um sie auf der Treppe zu packen und zu küssen. Sie lässt es geschehen – um ihn darauf empört zurückzustoßen. Er sei ein Schwein wie alle anderen Männer. Was er zugibt. (Später ging er so weit, Verehrerinnen ein kleines Schweinchen in die Bücher zu malen.)

Als sie oben ankommen, sieht ihn die Zimmerwirtin, die Mutter seiner Begleiterin, entsetzt an. *»Wer hat Ihren Mund blutig geschlagen?« Sie klatschte in die Hände und brüllte: »Deiner auch . . .! Weh mir und meinem elenden Leben.«*

Singer geht in sein Zimmer und hört Mutter und Tochter streiten.

Dann wird die Tür aufgerissen und er erhält von der alten Frau die Kündigung. Und die Forderung nach ausstehenden Mietzahlungen. Die er, wie er ihr mitteilt, erst nach Bezahlung des Interviews begleichen kann. Dann schläft er ein. Um mitten in der Nacht von der Tochter geweckt zu werden.

»Hier ist dein Stückchen Fleisch.«

Er schwört ihr »ewige Liebe« – sie bezeichnet ihn als »schamlosen Lügner«.

Singer habe nie mehr von Machla Krumbein gehört. Bis er 1974 von der Universität Oxford zu einem Vortrag eingeladen wird. Wo man ihn durch die »jiddischen Bücher und Manuskripte der Bodleian Library« führt. Und in der altehrwürdigen Bibliothek, dem Inbegriff gelehrter Würde, sieht er Machla Krumbeins Büchlein wieder, *mit seinen schiefen Zeilen, provinzlerischen Ausdrücken und dilettantischem Stil.* Das ihn ebenso packt wie damals, an dem lang vergangenen Winterabend in Warschau. *Während all der Jahre war ich überzeugt gewesen, dass Machla Krumbein und ihre Bücher, wenn sie wirklich existiert haben sollten, in Treblinka, Maidanek, in einem der Gettos oder Konzentrationslager verbrannt worden waren. Aber ein letztes Exemplar war übrig geblieben ...*[116]

Die Frau, die Männer liebt. Die Frau, die der Mann ebenso fürchtet wie begehrt. (Der Name »Machla« ist von »Machlat« abgeleitet, einer Dämonin.) Das Mysterium der weiblichen Sexualität. Der Künstler Singer hat das Spannungsverhältnis zwischen den Geschlechtern als einen der wesentlichen Impulse seines Daseins begriffen und ihn, im Leben wie im Werk, auf immer wieder neue Weise ausgelotet.

Er hat nun Affären – in seinen Erinnerungen mit Töchtern seiner Zimmerwirtinnen, die, jedenfalls in der belletristischen Wiedergabe, durchweg anderweitig gebunden sind. Und, wie er als alter Mann seiner Sekretärin erzählt, mit der Ehefrau eines älteren Redaktionskollegen, die so weit ging, ihm als dankbar angenommene »Geschenklein« ihre Freundinnen zuzuführen. Während sie in der Küche gewartet habe.

Seine möblierten Zimmer schildert er als fensterlos und dunkel – die Kategorie, die er sich damals leisten kann.

Im Übrigen hält er sich an zwei Institutionen – an den Schriftstellerklub und die Bibliotheken. In Ersterem ist es warm; er hat Zeitungen, Schach- und Gesprächspartner und bekommt an der Theke preiswertes Essen. Das andere sind seine geliebten Bibliotheken, in denen er sich so gern aufhält. Und sich mit einem, aus damaliger Sicht ebenso abseitigen wie ungebräuchlichen Thema beschäftigt: der Parapsychologie. *Wenn nur ein Hundertstel der Fälle, die dort beschrieben waren, der Wahrheit entsprach, würden alle Werte neu bewertet werden müssen.* Doch bei aller Begeisterung bleibt er der Sohn seiner Mutter und besorgt sich auch die Schriften ihrer Gegner;

etwa von dem Entfesselungskünstler Houdini, der zahlreiche falsche Medien enttarnte und öffentlich die Tricks beim Tischrücken vorführte. *Ich ließ mich so tief mit diesen Dingen ein, dass ich darüber alle meine Sorgen vergaß.*[117]

Die Faszination des Übernatürlichen hat ihn nicht mehr losgelassen; er hat zeitlebens einschlägige Magazine abonniert und sich, in seinen Geschichten und Romanen, immer wieder damit beschäftigt, als ergreifendes Wunder wie als Marotte älterer Damen, die durchaus auch zu krummen Tricks wie bezahlten Medien greifen, um Männer, die sie beeindrucken wollen, aus den Klauen ihres Unglaubens zu befreien.

Neben den para- und anti-parapsychologischen Büchern studiert Singer den in der Philosophiegeschichte als »Pessimisten« eingeschätzten Schopenhauer-Schüler Eduard von Hartmann (1842–1906) und Schopenhauer selbst.

Und er befasst sich mit Otto Weininger (1880–1903), den er später im Titel eines Aufsatzes wie folgt charakterisiert: ›Er iz geven genyal, meshuge un iz bagangen zelbstmord‹ (Er war genial, wahnsinnig und hat Selbstmord begangen). Ein junger Jude, der Anfang des zwanzigsten Jahrhunderts ein dickes Buch schrieb, in dem er mit fieberndem Scharfsinn Juden und Frauen die Seele absprach – um sich daraufhin mit 23 Jahren in Beethovens Sterbehaus umzubringen. Das Buch war zum Bestseller geworden, auch und vor allem in jüdischen Kreisen; die vorgetragenen Thesen hatten, im Sinne einer Bemühung um den Beweis des Gegenteils, zur Kibbuz-Bewegung und zu den religionstheoretischen Schriften Martin Bubers beigetragen. Und damit, gleichsam als Negativ, zum jüdischen Selbstverständnis. Ein Denker, den man schon damals nicht ohne eigene Gegenposition zur Kenntnis nehmen konnte: *Otto Weininger – sein Hass auf Frauen – ein jüdischer Antisemit – Elemente der Wahrheit in einer falschen Theorie.*[118]

Man hat Weininger nachgewiesen, dass er vom Judentum so gut wie gar nichts wusste, und mit dem weiblichen Geschlecht, gegen das er so heftig anschrieb, bis zu seinem frühen Tod kaum etwas zu schaffen hatte. Im Gegensatz zu seinem jungen Leser, der mit dem einen bestens vertraut ist und alles tut, dem anderen so nahe wie möglich zu kommen.

Singers Lesesucht geht so weit, dass er seine Bücher in den Klub mitnimmt. *Die Schriftsteller machten sich lustig über mich. Noch heute erinnern mich ältere Schriftsteller aus Warschau daran, wie ich damals im Klub saß und las.*[119]

Ehe er sich's versieht, hat er den ersten Warschauer Winter überstanden. Und einen Freund gefunden: den Dichter Aaron Zeitlin, Sohn von Hillel Zeitlin, dessen Philosophiegeschichte den Jugendlichen so fasziniert hatte. Den er an der Wärmewand des »Literatn-Klubs« kennen lernt. Mit dem Herdabzug eines Restaurants verbunden, ist sie immer warm, und macht das fensterlose Zimmer zum Lieblings-Aufenthaltsort des durchfrorenen Literatur-Adepten.

Zeitlin war sechs oder sieben Jahre älter als ich und war zu der Zeit schon ein bekannter, reifer Dichter und Essayist, und ich war ein unbekannter Anfänger. Es ist eine Verbindung zweier grundverschiedener, aber einander gerade darum sehr zugetaner Künstler. Während Singer auf Frauen steht, und, nicht anders als Machla Krumbein, die Beziehung zwischen den Geschlechtern in den Mittelpunkt seiner Kunst rückt, ist Zeitlin »ein entschieden monogamer« Mensch. *Die Bücher waren für mich nur ein Teil des Lebens, aber für Zeitlin war ein Buch das Leben selbst.*[120]

Eines von Zeitlins schönsten und bekanntesten Gedichten heißt denn auch »Text«.

Tekst

Mir ale –
shteyner, mentschn, sherblekh gloz in zun,
konservn-pushkes, kets un beymer –
zenen ilustratsies tsu a tekst.

Ergets-vu darf men undz nisht hobn,
dort leyent men dem tekst aleyn –
di bilder faln op vi toyte glider.

Ven toyt-vint get a bloz in tifn groz
un roymt arop fun mayrev ale bilder,
vos volkns hobn oyfgeshtelt –
Kkumt nakht un leyent shtern.[121]

Text

Wir alle –
Steine, Menschen, Glasscherben in der Sonne,
Konservendosen, Katzen und Bäume –
Sind Illustrationen zu einem Text.

Es gibt einen Ort, wo man uns nicht braucht,
Dort liest man den Text allein –
Die Bilder fallen ab wie tote Glieder.

Wenn der Totenwind bläst durchs hohe Gras,
Und von Westen her wegräumt alle Bilder,
Die von den Wolken aufgebaut –
Kommt die Nacht und liest die Sterne.

Von der anderen wichtigen Bekanntschaft des Frühlings 1924 wissen wir nur durch seine Schriften. Er nennt sie »Gina«. Sie ist deutlich älter als er, geht auf die vierzig zu, und entspricht mit ihrer »schmalen Nase«, dem »schlanken Hals« und dem »spitzen Kinn« Singers immer wieder beschriebenem literarischen Idealtypus. Die roten Haare sind zu einem Chignon aufgesteckt. Weiße Haut, grüngelbe Augen. *Ein Blick genügte, um zu sehen, dass sie eine Schönheit gewesen sein musste.*[122]

Singer war, einmal mehr, auf Zimmersuche gewesen, und ein Kollege, der ihn an der Wärmewand mit einem seiner parapsychologischen Bücher erwischt hatte, hatte ihn auf eine Unterkunftsmöglichkeit angesprochen – eine entfernte Verwandte aus guter rabbinischer Familie mit faszinierend verderbtem Lebenswandel, die Singers Interesse am Übernatürlichen teile und eine Schwäche für junge Männer habe.

Und so zieht er bei ihr ein. Und wird, noch am ersten Tag, ihr Liebhaber. Die Vierzigjährige, die an einer von Singer nie genau beschriebenen Krankheit leidet, hat, zu Beginn der Beziehung, ausgeprägte Todesfantasien. Und belegt ihren jugendlichen Freund mit einem Bann: Sie werde längst im Friedhof ruhen, während er, »ihr kleines Füllen«, sich mit anderen verlustiere. *[Ich will] dich führen und beschützen. Ich werde dich mit Frauen versorgen, die glühende*

Seelen und brennende Körper haben. Ich werde sie in dein Netz werfen, sich windende Fischchen, mit denen du tun sollst, wie es dir beliebt ...[123] Unter zwei Bedingungen: sie niemals zu vergessen – und keine andere zu heiraten.

Die beiden werden auch über das rein Sexuelle hinaus ein Paar. Sie widmet sich den Widrigkeiten des gemeinsamen Alltags, er sich seiner Kunst. Was sie ihm ermöglicht, indem sie sich in elegante, abgetragene Stücke wohlhabender Tanten kleidet, die vor vierzig Jahren in Mode gewesen waren, und auf jede Instandsetzung ihrer Wohnung und neue Einrichtungsgegenstände verzichtet. Sie wäscht und flickt für ihn.

Singer hat auf die wohlfeilen Gelegenheitsangebote gebrauchter bürgerlicher Kleidungsstücke im damaligen Warschau hingewiesen (die von verarmten Mittelstandsfamilien angeboten wurden) und auf die extrem günstigen Landwirtschaftsprodukte. Was der historisch dokumentierten desolaten Wirtschaftslage des damaligen Polens entspricht, die von den Rechten, die in den einander immer rascher ablösenden Regierungen nun stärker zum Zuge kommen, vor allem der jüdischen Minderheit angelastet wird. Was dazu führt, dass auch linke Regierungen aus Opportunitätsgründen eine entsprechende Politik betreiben – und die Forderungen des nationalen Flügels noch schärfer ausfallen. Während alle Regierungen, linke wie rechte, die Agrarreformen, die den in der polnischen Elite stark vertretenen Adel betreffen, wenn überhaupt sehr vorsichtig angehen, legt man dem jüdischen Unternehmertum alle erdenklichen Hindernisse in den Weg. Wobei zu den »Unternehmern« auch die vielen kleinen Handwerker, Ladenbesitzer und Hausierer gerechnet werden, die in der Regel nicht mehr besitzen als ihren dürftigen Warenkorb, der dem Tritt jedes Straßenrowdys oder Polizisten ausgeliefert ist. Das geht vom allgemeinen Sonntagsarbeitsverbot, das den Ladenbesitzern einen überlebenswichtigen Verkaufstag kostet und frommen Arbeitern, die bisher immer samstags frei nahmen, ihren Arbeitsplatz, über spezielle, nur an nationale Polen vergebene Lizenzen für Handwerk und Straßenverkauf, staatliche Subventionierung der gegen den jüdischen Einzelhandel gerichteten »Kooperativen«, bis zur Nationalisierung traditionell von Juden betriebener Industriezweige (Salz, Tabak, Alkohol, Zündhölzer). Einige Polen können daraufhin Arbeitsplätze von Juden übernehmen. An der wirtschaftlichen Gesamtlage ändert das nichts.

Unter dem Einfluss von Aaron Zeitlin beginnt Singer ernsthaft zu schreiben – wobei sich der werdende Autor kritisch mit der damaligen jiddischen Gegenwartsliteratur auseinander setzt: *Die von jiddischen Schriftstellern behandelten Themen und die Art ihres Schreibens schienen mir sentimental zu sein, primitiv und engstirnig. Zu oft handelte es sich um ein Mädchen, für das Eltern bereits eine Heirat geplant hatten, während es selbst einen anderen liebte.*[124] Wobei das Mädchen in der Regel aus wohlhabender Familie stammt, während der jugendliche Held der Sohn eines Schneiders oder Schuhmachers ist.

Aus seiner Sicht waren wichtige Themen vermieden worden – die »großen Abenteuer der jüdischen Geschichte«, die Erscheinung der falschen Messias-Figuren, die großen Verfolgungen, die Zwangsbekehrungen, der Vorgang der Emanzipation und Assimilation, der in Ländern wie England, Amerika, Italien und Frankreich Juden den Weg ins Ministeramt geebnet oder sie zu Führern bedeutender politischer Bewegungen und Parteien hatte werden lassen, zu Wirtschaftsführern und Zeitungsmagnaten. Auch die jüdische Unterwelt, die jüdischen Diebe, Zuhälter und Nutten, die er aus der Krochmalna aus eigener Anschauung kennt, die Verbindungen bis nach Buenos Aires und Rio de Janeiro haben, seien literarisch nie wirklich dargestellt und aufgearbeitet worden.

Dabei hat er ein Problem: dass ein Schriftsteller nur über Dinge schreiben kann, die er wirklich kennt. Das sei ihm schon damals klar gewesen. Und seine bisherige Welt beschränkte sich auf das »jüdische Warschau«, auf Bilgoraj und die wenigen anderen Schtetl, in denen er gewohnt hatte.

Und so versucht er im »Literatn-Klub« seine Weltsicht zu erweitern. Durch den Umgang mit älteren Kollegen, die sich freuen, einen interessierten und aufgeweckten Gesprächspartner zu finden.

Etwa einen *Schriftsteller namens Saks, der aus Lodz stammte und einige Zeit in Zentralasien gelebt hatte,* der sich nicht genug tun kann, gegen die Alliierten zu wettern, die *Deutschland Unrecht getan hätten.* Der auf den Versailler Vertrag schimpft, auf die neuen deutschen Landesgrenzen – die ihm als Polen ja eher zugute kommen müssten. *»Man kann eine große Nation, eine Säule der Zivilisation, nicht einfach zerstückeln.«*[125] Wie Singer anmerkt, war es diesem Verehrer Deutschlands bestimmt, in einem deutschen Konzentrationslager zu sterben.

Eine andere faszinierende Figur ist der »Freund Kafkas«, den Singer in seiner gleichnamigen Geschichte »Jacques Kohn« nennt, und anderweitig als »Jacques Levi« identifiziert. Ein jiddischer Schauspieler, der 1911 in Prag ein Gastspiel gegeben hatte, das Literaturgeschichte machen sollte. Denn hinter der Bühne wird seine Truppe von einem jungen Prager Autor aufgesucht. Ein Augenblick, den zu schildern Jacques Levi nicht müde wird: *Ein Blick, und ich wusste, dass ich es mit einem Genie zu tun hatte. Ich konnte es wittern wie eine Katze eine Maus wittert. Das war der Beginn unserer großen Freundschaft.*[126]

Dessen Briefe er stets bei sich trägt. Von dem er unablässig spricht. *Ich fragte ihn einmal: »Wer ist dieser Kafka?«*

Und er sagte mit erhobenem Zeigefinger: »Eines Tages wird er weltberühmt sein.«[127]

Was den »Literatn-Klub« von Warschau, dank dessen Mitglied Jacques Levi, zu einem der ersten Orte des literarischen Universums macht, an dem Franz Kafkas Genie angemessen gewürdigt wird. Jacques Levi war nicht immer ein jiddischer Schauspieler gewesen, er war, hält man sich an die literarische Darstellung Singers, auf allen großen Bühnen Frankreichs und Deutschlands aufgetreten. Neben den Briefen seines Freundes K. habe er solche von Jakob Wassermann, Stefan Zweig, Romain Rolland, Ilya Ehrenburg und Martin Buber vorweisen können. Die ihn alle mit Vornamen angeschrieben hätten. Für den jungen jiddischen Literaten verkörpert er einen neuen, unbekannten und faszinierenden Kontinent: die westeuropäische Kultur. *Er wirkte wie ein verarmter europäischer Grande, der sich herabließ, das Ghetto zu besuchen ...*[128]

Jacques Levi, dessen Namen Kafka als »Jizchak Löwy« transkribiert (entsprechend der eigenen »Löwy«-Verwandtschaft), nimmt in der Biografie des Prager Dichters einen wichtigen Platz ein. Nicht nur, dass Kafka ihn in den Tagebüchern 49 Mal erwähnt – auch Briefe, die Kafka an seinen Freund schickte, sind erhalten und weisen auf eine Beziehung hin, die der von Singer novellistisch dargestellten, wo die beiden gemeinsam das Prager Nachtleben erkunden, so ziemlich entspricht. Kafka an Löwy, Juni/Juli 1914: *Es kommt mir vor, als wären wir beide viel hoffnungsvoller gewesen, als wir an den Abenden in Prag herumzogen. Ich dachte damals, Sie müssten irgendwie durchbrechen und zwar mit einem Schlag. Übrigens gebe ich die Hoffnung für Sie gar nicht auf, das muss ich Ihnen sagen. Sie sind leicht verzweifelt, aber auch leicht glücklich, denken Sie in der Verzweiflung daran.*[129]

Der italienische Kafka-Forscher Guido Massino hat eine Biografie des Kafka-Freundes verfasst (Guido Massino, ›Fuoco Inestinguibile‹, Bulzoni, Rom 2002) und ermittelt, dass der »Freund Kafkas« 1887 in Warschau geboren wurde. Womit der in Singers Geschichte so alt und verbraucht erscheinende »Jacques Kohn« bei seiner realen ersten Begegnung mit Singer keine vierzig Jahre alt gewesen wäre. Jacques Levi war laut Auskunft eines von Massino befragten Kollegen ein begabter Schauspieler, aber derart intensiv, dass er sich nicht an Absprachen halten mochte. Deswegen trat er mit Soloprogrammen auf, die er »Wortkonzert« nannte, und verfasste reizvolle Plaudereien, die vor allem in der jiddischen Zeitung ›Haynt‹ (Heute) erschienen und ihm die Mitgliedschaft im »Literatn-Klub« sicherte.

Finanziell scheint es ihm nicht besonders gut gegangen zu sein. Denn er pflegt seinen »jungen Freund« stets um kleine Darlehen anzugehen, die er, wie sie beide wissen, niemals würde zurückzahlen können. *»So viel? Sie müssen heute geradezu eine Bank ausgeraubt haben. Sechsundvierzig Groschen! Piff-paff! Nun, wenn es einen Gott gibt, wird Er Sie belohnen. Und wenn nicht, wer spielt dann alle diese Spiele mit Jacques Kohn?«*[130]

1925 gewinnt Singers Erzählung, ›Oyf der elter‹ (Im Alter), den Wettbewerb der ›Literarishen Bleter‹. Die zweite Arbeit, die hebräische Erzählung ›Nerot‹ (Kerzen), trägt bereits die Unterschrift »Yitskhok Bashevis« – Isaac, Sohn der Bathseba. Dabei weiß der junge Autor so gut wie seine Leser, dass in der chassidischen Tradition der Muttersname (Sohn der ...) – im Gegensatz zum sonst gebräuchlichen Vatersnamen (Sohn des ...), mit dem man zur Lesung in der Schrift aufgerufen wird oder religiöse Dokumente unterzeichnet – als magische oder transzendente Namensform gilt, mit der für die Genesung Kranker gebetet wird, mit der, seit Baalschemtow, dem Begründer des Chassidismus, chassidische Wunderrabbiner ihre zaubermächtigen Amulette unterschreiben.[131]

In einer Art Zwischenspiel lässt sich Singer auf einen Auftritt als falscher Heiratskandidat ein. Es geht um die Einwanderung nach Palästina. Da die Visa ausschließlich für Ehepaare ausgestellt werden, sind junge einwanderungswillige Frauen auf Partner angewiesen, die mit ihnen eine Scheinehe einzugehen bereit sind. Für die sie ihre Mitgift, die als eine Art vorgezogene Erbschaft betrachtet wird, in Anspruch nehmen.

Singer wird als Kandidat für ein fünf Jahre älteres Mädchen, »Stefa« oder »Minna«, angefragt, das bereits zwei gescheiterte Versuche hinter sich hat. Deren Familie ist, zu Anfang seiner Bekanntschaft, sehr wohlhabend, später verliert sie ihr Geld infolge der neuen Steuergesetze.

Stefa, deren fromme Eltern noch Jiddisch sprechen, ist selber so assimiliert aufgewachsen, dass sie das Polnische bevorzugt. Sie will weniger aus politischen als aus persönlichen Gründen nach Palästina: Ihr Verlobter, ein junger jüdischer Offizier der polnischen Armee, hat die gebotene Schneidigkeit so weit getrieben, Spielschulden zu machen und einen Wechsel zu fälschen, worauf er nach Palästina verschwunden ist.

Doch in Singers Fall erweist sich das Besorgen der erforderlichen Papiere als besonders schwierig, da das Standesamt im Krieg durch einen Brand zerstört wurde. *Um eine Geburtsurkunde zu bekommen, hätte ich dorthin fahren und mir Zeugen beschaffen müssen, um zu beweisen, dass ich dort geboren war.*[132] Und so wendet sich Stefa, noch hat sie Geld, an eine etwas zwielichtige Figur, einen »Beschaffer«, den Singer »Barisch Mendl« nennt – der mit dem Provinzgouverneur ebenso bekannt ist wie mit höheren Polizeibeamten oder dem englischen Konsul. *Es gab niemanden, den er nicht bestach. Ich hörte ihn [am Telefon] fragen: »Welche Sorte Kognak bevorzugt der hohe Herr? Was für Strümpfe trägt seine Gattin?« Und dabei blinzelte er mir zu.*[133]

Barisch Mendl hat Singer, wahrscheinlich, zu dem Geburtsschein mit dem Datum vom 14. Juli 1904 verholfen, mit dem er später nach Amerika gereist ist. Mit dem sich Singer, wenn die hier angestellten Überlegungen zutreffen, jünger machte, um dem Militärdienst zu entgehen.

Aus der Einwanderung nach Palästina wird nichts. Ständig tun sich neue Hindernisse auf – Singer vermutet ein Eingreifen Barisch Mendls, der von jeder finanziellen Transaktion profitiert. Aber der Familie der falschen Verlobten gehen die Mittel aus. Der schöne Bürgerhaushalt wird von Besuch zu Besuch kärglicher, der prächtige chinesische Teppich verschwindet ebenso wie Tisch und Stühle.

»Sie sehen ja, was passiert ist ... Man hat mir alles genommen. ... Heute haben sie ein Verzeichnis meines Hausrats erstellt, morgen findet die öffentliche Versteigerung statt. Das Ganze ist eine Farce. Die wollen doch bloß die Juden loswerden.«[134]

Und die Tochter, Singers falsche Braut, muss erfahren, dass ihr Verlobter sich eine andere genommen hat – die weit mehr Geld besitzt als ihre Familie zu ihren besten Zeiten. Worauf sie sich in ihrer Verzweiflung mit Singer, ihrem falschen Bräutigam, tröstet und überlegt, ob sie nicht besser ihn hätte heiraten sollen. *Zum einen bist du noch schrecklich jung. Zum anderen bist du, glaube ich, eigentlich gar nicht fähig, jemanden wirklich zu lieben. ... Daraus schließe ich, dass du wirklich ein Schriftsteller bist.«*[135]

Zwischen 1924 und 1925 erhält Singer seinen Einberufungsbefehl. Dem er nicht einmal dann gerne gefolgt wäre, *wenn Polen eine jüdische Nation gewesen wäre ...*[136] Er beschreibt sich als wesensmäßig unfähig, ständig unter anderen Menschen zu sein – von der Stupidität des Dienstes, der Bösartigkeit der Vorgesetzten, der Grobheit der Kameraden gar nicht zu reden. Und so setzt er, wie seine frommen Vorfahren, alles daran, dem verhassten Dienst zu entgehen.

Da er sich nicht geradezu verstümmeln will – es gibt »Bader«, die auf das Durchstechen von Ohrtrommeln spezialisiert sind –, entschließt er sich zur traditionellen Hungerkur. Was sich neben einer liebenden Frau wie Gina alles andere als einfach erweist. Die genau das, was er so mühsam zu erzeugen versucht, seine abschreckende Abgezehrtheit, nicht mit ansehen kann. Wofür er sie mit einer Leidenschaft in der körperlichen Liebe entschädigt, die sein Fasten offenbar mit sich bringt. *Zu der Zeit machte ich die Entdeckung, dass der Sexualtrieb auf das Engste mit geistiger Stärke, nicht mit physischer verbunden ist. Liebe und Sex sind Funktionen der Seele.*[137]

Die eigentliche Musterung findet nach dem Frühling 1925 statt. Er wird nicht, wie er erhofft hat, frei-, aber immerhin um ein Jahr zurückgestellt.

Irgendwann in dieser Zeit muss es zu einem unerwarteten Besuch des Vaters gekommen sein – den er in mehreren Varianten schildert. In einer besonders wirklichkeitsgetreu erscheinenden ist der Vater beim älteren Bruder aufgetaucht, der selber samt Frau und Kind nur notdürftig in der Dreizimmerwohnung der Schwiegereltern untergekommen ist. Nun übernachtet der Vater in deren Ehebett, während das junge Paar auf dem Wohnzimmerfußboden schläft. Was die Schwiegereltern, die den Rabbiner mögen, zum Glück nicht so tragisch nehmen. Worauf der Ältere den Jüngeren zur Unterstützung herbittet – mit der dringenden Bitte, sich nicht zu rasieren, falls er es nicht schon getan habe.

Er findet den Vater im Schlafzimmer des Bruders. Der sich sehr freut ihn zu sehen. Aber zu der erhofften Umarmung kommt es nicht – dafür sind Kleidung und Aussehen des Sohnes dem Rabbiner zu fremd. Die dürftigen Stoppeln Isaacs vermögen ihn nicht darüber hinweg zu trösten, dass diesem der Bart des Religiösen abgeht.

»Weshalb sollte sich ein Jude seines Bartes schämen?«[138]

Er schlägt dem Sohn vor, wieder religiös zu werden und sich eine vernünftige Frau zu suchen. Es gäbe immer noch wohlhabende Leute, die ihre Töchter anständig verheiraten wollten – und mit einer Mitgift und einer guten Frau sähe die Welt ganz anders aus. Der Sohn weist auf die veränderten Umstände, auf die Feindseligkeit der Polen hin, der Rabbi meint, das sei doch schon immer so gewesen. Schließlich lehnt der Sohn aus grundsätzlichen Gründen ab.

»So einer bin ich nicht mehr.«

»Was für einer bist du denn? Du hast dir den Bart abgeschnitten, aber wie ich sehe, bist du nicht reich geworden. Dein Bruder hat mir alles erzählt. Ihr seid beide arm. Keiner von euch hat ein Zuhause.«[139]

Der Vater muss zum Arzt – in der einen Version sind es Hämorrhoiden, in einer anderen, realistischeren, das Magen- oder Krebsleiden, an dem er 1929 stirbt –, deswegen hat er Geld dabei, und will damit auch die Publikation des Buches betreiben, an dem er bis jetzt gearbeitet hat. Dem Vater geht es darum, den unter der Abkürzung »Raschi« bekannten großen Rabbiner des Frühmittelalters (1040-1105) gegen die Angriffe der »Tosafisten«, seiner kritischen Kommentatoren aus dem zwölften bis vierzehnten Jahrhundert, in Schutz zu nehmen. Doch der Druck seines Lebenswerkes kommt ebenso wenig zustande wie eine Linderung seines Leidens durch den Spezialisten. Den polnischen Juden geht es bereits zu schlecht, die mit der Publikation eines theologischen Werks verbundenen Risiken sind zu hoch. Das Manuskript, an dem Pinchos Menachem Singer sein Leben lang gearbeitet und gefeilt hat, auch in den schlimmen Kriegs- und Hungerjahren, die Arbeit, von der er sich eine Intervention Raschis »in der kommenden Welt« und damit die Vergebung seiner irdischen Sünden erhoffte, ging ebenso spurlos unter wie später seine Frau und sein jüngster Sohn.

Im Jahr von Singers Freistellung, 1925, sind bereits vier Publikationen nachgewiesen. Am 30. Juli 1926 erscheint die zehnte, mit der er zum Vollmitglied beim »Literatn-Klub« aufsteigt – ausgerechnet ein Interview mit dem charismatischen Dichter und glühenden Kommunisten Perets Markish, den er nicht ausstehen kann. Markish hat begeisterte Oden auf Stalin gedichtet, wollte, wenn er einen getrunken hatte, am liebsten zu Fuß in die Sowjetunion wandern, in der er später im Krieg Zuflucht fand. Um 1952, gemeinsam mit anderen sowjetischen Großen der jiddischen Kunst und Literatur, von demselben Stalin umgebracht zu werden.

Singers Gehalt als Lektor wird verbessert. Er verdient genügend, um nicht mehr von Gina leben zu müssen, kann vielmehr ihr zum Lebensunterhalt beisteuern. Worauf sie nicht mehr ans Sterben denkt. Sondern sich ihrer Liebe und ihres Lebens freut. Und sich immer mehr an ihren jungen Geliebten anschließt, von dem sie sich gar ein Kind wünscht. Und bei ihm jenes Distanzierungsbedürfnis auslöst, unter dem ihm nahe Stehende immer wieder zu leiden haben.

Irgendwie, über Nacht sozusagen, war [Gina] eine andere geworden.... Sie nörgelte jetzt an mir herum, ich solle arbeiten und mich zu-

sammennehmen. Kurzum, sie wurde das, was ich nicht wollte – eine Ehefrau.[140]

Er macht sich diskret auf Zimmersuche. Wird bei einem älteren Arztehepaar in der kürzlich umbenannten Zamenhof-Straße fündig. Die nach einem jüdischen Augenarzt heißt, der dort gewohnt und 1887 die Kunstsprache »Esperanto« entwickelt hatte, um die Verständigung unter den Menschen zu fördern. Es ist die einzige Fortschrittsbewegung, der sich Singer je aus freien Stücken angeschlossen hat; ja, er war so weit gegangen, eine Geschichte auf Esperanto zu schreiben. Und fühlt sich entsprechend geehrt, bei einem Kollegen des großen Mannes (der diesen noch gekannt hat) unterzukommen. In – im Vergleich zu seinen Anfängen – sehr komfortablen Umständen. ... *ein sauberes Zimmer, nicht teuer, anständig möbliert, sonnig, mit einem Fenster, das auf die Straße ging.*[141]

Er schließt ab und geht zu Gina, um ihr mitzuteilen, dass er auszuziehen gedenkt. Sie bekommt einen Schreianfall. Und rennt ins Klo, wo sie sich mehrmals übergibt. Als sie wieder herauskommt, hat sich seine Geliebte verändert. Nicht nur, dass sie Jahre älter und elend aussieht. *Bitternis lag um ihre Lippen, und noch etwas anderes, das Spott über ihr eigenes Unglück sein mochte. Zum ersten Mal wurde mir bewusst, dass Liebe kein Spiel ist.*

Sein halbherziges Angebot, zu bleiben, lehnt sie ab.

»Nein, mein Liebster, du stehst noch am Anfang, und ich bin im Begriff, das Buch für immer zu schließen.«[142]

Im Mai 1926 putscht Pilsudski und übernimmt das Amt des Verteidigungsministers. Und will als solcher nur noch besonders stramme Rekruten und möglichst keine – als Kommunisten gefürchtete – Juden. Womit Singer sein Problem los ist. Die Militärregierung gerät von zwei Seiten unter Druck: durch die überzeugten Demokraten, die gegen eine Militärregierung sind, und durch die mächtige Rechte um Roman Dmowski, denen Pilsudski in nationalen Fragen zu lasch ist. (Bis zur Machtübernahme Hitlers hat der 1938 verstorbene Dmowski auch Deutschland als Bedrohung empfunden. Danach nicht mehr. Sie habe nur insofern bestanden, als das Nachbarland durch Bismarck von Freimaurern und Juden unterwandert worden sei. Hitler habe dem ein Ende gesetzt.)

Singer hat nun mehrere Beziehungen gleichzeitig laufen. Mit seiner falschen Verlobten, Stefa, die selber eine reiche Zweckheirat eingeht und sich, mit Billigung des neuen Gatten, den jungen Autor als Hausfreund hält. Mit dem Dienstmädchen der Augenarztfamilie, das er Marila nennt. Die ihn, trotz ihrer intimen Beziehung, stets respektvoll zu siezen pflegt. Er hat ihre Gestalt als Jadwiga in ›Feinde, die Geschichte einer Liebe‹ verewigt: *Sie war eine Polin mit rosigen Wangen, Stupsnase und hellen Augen; ihr Haar war licht wie Flachs, zurückgekämmt zu einem Knoten, der von einer einzigen Haarnadel gehalten wurde. Sie hatte hohe Backenknochen und eine volle Unterlippe.*[143] Während die Liebschaft mit Gina trotz seines Wegzugs weiterläuft. Sie ist unterdessen wieder krank geworden – so sehr, dass sie sich in ein Sanatorium zurückzieht. Wo ihr Zustand immer ernster wird.

Gina ist die Frau, die ihm damals am meisten bedeutet. An die er denkt, wenn er nachts nicht schlafen kann. Er versucht, telepatisch mit ihr Kontakt aufzunehmen – bittet sie, nicht zu sterben, versichert ihr, wie viel sie ihm bedeute und wie sehr er an ihr hänge. Um ihr gleichzeitig mitzuteilen, dass er wegen ihres vor drei Jahrtausenden in einem anderen Leben begangenen Fehltritts in dieser Nacht zu Marila, der Tochter des Wojciech gehen werde. Die in einem Jahr ihren Bräutigam heirate. »*. . . und auch auf mich wartet irgendwo ein Ovarium und ein Schoß, der meinen Sohn oder meine Tochter auf die Welt bringen wird. . . . Gute Nacht, Himmel. Wenn es dir möglich ist, erbarme dich meiner.*«[144]

Der Belletrist

Vieles aus der für ihn persönlich wie künstlerisch besonders ergiebigen Zeit von 1924–1935 muss vorsichtig aus Singers literarisch gestalteten Lebenserinnerungen rekonstruiert werden, wobei sich, gerade wegen Singers großem schriftstellerischen Talent, Dichtung und Wahrheit nicht immer sicher unterscheiden lassen. Doch für 1926 liegen wie das Schnappschussalbum eines fotobegeisterten Jugendlichen die Aufzeichnungen von Singers damals 13-jährigem Neffen vor, dem mit dem bildhaften Familien-Gedächtnis ausgestatteten Sohn Hinde Esthers, Mosche Kreitmann, dem späteren Schriftsteller Maurice Carr.

Ort: der Warschauer Hauptbahnhof, eine Datscha in der Umgebung der Stadt, ein jiddisches Theater, ein Hausflur.

Warschauer Hauptbahnhof, Sommer 1926: Hinde Esther und Sohn, von London zugereist, die vom Bruder abgeholt werden. Der Junge erkennt den Onkel zuerst, an seinen damals noch flammend roten Haaren, und an der ausgesprochenen Ähnlichkeit mit der Großmutter Bathseba, mit der er von Fotografien her vertraut ist – die kurzsichtige Mutter des Jungen nimmt ihn erst wahr, *nachdem die Küsse, die er ihr vage zudachte, ihre Wangen nicht erreicht hatten.* Und, leicht enttäuscht: *Mich nimmt er gar nicht erst zur Kenntnis.*[145]

Sie steigen gemeinsam in einen Vorortzug. Dort fällt dem Jungen die abwesende Zurückhaltung des Onkels auf, die seiner sonst so redefreudigen Mutter Hinde Esther die Sprache verschlägt.

Danach die Begegnung mit dem älteren Bruder, Israel Joshua. Nun schon Vater von zwei Söhnen. Der bereits seine zweite Kurzgeschichtensammlung, ›Oy, fremder erd‹ (Oh, fremde Erde) veröffentlicht und einen sehr einflussreichen Bewunderer gewonnen hat: Abraham oder Abe Cahan, den Chefredakteur der größten jiddischen Zeitung der Welt, des in New York beheimateten ›Forverts‹. Der ihn zum Warschauer Korrespondenten ernannt hat. Womit Israel Joshua zu einem der bestbezahlten jiddischen Literaten der Stadt aufgerückt ist und entsprechend beneidet wird. Laut Maurice Carr sieht er im Vergleich zu Isaac stattlicher, im Hinblick auf das gängige männliche Schönheitsideal besser aus. Und vor allem mit einem ganz anderen Blick: bestimmt und etwas melancholisch. *Mit einer Mischung aus Freude und Schmerz wirft sich ihm die Schwester in den Arm, in einer Umarmung, die so heftig ist, dass sie über das Schwesterliche hinausgeht.* Aus der sich der Bruder schnell und entschieden befreit, *mit einem strengen Blick, in dem sich Mitleid und Abscheu mischen.*[146]

Weitere Vignetten: Der jüngere Onkel, der auf Bäume klettert, um ungestört lesen zu können – Jiddisch, Hebräisch, Polnisch, Deutsch, neben Prosa auch Dichtung und Philosophie, vor allem Spinoza und Kant.

Der jüngere Onkel, der den halbwüchsigen Neffen übersieht. Während er sich von literarischen Kollegen breitschlagen lässt, ihnen etwas vorzumachen – etwa einen komischen Kritiker –, was stets mit großer Begeisterung aufgenommen wird.

Die Kollegen, die sich genüsslich die Titanenkämpfe der beiden schreibenden Brüder ausmalen, wobei sie allgemein auf den Jüngeren setzen: Der genialische Isaac werde den tüchtigen und erfolgreichen Israel Joshua überflügeln, oder, wie sie sich auf Jiddisch ausdrücken, »ibervaksn«. Wobei die beiden in Fachkreisen als »Judd-Judd« oder »Judd-Judd-Singer« (nach den hebräischen Anfangsbuchstaben von Israel Joshua) und »Bashevis« (ohne Vor- oder Zuname) unterschieden werden.

Ein Besuch der Großeltern, der besagte »eisige Blick« der Großmutter Bathseba. Der verstohlene, einzige Satz des Großvaters, von dem der Enkel ein Leben lang zehren wird: *»Ich liebe deine Mutter Hindele von ganzem Herzen, und dich, Mosche, ihren teuren Sohn, liebe ich ebenfalls von ganzem Herzen.«*[147]

Dem Neffen fällt auf, dass Isaac mit der Mutter (deren Namen er als Schriftsteller trägt) kaum verkehrt, während er lange, ausführliche, heiter erscheinende Gespräche mit dem Vater führt.

Ein gemeinsamer Theaterbesuch mit dem jüngeren Onkel, der für sich, die Schwester und den Sohn nur zwei Karten besorgt hat, so dass der Junge den engen Sitzplatz mit der Mutter teilen muss. Das Stück, eine Farce über einen spuckenden Chefredakteur, ist derart flach geraten, dass der Junge die Zeit lieber mit Onkel-Betrachten verbringt. Der der Bühne keinen Blick gönnt. *Offensichtlich empfindet er die seichte Unterhaltung als gut genug für uns, während er selber abwesend ins Nichts schaut.*[148] Mit eigenen Gedanken oder Projekten beschäftigt.

Das Entree einer schönen Mietwohnung in Warschau, in die der nun gut verdienende Israel Joshua mit seiner Familie umgezogen ist. Das Mutter und Sohn nach einem Einkaufsbummel mit dem Zweitschlüssel öffnen: *... uns erwartet ein verblüffender Anblick. Da, im Vestibül, auf dem gebohnerten Parkettboden, steht Isaac und scheint eine Kreuzigung der besonderen Art zu erleiden. Seine Arme sind in voller Länge ausgestreckt und gleichsam festgenagelt; einerseits von einer jungen Hageren, die ihm ihre Fingernägel ins Handgelenk bohrt, das sie umklammert, anderseits von einer Drallen, die das Gleiche tut. Jede will ihn für sich allein. Sie liefern sich einen verzweifelten Kampf,* *der ihn entzwei zu reißen droht, wobei ein halber Isaac besser ist als gar keiner. Sein mageres, gerötetes Gesicht stellt eine spöttische Leidensmine zur Schau.*[149]

Belletristisch gewinnt die Hagere. Die als »Lena« in ›Verloren in Amerika‹ die Mutter seines Kindes wird – eines angeblich ungewollten Kindes, mit der Behauptung erschlichen, dass sie, die Hagere, ein gynäkologisches Problem habe, und leicht lesbisch sei sie außerdem. Um sich mitten in der Schwangerschaft auf und davon zu machen und in die Sowjetunion zu verschwinden.

Die wirkliche Mutter seines am 28. Juni 1929 (im Todesjahr seines Vaters) geborenen Sohnes Israel wird die Dralle. Sie heißt (wieder je nach Transkription) »Runya« oder »Ronia Schapira«. Und ist mit Singer bis 1935 zusammen. Von gemeinsamen Freunden wird sie als nicht im landläufigen Sinne schön, aber faszinierend beschrieben. Fest steht, dass die beiden lange Jahre zusammen gewohnt haben und dass diese Lebensgemeinschaft in seiner Erinnerungsliteratur nie direkt dargestellt wird. In einem Interview hat Singer von »acht elenden Jahren« gesprochen. Obwohl Runya und er offiziell nicht verheiratet waren – dafür empfanden sie beide zu fortschrittlich –, bezeichnet er sie in Interviews ausdrücklich als seine damalige Frau. Wobei auch der ältere Bruder seiner Lebensgefährtin keinen Trauschein gab, nur dass deren Beziehung weit glücklicher und harmonischer verlief.

Die Frauengestalten, die in Singers Memoirenliteratur die körperlichen Eigenheiten von Runya aufweisen, sind durchweg Nebenfiguren, die den Helden stets so nehmen, wie er ist, und ihm eine Freiheit zugestehen, die ihm die wirkliche Runya, hält man sich an die Briefe, die er ihr aus Amerika schrieb, freiwillig niemals gewährt hätte.

In ›Feinde‹ allerdings ist die von ihr inspirierte Figur der Tamara in der Lage, alles zu verstehen und zu verzeihen und das heillos verwickelte Privatleben des Helden wieder zurechtzurücken. Und da wirken seine Erinnerungen an sie versöhnlicher: *In seiner Gereiztheit hatte er oft übersehen, wie sehr sie ihm und den Kindern ergeben war, wie sie immer da war, ihm und anderen zu helfen.* Sie habe sogar in seinen möblierten Zimmern aufgeräumt und geputzt und ihm sein Essen hingebracht, ihn gepflegt, wenn er krank war, und seine

Sachen gewaschen. Selbst seine »Dissertation« habe sie ihm getippt, *obwohl sie ihrer Meinung nach antihumanistisch, antifeministisch und als Aussage über die Zukunft deprimierend war.*[150]

Weltanschaulich hätten beide gegensätzlicher nicht sein können – Runya ist eine überzeugte Kommunistin, Singer ein Feind jeder politischen Doktrin –, und sie haben sich immer wieder wegen Geld gestritten. Das Paar, das sich eigentlich liebt, aber wegen Geld und äußerlichen Nöten aneinander gerät, ist ein häufiges literarisches Motiv Singers.

Runya hat später ihrem Sohn erzählt, Isaac habe ihr zu wenig Haushaltgeld gegeben; ihr, als sie einmal Geld für den Kinderarzt brauchte, vorgelogen, er habe nichts mehr, während ihm am nächsten Tag eine größere Summe aus der Tasche gefallen sei; er sagt, sie habe sein Geld, trotz gegenteiliger Versprechungen, immer wieder für Parteizwecke benutzt. Sie sagt, er habe sich ständig Untermietzimmer gehalten, angeblich, um ungestört schreiben zu können, praktisch, um seine Affären zu betreiben; er sagt, sie habe immer wieder Genossen nach Hause gebracht und ihm damit nicht nur jede Arbeit unmöglich gemacht, sondern ihn gefährlich kompromittiert. Einmal, 1932, kam sie einige Monate ins Gefängnis und er geriet ihretwegen einen Tag lang in Polizeigewahrsam. Doch trotz oder vielleicht gerade wegen der Spannungen und bestimmt auch wegen des Kindes wollen oder können Isaac und Runya acht Jahre nicht voneinander lassen. *Unsere Seelen (oder wie immer man das nennen wollte) hatten einander böse zugerichtet und waren nicht einig, aber unsere Körper waren sich zugetan geblieben.*[151]

Beruflich geht es dem jungen Autor immer besser. Nicht nur, dass »Bashevis« mit seinen frühen Erzählungen allmählich zum Begriff wird. Sein Verleger Boris Kletzkin, der die Begabung Isaac Bashevis Singers früh erkennt, gibt bei ihm Übersetzungen in Auftrag – durchweg aus dem Deutschen oder der auf Deutsch vorliegenden Übersetzung, allenfalls unter Zuhilfenahme der polnischen Fassung. Romane von Singers literarischem Vorbild Knut Hamsun, ›Pan‹ (erschienen 1928), ›Vagabunden‹ (1928), ›Victoria‹ (1929), Gabriele D'Annunzio, ›Il piacere‹, übersetzt als ›Im Abgrund der Leidenschaft‹ (1929), ein dänischer Roman von Karin Michaelis, ›Mette Trap. Der

Roman einer modernen Frau‹ (1929), Stefan Zweigs ›Romain Rolland‹ (1929), Erich Maria Remarques ›Im Westen nichts Neues‹ (1930) und, ebenfalls 1930 in vier Bänden erschienen, Thomas Manns ›Zauberberg‹ und anderes mehr.

Weniger prestigereich, aber für Singers literarisches Handwerk bestimmt nicht unwichtig, ist der deutsche Reißer, den er für die Redaktion der populären jiddischen Tageszeitung ›Radio‹ unter dem Titel ›Flammende Leidenschaft‹ auf Warschauer Verhältnisse umschreibt.

Die Auftragsliste dieses einen jungen Übersetzers und Bearbeiters zeigt, wie lebendig, weltoffen und aufnahmefähig die damalige jiddische Kultur war. Wobei die literarischen Übersetzungen, Singers Bibliograf David Neal Miller zufolge, das Geld, das sie den Auftraggeber kosteten, selten einbrachten; sie wurden als eine Art weltlicher Wohltätigkeit verstanden, zur Hebung der allgemeinen Bildung, aus Freude an der Erschließung neuer Texte und der Vorstellung des Lesevergnügens gestiftet, das sie den bildungshungrigen jiddischen Massen bereiten würden.

Singers Arbeit für ›Radio‹ zeigt, welch entscheidende Bedeutung damals dem Fortsetzungsroman zugemessen wurde. Sein Vater hat sich mit der ihm sündig erscheinenden schriftstellerischen Tätigkeit seiner beiden älteren Söhne nie ganz abgefunden. Und sie anderen gegenüber stets als für ihn unverfängliche »Zeitungsverkäufer« bezeichnet. Was sie in gewissem Sinn waren.

Wohl wird der Beginn der modernen jiddischen Literatur vergleichsweise spät, auf Anfang des neunzehnten Jahrhunderts datiert; doch deren Anfänge reichen viel weiter, bis an den Beginn der Sprache zurück. Während das Hebräische der gelehrten (so gut wie ausschließlich männlichen) Elite vorbehalten blieb, war die Kenntnis der hebräisch-schriftlichen Fassung der Umgangssprache allgemein und bei beiden Geschlechtern verbreitet. Womit bereits im sonst analphabetischen Früh- und Hochmittelalter innerhalb des abendländischen Judentums ein Lesepublikum bestand, das unterhalten sein wollte. *Wenn der Messias kommt und alle Juden auferstehen, werden sie aus dem Grab springen und fragen: »Was gibt es Neues zu lesen?«*[152] Das älteste vollständig überlieferte Dokument in jiddischer Sprache ist eine in hebräischen Buchstaben niedergeschriebene Fassung des ›Gudrun-Liedes‹ von 1382. Und andere frühe jiddische Texte haben ebenfalls deutlichen Unterhaltungscharakter: Im ›Samuelbuch‹ wird die Geschichte von König David als gereimte »Märe« wiedergegeben, und die erste gedruckte jiddische Übersetzung der Bibelpsalmen wendet sich im Vorwort ausdrücklich gegen die als allzu weltlich empfundene, offenbar weit verbreitete, Unterhaltungsliteratur.

Das heißt: Die Vorstellung der »Unterhaltung«, des »gerne und freiwillig Gelesen-werden-Wollens« ist mit der jiddischen Literatur von Anbeginn an verbunden; und selbst wenn – wie in Singers ›Literarishen Bletern‹ – jedes literarische Experiment der Moderne ausprobiert wird, sind der jiddische Roman und die jiddische Erzählung traditionell auf den Leser hin ausgerichtet. In einer Kultur, in deren Mittelpunkt niemals auszulotende heilige Texte stehen, macht eine Kunst, die sich bewusst verrätselt, wenig Sinn. Was Singers spätere Ablehnung ihm zu abstrakt erscheinender Kollegen erklärt, sowie seine selbstverständliche Bereitwilligkeit, sich – unter strikter Wahrung ihm wichtig erscheinender Eigenheiten – in Erzählstruktur und Dramaturgie auf den amerikanischen und internationalen Büchermarkt einzustellen.

Isaacs Beziehung zum Bruder ist gut, aber nicht unkompliziert. Während ihm der ältere Bruder alle seine Sachen schon in der Arbeitsphase zum Lesen vorlegt, hält sich der Jüngere nun mit seinen Schriften zurück. Angeblich, weil er fürchtet, dass sie nicht gut genug seien. Letztlich wohl eher, weil es gegen seine Natur ist, seine Kunst privat, in einem unfertigen Stadium, mit jemandem zu teilen.

Auch in anderer Hinsicht unterscheiden sie sich deutlich und früh. Während Israel Joshua als ausgezeichneter Reporter gilt – Abe Cahan hat ihn 1927 als Berichterstatter nach Russland geschickt – und, unter dem Mädchennamen seiner Frau, »G. Kuper«, als bekannter Kolumnist geschätzt wird, liegt Isaac Bashevis Singer die reporterhafte Seite des Schriftstellerberufs überhaupt nicht. Der eine Versuch des älteren Bruders, ihn als Gerichtsreporter einzusetzen – wobei er frei, rein künstlerisch nur seine Eindrücke schildern soll –, wird zum Fiasko, weil er nach ein oder zwei Tagen amtlichen Hin und Hers aufgibt. Isaac Bashevis Singer ist, seines Talents zur exakten und plastischen Schilderung ungeachtet, niemals ein nüchterner, um Objektivität bemühter Beobachter gewesen, sondern stets ein eigenständiger, eigenwilliger, letztlich nur sich selbst verantwortlicher Schöpfer. Ein junger, werdender Autor, mit einem komplizierten, intensiven Liebesleben, dessen Erzählungen Eindruck machen – und der, trotz Nöten und Engpässen, von seinem Schreiben leben kann. Singer hat diese von ihm später immer wieder belletristisch verwerteten Lehrjahre als seine Zeit »in der Literaturküche« bezeichnet.

1928 erleidet Israel Joshua Singer, der ältere Bruder, eine literarische Niederlage. Sein erster großer Roman, ›Shtol un ayzn‹ (Stahl und Eisen), eine düstere Kriegsgeschichte mit einem jüdisch-polnischen Helden, wird von der jiddischen Kritik gnadenlos verrissen. Was Israel Joshua derartig trifft, dass er öffentlich der jiddischen Sprache abschwört (er will nur noch auf Französisch oder Deutsch publizieren). Womit er einen ungewollten Lacherfolg provoziert. Es bedarf der Autorität Abe Cahans, seines Gönners beim ›Forverts‹, um den 34-jährigen jiddischen Literaten wieder mit seiner Berufung zu versöhnen. Einer Bemühung, der Israel Joshua mit seinem nächsten Roman, ›Josche Kalb‹, aufs Schönste gerecht wird. Denn ›Josche Kalb‹ wird von Publikum und Kritik bereits während seines Erscheinens als Fortsetzungsroman gefeiert, noch vor der Buchausgabe von 1932. Im Mittelpunkt steht eine Geschichte, die Israel Joshua von seinem Vater Pinchos Menachem gehört hat, der die handelnden Personen direkt gekannt haben will, während sie zugleich verblüffend an den historischen Fall des Martin Guerre aus dem Frankreich von 1550 erinnert, der damals ganz Europa beschäftigte und in vielen Varianten nacherzählt wurde: Ein Mann, der aus komfortablen Umständen seine Frau verlässt – in ›Josche Kalb‹, weil er in einen Liebeshandel hineinrutscht, den er nicht vertreten kann –, andernorts ins Elend gerät, wieder heimkehrt und dort um Anerkennung seiner Identität kämpfen muss. Zunächst erfolgreich, bis ihn eine Blöße, die er sich im Elend gab, erneut und diesmal endgültig aus der Gesellschaft vertreibt.

Eine sehr starke Geschichte, mit klarer dreiteiliger Struktur – Sündenfall, Leben im Elend, Rückkehr und Gericht –, die nicht nur als

Roman ein Großerfolg wird, sondern sich mit den herrlichen Figuren und all den vielen, genau gearbeiteten Einzelheiten auch als gefundenes Fressen fürs jiddische Theater erweist. Die Uraufführung findet in New York in der Bearbeitung des großen Maurice Schwarz statt, der die Rolle des cholerischen Rabbiners spielt, mit wirkungsvoller Sterbeszene im dritten Akt. Um an vielen anderen großen und kleinen jiddischen Theatern der Welt nachgespielt zu werden.

Isaac erstellt währenddessen die Übersetzung des gewaltigen ›Zauberbergs‹ von Thomas Mann. Und entwickelt dabei das eigene künstlerische Programm. Das er anhand seines ausführlichen Nachrufs auf Thomas Mann im ›Forverts‹ zusammenfasst: *›Zauberberg‹ ist eine ... Sammlung von Essays, gedacht als Quintessenz der modernen Kultur. Nicht die Helden und ihre Charaktere dominieren das Werk, vielmehr setzt der Autor sie ein, um seine Bilder und seine Gedanken darzulegen. ...*

Vom belletristischen Standpunkt aus ist der ›Zauberberg‹ gescheitert. Er ist schlecht gebaut und macht keine Freude. Er wurde nie richtig errichtet, und was steht, zerfällt in Stücke. Man kann von dem Werk sagen, dass der Professor zwar eine vorzügliche Operation durchgeführt hat, der Patient aber verstorben ist ... Der Belletrist, der sich die Aufgabe stellt, eine umfassende Quintessenz der Kultur zu ziehen, ist im vornherein zum Scheitern verurteilt, vor allem – wenn er auf den Menschen setzt. Belletristik hat, wie jede Form menschlicher Tätigkeit, ihren Rahmen, ihre Grenzen und ihre Bestimmung. ... In einem Roman kann der Autor nicht frei reden, er muss seine Helden reden und handeln lassen. Sobald er einmal in den ersten Kapiteln seine Personen angelegt hat, ist er der Sklave des Wesens und der Eigenart seiner Charaktere.

So groß der Vorsatz auch sein mag – er stößt an seine natürlichen Grenzen. Belletristik ist eine Schilderung menschlicher Charaktere, muss mit einem Thema verbunden sein und muss – Himmel, öffne dich! – ein Element der Unterhaltung umfassen.[153]

Und mit diesen Einsichten macht sich Isaac Bashevis Singer an seinen ersten Roman: ›Satan in Goraj‹. Sein frühes (und früh anerkanntes) Meisterwerk der jiddischen Literatur. Er publiziert ihn in Fortsetzungen in einer neuen jiddischen Literaturzeitschrift, ›Globus‹, die er gemeinsam mit seinem Freund, dem Dichter Aaron Zeitlin, herausgibt.

Er siedelt den Roman direkt nach 1648 an – nach der Katastrophe des Kosakenaufstandes. In dem ihm bestens bekannten Goraj, zwei Ortschaften von Bilgoraj entfernt. Eine verstörte Welt, in die von außen eigenartige Heilslehren dringen – der Messias sei gekommen, das Ende aller Tage nah. Aus heutiger Sicht eine deutliche Bezugnahme auf Singers eigene Zeit und Welt – wo es an den Heilslehren vom Ende aller Tage nicht fehlte. Einerseits in Form des Kommunismus, dem, wie er öfter schreibt, Söhne und Töchter frommer Rabbinergeschlechter mit einer ihn immer wieder erschreckenden Radikalität verfallen, die bis zur Mordlust geht. Anderseits als der hysterische Pseudomessianismus, dem das westliche Nachbarland, *eine große Nation, eine Säule der Zivilisation*[154], bis in hochgeistige und kultivierte Gesellschaftsschichten hinein erliegt.

Im Mittelpunkt des Romans steht ein junges Mädchen, das, durch Krieg und Not bedingt, einsam und lieblos aufwachsen muss, und schließlich, durch die fernen Berichte über die Ankunft des anfangs noch als echt empfundenen »falschen Messias« Sabbatai Zwi, in Ekstase gerät und Visionen hat, die von den Bewohnern Gorajs sehr ernst genommen werden. Bis sich der Messias als Schwindler erweist – und die Hauptfigur zur Teufelsbesessenen wird, deren schreckliches Ende in einer alten jiddischen Flugschrift, angeblich aus dem Hebräischen ins Jiddische übersetzt, als eine Art Fallgeschichte dargestellt wird.

1933 holt Abe Cahan seinen Schützling Israel Joshua als Redaktionsmitglied des ›Forverts‹ nach New York. Doch der hoffnungsvolle Aufbruch wendet sich ins Tragische: Israels ältester, damals 14-jähriger Sohn erkrankt an einer Lungenentzündung, die er – in einer Zeit ohne Antibiotika – nicht übersteht. Ein sinnloser, bedrückender Tod eines viel versprechenden jungen Menschen, der auch seinen Onkel Isaac stark mitnimmt.

Trotz seines Erfolges geht es Isaac Bashevis Singer nicht besonders gut. Für 1934 ist keine einzige journalistische Publikation nachgewiesen. Er schreibt, dass er sich nach der Abreise des Bruders mehr und mehr eingekapselt habe. *Ich hatte mich in eine solche Isolation begeben, dass Stefa* [das Mädchen, das er wegen des Visums heiraten sollte und dessen Hausfreund er nun ist] *und eine arme Cousine von mir, Esther, mein einziger Kontakt mit Warschau waren.*[155]

Die »arme Cousine« ist die jüngste Tochter seines Onkels, des cholerischen Rabbiners Josef, der ihm, seiner Mutter und seinem jüngeren Bruder im Weltkrieg gastfreundlich Asyl gewährte. Als er 1923 aus Bilgoraj wegging – wobei er ihr, entsprechend dem Brauch, nicht einmal die Hand reichen durfte –, war sie dreizehn, als er sie in Warschau wieder sieht, ist sie eine 23-jährige junge Frau.

Sie ist die Lieblingstochter des 1926 verstorbenen Rabbiners von Bilgoraj, die dieser auf die »Österreichische Schule« geschickt hatte. Sie hat alle religiösen Bindungen abgestreift, einen Beruf erlernt, das Hutmachen, ist sehr belesen, auf Polnisch und auf Jiddisch, nicht zuletzt in den Arbeiten ihres Cousins. *Sie war nach Warschau gekommen, um in ihrem Beruf eine Stelle zu suchen, aber auch mit der Absicht, mir zu enthüllen, was sie so viele Jahre geheim gehalten hatte.*[156]

Nämlich, dass sie ihren Cousin Isaac heiß und innig liebt. In seinen Erinnerungen schenkt sie ihm nur eine Nacht – aber sowohl ein gemeinsames Ferienfoto der beiden wie ein Brief Singers aus Amerika an Runya, in dem er sie wegen ihrer Eifersucht auf Esther zu beruhigen sucht, machen deutlich, dass ihre Beziehung bestimmt darüber hinausging. *Ich war ehrlich genug, ihr zu sagen, dass ich keine Heiratsabsichten hatte. ... Aber Esther war von den neuen Ideen beeinflusst. ... Es hatte keinen Sinn, ihre Jungfräulichkeit für jemanden aufzuheben, den sie noch nicht kannte, oder der nie auftauchen mochte.*[157]

Nun erscheint Singer in seinen eigenen Schriften ebenso wie in den Erinnerungen anderer als jemand, der in der Hitze des Augenblicks gerne und bereitwillig Dinge verspricht, die er in der nüchternen Wirklichkeit nicht immer halten kann oder will. Wie sein Sohn feststellte, genügte es ihm, sich etwas auszudenken, um es als erledigt zu betrachten. (Eine schriftstellerische Berufskrankheit, die man auch Dickens zuschreibt.)

Esther, eine rothaarige Schönheit mit Sommersprossen, die ihn in Habitus und Sprechweise an all die Frauen seiner Familie erinnert, in der er gar den nicht-jüdischen rothaarigen Urahn ausgemacht haben will, den sie beide gemeinsam haben (er hat ihn in seinem letzten Roman ›Der König der Felder‹ als cholerischen, rothaarigen und alkoholsüchtigen Dorfkönig auferstehen lassen), hat ihn in jeder Hinsicht fasziniert. Er hätte sie bestimmt gerne zu einer seiner »tausend Frauen« gemacht, von denen er seiner Kindheitsfreundin Schoscha vorschwärmte. Aber nach Recht und Brauch stand ihm nur eine zu – und wie die Dinge in Warschau standen, war dieser Platz besetzt. Und ein Kind war auch da.

Als alter Mann hat sich Singer wegen Esther bittere Vorwürfe gemacht: *»Ich habe allen versprochen, sie nach Amerika zu bringen, aber was konnte ich tun? Ich hatte doch selbst bloß ein Sechsmonatsvisum. Aber was ich mit meiner Cousine Esther angestellt habe, kann ich nie vergessen.«*[158]

Es ist der ältere Bruder, Israel Joshua, der alle Hebel in Bewegung setzt, um den jüngeren nach Amerika zu holen. Was – wie von der amerikanischen Regierung ausdrücklich gewollt – nur auf sehr umständliche Weise möglich ist, mit Befragungen durch den Konsulatsbeamten vor Ort, allen möglichen amtlichen Bescheinigungen, Bestätigungen von amerikanischer Seite, Hinterlegung von Mitteln und Reisekarten. Wobei die kommunistischen Neigungen Runyas zum Problem zu werden drohen. Dem sich Singer, der, wie sein schwedischer Freund Knut Ahnlund bemerkt, eine ungewöhnliche Fähigkeit hatte, »auf seinen Füßen zu denken«[159], mit einer schnellen Volte entzieht.

Man will von ihm wissen, wieso er sich mit »solchen Individuen« einlasse. *Mich überkam ein dummes Gefühl der Offenheit, und ich beantwortete seine Frage mit einer Gegenfrage: »Wo sonst gibt es Liebe umsonst?«* [160]

Allgemeine Heiterkeit – und Singer erhält sein Visum. Er verlässt das Büro mit ziemlich schlechtem Gewissen Runya gegenüber. Diese Einschätzung seiner Lebensgefährtin traf ebenso wenig zu, wie alles andere, was er den Beamten über seine zu erwartende glänzende Laufbahn als gefragter Vortragsredner und Autor weisgemacht hatte.

Der Abschiedsbesuch der Mutter und des Bruders lässt sich anhand einer Episode aus dem Roman ›Schoscha‹ rekonstruieren, wo Mutter und Bruder des Helden zu dessen Hochzeit nach Warschau reisen. Singer selber hätte in seiner westlichen Tracht in Stary Dzików nicht erscheinen können, ohne seinen Bruder, den Ortsrabbiner, zu kompromittieren.

Die Mutter hat sich verändert, ist viel kleiner, gebrechlicher und älter geworden. Mit ihren 64 Jahren ist sie, die 1929 ihren Mann verlor, ein »altes Weiblein« mit tiefen Sorgenfalten in Stirn und Wangen. An deren Bluse (wohl ihr bester Staat) er sich, mit einer Mischung aus Rührung und Erschrecken, noch aus seiner Kindheit und Jugend erinnern kann. *Nur die grauen Augen zeigten noch etwas jugendliche Frische.* Beim Bruder fällt ihm die Ärmlichkeit von dessen rabbinischer Tracht auf, während der struppige blonde Bart und die schulterlangen Schläfenlocken mit der Zartheit und Kindlichkeit seines Halses merkwürdig kontrastieren. *Er starrte mich aus seinen blauen Augen erstaunt an und sagte: »Ein richtiger Westler.«*

Der Landrabbiner kommt mit den Gegebenheiten des Stadtlebens nur schwer zurecht; er weigert sich so lange, auf dem Polster der Droschke Platz zu nehmen, weil dies mit verbotenem Mischgewebe bezogen sein könnte, bis die Mutter das Problem löst, indem sie ihren Schal darüber breitet. Während Bathseba die einfache Herberge, die ihr der Sohn bei einem streng koscheren Wirt organisiert hat, im Vergleich zu Dzików wie einen Palast empfindet. Wobei ihr das Treppensteigen unerwartet schwer fällt.

Die Mutter macht sich wegen ihres Mannes Vorwürfe. *»Er hat fast bis zum letzten Augenblick die Tora studiert. ... Ach, ich habe ihn gequält, weil er uns in so ein elendes Loch verschleppt hat ...«* Sie kommt mit Mosches ländlich-derber Ehefrau nicht zurecht, die ihr ständig ohne Not ins Ohr schreit und ihre Freude an frommen Büchern und religiösen Studien als überspannt abtut. *»Aber was ist mir außer meinen Büchern geblieben? Wenn ich ›Die Pflicht der Herzen‹ aufschlage, vergesse ich, wo ich bin und was aus mir im Alter geworden ist.«*[161] Sie hat nur noch einen Wunsch: nicht in Dzików sterben zu müssen. Der sich auf schreckliche und tragische Weise erfüllen wird.

Irgendwann, irgendwie, kommt es dann auch zum Abschied von Frau und Kind. Singer hat seiner langjährigen Mitarbeiterin und persönlichen Freundin, der Verlegersgattin Dorothea Straus, des Öfteren von einem dämonischen »Fiedler« erzählt, mit dem die Lebensgefährtin durchgebrannt sei. Israel Zamir, Singers damals fünfjähriger Sohn, meint dagegen, sich noch genau an den langen, unangenehm stachligen Kuss erinnern zu können, den ihm der Vater damals beim Abschied gab. Singer hat eine solche Trennungsszene im etwa zehn Jahre später entstandenen Roman ›Die Familie Moschkat‹ beschrieben. Wo die Frau den gemeinsamen Sohn aus dem Bett holt, um den Vater daran zu hindern, zu einer anderen zu ziehen. Der darauf mit einer heftigen Gefühlsaufwallung reagiert. Um sie gleich wieder zu unterdrücken. *»Nein«, dachte er, »ich darf mich nicht an den Jungen binden! Sonst würde sie mich zeitlebens erpressen.« ... der Junge sah ihn verschmitzt an, fast wie ein Erwachsener. Um seine tränenfeuchten Augen spielte ein Lächeln. »Bleib da ...«*[162]

In den Erinnerungen des Sohnes reisen Mutter und Sohn nach der Abreise des Vaters ohne männliche Begleitung nach Russland. Er weiß noch, dass er den russischen Grenzbeamten nicht sagen durfte, dass der Vater in Amerika ist.

Singers Reiseagent hat seinem Kunden angeboten, zwei Wochen zu warten und dann gemeinsam mit ihm eine Kabine auf der »Normandie« zu belegen – einem äußerst gesuchten Schiff, das gerade seine Jungfernfahrt aus Europa nach Amerika absolviert. Doch Singer ist die schleunige Abreise und, wenn irgend möglich, eine Einzelkabine zum Touristenklasse-Preis, wichtiger als Luxus und Eleganz. Der Agent treibt ihm schließlich das Gewünschte auf einem französischen Dampfer auf. Kein Bullauge und kaum Luft. Aber für Singer immer noch angenehmer als ungebetene Herrengesellschaft.

Am 19. April 1935, einem Freitagabend, dem dritten Tag des Pessachfestes, steht Isaac Bashevis Singer auf dem Warschauer Bahnhof.

Er hat sich von seinen Freunden verabschiedet, auf eine Feier im »Literatn-Klub« bewusst verzichtet. Sein in Vorbereitung befindliches erstes Buch, ›Satan in Goraj‹, das mithilfe des Pen-Klubs gedruckt wird, ist nicht fertig geworden, und so hat er neben einem Koffer mit Kleidern nur einen Koffer mit Manuskripten dabei.

Stefa, deren Hausfreund er ist, ihr reicher Ehemann, der darum weiß, und Esther geben ihm am Bahnhof das Geleit. Sie sind die letzten Menschen, von denen er in Polen Abschied nimmt. *Es hatte Augenblicke gegeben, in denen ich annahm, dass ich nach der Erteilung des Visums für Amerika glücklich sein würde. Aber ich fühlte mich jetzt nicht besonders glücklich, ganz und gar nicht.*[163]

Verloren in Amerika

New York

Obwohl wir noch nicht weit von Warschau entfernt waren ... kam es mir vor, als sei ich schon im Ausland. Ich wusste, dass ... Warschau, Polen, der Schriftsteller-Klub, meine Mutter, mein Bruder Mosche ... schon in den Bereich der Erinnerung eingegangen waren.

Es wird eine lange Reise. Er muss – damit der Preis nicht ins gänzlich Unerschwingliche steigt – über Deutschland fahren, das damals, 1935, bereits Nazi-Deutschland ist.

Viele Juden haben ihre erste Begegnung mit der Hakenkreuzflagge beschrieben und den Schock, den diese in ihnen auslöste. Von einer Regierung zu lesen, die Juden systematisch beschimpft, verfolgt und erniedrigt, ist das eine; sich ihrem realen Symbol gegenüberzusehen und ihm auf Gedeih und Verderb ausgeliefert zu sein, etwas anderes. *Wir hatten das Land der Inquisition betreten. Wie bei allen anderen Inquisitionen blieb die Sonne auch heute neutral. Sie ging auf, und ihr Licht beschien Balkone, die mit Naziflaggen geschmückt waren. Es war der siebenundvierzigste Geburtstag des »Führers«.*[164]

Ein magischer Moment in Berlin – als im Zugabteil sein Name ausgerufen wird. Der Reiseagent aus Warschau hat dafür gesorgt, dass sein eigentlich areligiöser Kunde mit dem vorgeschriebenen ungesäuerten Matze-Brot versorgt wird. Eine Packung desselben hat sich Singer später, zur Zeit der acht Tage des Pessachfestes, immer auf den Tisch gestellt.

Ein magischer Moment in Paris, wo er ebenfalls erwartet wird – diesmal von einem jüngeren Adepten der jiddischen Literatur, der ihn, den Autor des ›Satan in Goraj‹, am Bahnhof empfängt und in Paris herumführt.

Die Überfahrt wird zur Qual. Der arrivierte junge Literat aus Warschau fällt auf der Schiffsreise in eine tiefe Depression. Er fühlt sich wieder wie im Rabbiner-Seminar in jeder Hinsicht fehl am Platz, vergisst die Nummer seiner Kabine, muss sie mühsam suchen, behauptet hartnäckig, er sei Vegetarier (was er damals noch gar nicht ist), ist sich für den Koscher-Tisch zu gut, legt sich mit anderen Passagieren an, lässt sich trotzig den einen, miesen Einzeltisch zuweisen – und kommt sich in seiner Einzelkabine, einem dunklen, fensterlosen Loch, das an die Zimmer seiner Anfangszeit in Warschau erinnert, vor »wie eine Seele ohne Körper«.

Nach fünf Tagen erlöst ihn eine Frau. Er begegnet ihr, in der klassischen Pose des Überseereisenden, beim Lesen im Liegestuhl, den er sich schließlich doch gemietet hat, auf dem Promenadendeck. Ende Zwanzig oder Anfang Dreißig, weiße Bluse, grauer Rock. Dunkler Teint mit Aknenarben. Einen in Samt gebundenen Gedichtband, ›Fleurs du Mal‹ von Baudelaire, in der Hand. Singer liest einen Philosophieband von Bergson. Er schenkt ihr weiter keine Beachtung – in der Annahme, dass sie, mit dem französischen Buch auf dem französischen Schiff, wohl ohnehin nur Französisch kann. Plötzlich wendet sich ihm die Liegestuhlnachbarin zu und spricht ihn *in etwas zögerndem Warschauer Jiddisch* an. Bergson habe sie auch schon lange lesen wollen, sei aber nie dazu gekommen. *Ich war so überrascht, dass ich vergaß, verlegen zu sein. »Sie sprechen Jiddisch?«*[165]

Die Nachbarin, die seine Zeitung gesehen hat, erzählt ihm ihre Lebensgeschichte: Ihr Vater war ein frommer Jude, der zur anglikanischen Hochkirche konvertierte und nun als Missionar in Warschau tätig ist, sie selbst fühlt sich zwischen alle Kulturen geraten. Die Eltern unterhalten sich nach wie vor auf Jiddisch, ihr Vater, der Pastor, liest jedes jiddische Buch. Während man sie, die Tochter des Konvertiten, im standesbewussten England ausschließlich als Fremde und Ausländerin wahrnimmt.

Ob er ein jiddischer Autor sei?

»Ich versuche, einer zu sein.« [166]

Sie will seinen Namen wissen. Den er ihr nennt.

Worauf sie sich als »Zofia oder Zosia« vorstellt. Bis zu ihrer Taufe habe sie »Reize Gitl« geheißen.

Er erzählt ihr von seiner Kabine, wo er sich nun sein Essen servieren lässt – und mit dem Kellner nicht zurechtkommt. Sie fordert ihn auf, sich an ihren Tisch zu setzen. Der ohnehin halb leer sei. Was er denn tut. An Zosias Seite bekommt er ein anständiges vegetarisches Essen vorgesetzt; und als die wenigen anderen Gäste gegangen sind, unterhalten sie sich wieder in der »Muttersprache« (wie Jiddisch auf Jiddisch heißt).

»Ich glaube nicht an Wunder«, sagte ich, »aber unser heutiges Zusammentreffen ist für mich ein Wunder.«[167] Das sieht Zosia nicht anders. Die mit ihren Kabinennachbarinnen, jungen Engländerinnen, nicht kann, und kein vernünftiges Wort mit jemandem gewechselt hat.

Schließlich ziehen sie sich in Singers finstere Kabine zurück, wo verblüffenderweise zum ersten Mal ein gutes Essen auf ihn wartet – einschließlich einer Flasche Wein. Sie bleiben bis ein Uhr früh beisammen, trinken den Wein und essen den Fruchtsalat. Sie sind nun so vertraut, dass er ihr von seinen Beziehungen erzählt, von Gina, Stefa, Lena und Esther. *Nach einiger Zeit fragte ich sie, und sie gestand, noch Jungfrau zu sein.*

Sie erzählt von ihrer großen Liebe, einem katholischen Professor. Der sie sogar heiraten wollte. Aber dafür hätte sie zum Katholizismus konvertieren müssen. Und: *»Zwei Mal zu konvertieren wäre eben selbst für eine so Ungläubige wie mich zuviel gewesen.«*

Mit dem Professor hat sie es eine Nacht lang versucht – aber ohne Erfolg. Sie fürchtet, zu ewigem Jungfrauendasein verurteilt zu sein.

»Jemand wird Ihnen den Gefallen tun.«

»Nein, ich werde so ins Grab sinken.«[168]

Als der Dampfer in Manhattan anlegt, holt ihn Israel Joshua am Pier ab. Er wirkt gealtert, mit einem dünnen Streifen grauer Haare um die Vollglatze.

Singer hat den Tag der Ankunft, mit vielen Schattierungen und Einzelheiten, ausführlich geschildert und dabei seine anfängliche Unbehaustheit in der Neuen Welt vermittelt, die jahrelang anhalten sollte. Polen, zwischen Hitler und Stalin eingezwängt, unter einem autoritären Militärregime stark faschisiert, mit einem immer rabiater werdenden Antisemitismus, war für den Juden und Antikommunisten Singer alles andere als ein sicherer Aufenthaltsort – darum trieb es ihn ja weg. Aber es war das Land und die Welt, wo er sich zu Hause fühlte. Wo er jede Nuance verstand. Mit einer Kultur, die, soweit sie ihn betraf, ganz selbstverständlich jiddischsprachig war. Nun ist er in einer Welt angekommen, wo das Jiddische, auch unter Juden, einen ganz anderen Stellenwert hat: den eines Minderheitendialekts. Dem kein besonders hoher sozialer Status zukommt. In Polen war er mit seinen Sprachkenntnissen – Jiddisch, Polnisch, Hebräisch, Deutsch, ein bisschen Französisch, ein bisschen Russisch – ein gebildeter Mann. Hier ein ungeschlachtes Greenhorn, das außerhalb seines Sprachghettos auf Dolmetscher und Vermittler angewiesen ist. Singers Unangepasstheit zeigt sich in der Kritik der anderen an seiner Kleidung – gewiss seine besten Sachen, da er bei den Grenzbeamten einen guten Eindruck machen wollte:

Hier trage kein Mensch einen steifen Kragen, einen so schweren Anzug wie meinen oder einen schwarzen Hut. Auch Westen trage niemand mehr. Und so bleibt ihm nichts anderes übrig, als Jackett, Kragen und Krawatte auszuziehen – eine erzwungene Lockerheit, in der sich Singer befangen und unfrei fühlt.

Nach einigen scherzhaften Bemerkungen über Singers zu breite Hosenträger kommt Israel Joshua auf die Zukunft des jüngeren Bruders zu sprechen. Er werde »so oder so« im Land bleiben. Ein, zwei Jahre werde sich das Besuchsvisum verlängern lassen *»und ich werde alles tun, um dich davon abzuhalten, zurückzugehen. Drüben wird bald die Hölle los sein.«*[169]

In Singers Erinnerungen weist er ihn auch auf die Möglichkeit einer Heirat mit einer Amerikanerin hin. Was eine versteckte Anspielung auf Runya, Singers bisherige Lebensgefährtin, gewesen wäre. Beide, Bruder wie Schwägerin, waren mit Singers Trennung von Runya nicht einverstanden gewesen, und Singer hat wiederholt darauf hingewiesen, dass er sich wegen seiner »Frauengeschichten« vor dem älteren Bruder genierte – ohne von ihnen lassen zu können oder zu wollen.

Israel Joshua hat einen neuen Roman geschrieben, ›Die Brüder Aschkenasi‹, der in der polnischen Textilstadt Lodz zu Anfang des Jahrhunderts spielt; über ein ungleiches Brüderpaar, dessen negativer Held, ein krankhaft ehrgeiziger, äußert intelligenter, schmaler, sommersprossiger junger Mann, nur seinen Erfolg im Sinn hat, und äußerlich wie innerlich an den jüngeren Bruder erinnert. Dass dieser allerdings der eigenen Frau, die denselben nur aus Familienrücksichten geheiratet hat, jahrelang vergeblich den Hof macht, um sie auch seelisch für sich zu gewinnen, muss in Bezug auf das potenzielle Vorbild als künstlerische Freiheit gelten. Der spannend geschriebene und klar strukturierte Roman, in dessen Schlusskapiteln der negative Held in immer freundlicherem Licht erscheint, wird ins Englische übersetzt und von Alfred Knopf, dem amerikanischen Verleger Thomas Manns, herausgebracht.

Doch trotz des beruflichen Erfolges geht es der Familie des Bruders nicht besonders gut. Alle drei sind nach wie vor von dem vor zwei Jahren erfolgten Verlust des Ältesten gezeichnet.

Singer berichtet, dass ihn die Schwägerin bei seiner Ankunft nicht mit einem Abendessen erwartet hat, und dass sie alle bei ihrem Hauswirt eingeladen waren, dem Bruder eines bekannten jiddischen Literaten – dessen Kinder kein Wort Jiddisch können.

Auch Israel Joshuas Sohn Joseph, der in Polen mit Polnisch aufgewachsen ist, spricht nun Englisch, so dass sich sein Onkel kaum mit ihm verständigen kann. Kenntnisse, die Isaac Bashevis Singer, von dem er wesentliche Werke übersetzen wird, später sehr zugute kommen werden. Damals tragen sie mit zur Entfremdung bei, mit der dieser auf seine neue Umgebung reagiert. Er macht einen Spaziergang – wo er sich prompt verirrt, was er schon damals auf seine innere Befindlichkeit und nicht auf die komplizierte Topografie von Seagate zurückführt. Wo er sich denn unvermittelt wieder zurechtfindet. Er sieht dem Bruder durchs Fenster bei der Arbeit zu – und kann sich erst jetzt, aus der Distanz heraus, über seine Liebe und Dankbarkeit zu ihm klar werden.

Dann begibt er sich in sein Zimmer und legt sich angezogen im Dunkeln hin. *Ich hatte alle Wurzeln, die ich in Polen gehabt hatte, ausgerissen und wusste bereits, dass ich hier bis zu meinem letzten Tag ein Fremder bleiben würde.*[170]

Erneut ist es der ältere Bruder, der alles tut, ihn auf die Füße zu stellen. Er kauft ihm »leichte amerikanische Sommerkleidung«, organisiert ihm beim ›Forverts‹ Arbeit – mit Aussicht auf die besonders prestigereiche Veröffentlichung eines Romans, und nimmt ihn an die Stätte mit, die in New York den »Literatn-Klub« ersetzt: ins »Café Royal« an der Second Avenue. *Aber meine Schüchternheit kehrte mit all ihren Peinlichkeiten zurück.* Er errötet, wenn er Frauen vorgestellt wird, weiß bei Männern nicht, was sagen. Und das bei einem Mann in den Dreißigern, der sich mit einem radikalen Buch wie ›Satan in Goraj‹ einen Namen gemacht und in der Zeitschrift ›Globus‹ in Warschau berühmt bissige Kritiken über die Größen der jiddischen Literatur veröffentlicht hat.

Das Verständnis und die Unterstützung des Bruders machen alles nur noch schlimmer. *Ich war in meine Jugendzeit zurückgefallen, und wenn jemand an den Tisch kam, mich zu begrüßen, so verwunderte er sich und zuckte die Achseln.*[171]

Sie machen einen Spaziergang über die Second Avenue in Richtung Fourteenth Street. Auf dem ihm der Bruder die Situation des Jiddischen in Amerika umreißt. Das sich eindeutig auf dem Niedergang befinde. Er selber habe in seinen zwei Jahren die Schließung von drei oder vier jiddischen Theatern miterlebt. *»Aber es gibt noch immer Hunderttausende von Juden, die keine andere Sprache als Jiddisch können.«* Und zur Situation des jiddischen Schriftstellers: *»Versuche, das hier zu beschreiben! Hier gibt es Hunderte von Dingen, für die es im Jiddischen keinen Ausdruck gibt. Vielleicht haben sie nicht einmal im Englischen Namen. Das ganze Leben in Amerika ist dauernd im Wechsel.«*[172]

Er verspricht, dem kleinen Bruder eine jiddische Schreibmaschine zu kaufen. Dass Isaac nicht tippen könne, will er nicht gelten lassen. Das ließe sich lernen. Abe Cahan sei nicht mehr der Jüngste, und das Lesen von Manuskripten falle ihm immer schwerer. Abgesehen davon, dass es bei getippten Texten weniger Druckfehler gebe.

Da all dies in Amerika stattfindet, liegen nun immer mehr gesicherte Fakten vor. Die vom Bruder erwähnte jiddische Remington-

Großmutter Temerl, die Juwelenhändlerin, und ihr schweigsamer Mann Samuel

Die Krochmalnastraße

Hinde Esther Kreitmann, Singers Schwester, mit Perücke, ca. 1912

Bilgoraj, ca. 1912

Singer, 1922 in Warschau

Jiddische Journalisten und Schriftsteller, ca. 1930 in Warschau. Von links nach rechts: Rachel Korn, Isaac Bashevis Singer mit Sonnenbrille, Israel Joshua Singer, Aaron Zeitlin, Melech Ravich

Jacques Levi, Porträt von Felix Friedman

Runya mit Sohn Israel, ca. 1935 (© Yivo)

Singer und seine Kusine Esther Zylberman (© Yivo)

Isaac Bashevis und Israel Joshua Singer. Das Bild der Brüder, das am 1. Mai 1935 in der illustrierten Beilage des ›Forverts‹ erschien (© Forward Association)

»Selbstporträt«

Singer und Bella Dykaar, Coney-Island (© Yivo)

Alma Wassermann, Mountain Dale 1937

Singer mit Alma am Central Park West, 1955, wo sie damals wohnten

Singer mit den Sittichen Matsi und Pitsi, frühe 60er Jahre, Foto des Neffen Joseph Singer (© Bettmann/Corbis)

Singer mit Sohn Israel Zamir, den zwei Enkelkindern Merav und Noam und Dobe Gerber in Israel

»Selbstporträt«

Singer mit Dvorah Telushkin (© Abraham Frajndlich)

Singer im »Chaoszimmer«, 1975 (© Bruce Davidson / Magnum Photos / Agentur Focus)

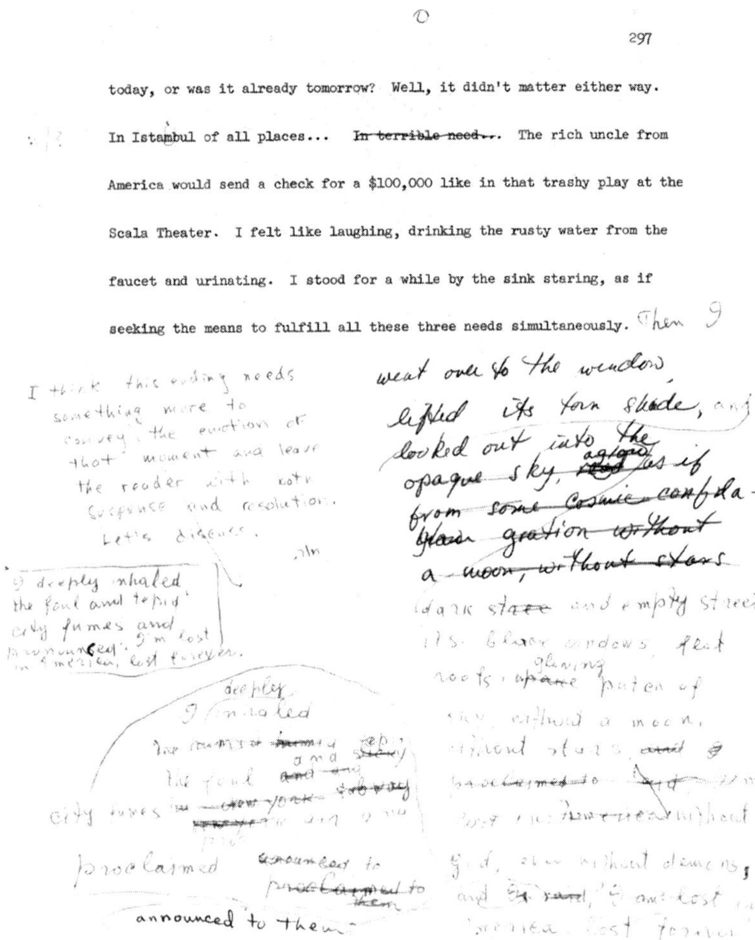

297

today, or was it already tomorrow? Well, it didn't matter either way. In Istambul of all places... ~~In terrible need...~~ The rich uncle from America would send a check for a $100,000 like in that trashy play at the Scala Theater. I felt like laughing, drinking the rusty water from the faucet and urinating. I stood for a while by the sink staring, as if seeking the means to fulfill all these three needs simultaneously. Then I went over to the window, lifted its torn shade, and looked out into the opaque sky, ~~as if from some cosmic conflagration without a moon, without stars~~

I think this ending needs something more to convey the emotion of that moment and leave the reader with both suspense and resolution. Let's discuss.

I deeply inhaled the foul and tepid city fumes and announced: I'm lost in America, lost forever.

announced to them

Manuskriptseite (Schluss) der amerikanischen Fassung von ›Verloren in Amerika‹

Singer bei der Antrittsvorlesung an der Universität von Miami, Februar 1979

Singers langjähriges Wohnhaus (links im Bild) in New York

Singer bei der Nobelpreis-Verleihung durch König Carl Gustav, 10.12.1978 (© Bettmann/Corbis)

Reiseschreibmaschine Jahrgang 1935 ist erhalten; Singer hat sie seiner Sekretärin, Dvorah Telushkin, hinterlassen. Wie sie berichtet, hat Singer darauf Manuskripte für den ›Forverts‹ ins Reine getippt, solange die Kräfte für seinen eigenwilligen Zweifingerstil reichten.

Es ist der Bruder, der ihn ihr vorgestellt hat: »Nescha« (wie Singer sie in seinen Erinnerungen nennt). Sie ist die Herrin einer auf jiddische Literaten spezialisierten Pension. Schlank, schwarzhaarig, mit Chignon, beeindruckt sie ihn bereits, als er nur ihren Rücken sieht.

Selbst an ihre Kleidung kann er sich erinnern (weißes Kleid mit schwarzer Schürze). Während er mit fachmännischem Blick ihre Beine – gerade – taxiert und zufrieden feststellt, dass das auch für ihre durch die offenen Sandalen deutlich sichtbaren schön geformten Zehen gilt, die *nicht verkrümmt und verbogen [waren] wie bei den meisten Frauen ihrer Generation.*[173]

Sie hieß, soweit ihr wirkliches Selbst mit Singers Darstellung übereinstimmt, Bella Dykaar und war Witwe des Bildhauers Morris Dykaar (Singer schreibt von einem Porträtmaler). Sie kennt ihn als Autor. Israel Joshua habe ihr den ›Globus‹ gegeben *»und ich habe Ihren Roman vom Anfang bis zum Ende gelesen. Ich bedauerte nur, dass er schon zu Ende war.«*[174]

Worauf ihn »aus irgendeinem Grund« seine Schüchternheit verlässt und er angeregt mit ihr zu plaudern beginnt. Sie zeigt ihm ihr Haus, das wie die Kulisse zu einem der Horrorfilme wirkt, die damals in Hollywood gedreht wurden. Türmchen und Erkerchen, hohe Decken, viel Stuck, altertümliche schwere Möbel, Bilder in breiten Goldrahmen, Orientteppiche. Nescha/Bella pachtet das Haus seit einigen Jahren für den Sommer, um es als Pension für jiddische Schriftsteller zu betreiben. Mit rückläufigem Gewinn.

»Wie steht es mit Ihnen? Wie fühlen Sie sich in dem neuen Land?«

»Verwirrt.«

»So ging es uns allen, als wir herkamen. Entwurzelt, als ob wir von einem anderen Stern hier heruntergefallen seien. Ich bin das Gefühl bis heute nicht losgeworden.«[175]

Sie ist verwitwet, hat einen hochbegabten, 12-jährigen Sohn. Bei Kaffee und Kuchen kommen sie sich näher. Sie erkundigt sich nach seinen Umständen in Polen, die er ihr bereitwillig erzählt. Womit er sich in Amerika besonders schwer tut, ist das Schreiben. Selbst Briefe an seine Mutter bringt er kaum zustande. *»Sobald ich weiß, ich muss schreiben, bin ich wie gelähmt. Es ist eine Art Geisteskrankheit oder der Teufel weiß, was.«*[176]

Sie erzählt von ihrem Mann, der Suizid beging. Und dass sie ständig versucht habe, irgendwie mit ihm in Verbindung zu treten. Sie habe es sogar mit einer Spiritistin versucht, die sich als ausgemachte Schwindlerin erwies.

Irgendwann schauen sie sich in die Augen. Und er hört sich fast unwillkürlich sagen, wie schön sie ihm erscheint. Bestimmt könne sie sich vor Anträgen nicht retten. Sie bedankt sich für das Kompliment. Dem sei nicht so. Sie sei achtunddreißig, mit Kind. *»Männer wollen keine Verpflichtungen auf sich nehmen.«*

... Ich beschloss, mich nicht mit ihr einzulassen. Eine Gina war genug.[177]

Singers Bild wird gemeinsam mit dem des Bruders auf den Kunstdruck-Seiten des ›Forverts‹ veröffentlicht und sein neuer Roman im ›Forverts‹ abgedruckt, obwohl er nicht abgeschlossen ist – was Abe Cahan sonst nie tut. Mit dem damals sehr stattlichen Gehalt von 50 Dollar die Woche. Bedingungen, die eigentlich auf einen guten Start in Amerika hindeuten. Das Thema des Romans: eine Biografie des ›Sündigen Messias‹ Jakob Frank, eines jüdischen Abenteurers aus dem 18. Jahrhundert, der sich mit etwa fünfundzwanzig Jahren als Wiedergeburt des falschen Messias Sabbatai Zwi ausgibt, damit nicht wenige Anhänger gewinnt, mit allen jüdischen Autoritäten seiner Zeit aneinander gerät und schließlich samt seinen Jüngern zum Christentum übertritt, wo diese lange eine eigene Untergruppe bilden. (Der polnische Nationaldichter Adam Mickiewicz, 1798–1855, soll aus einer solchen Familie stammen.[178]) Das Leben dieses »Genies des Bösen«, der seinen Anhängern, zur Beförderung der Erlösung, das Sündigen ausdrücklich vorschrieb und in der Tat kaum etwas unversucht ließ, müsste dem Schöpfer des ›Satan in Goraj‹ eigentlich liegen.

Das tut es nicht. In der Regel habe er nie Mühe mit Schreiben gehabt, oder vielmehr nur insofern, als er damit nicht nachgekommen sei. Diesmal bleibt er ständig stecken, findet das Geschriebene verworren, ertappt sich bei Abschweifungen und Rückblenden, die er eigentlich ablehnt. Die Klarheit seines Stils, auf die er großen Wert legt, geht ihm plötzlich ab. *Eine seltsame Kraft in mir, ein literarischer Dibbuk sabotierte meine Anstrengungen.*

Der Autor führt dies auf seine Situation in Amerika, sein unterdrücktes Heimweh und eine unwillkürliche Selbstbestrafung zurück. *In gewisser Weise war ich seit meiner Ankunft in Amerika zurückversetzt worden, zurückgeworfen auf die Qualen eines Anfängers im Schreiben, in der Liebe und in dem Kampf um Unabhängigkeit.*[179] Was bestimmt alles zutrifft, aber im Rückblick scheint sich Singer letztlich vor allem im Thema vergriffen zu haben – dem der romanhaften Biografie, in der es Lion Feuchtwanger zur Meisterschaft gebracht hat. Die ihm überhaupt nicht liegt. Denn anders als im ›Satan in Goraj‹, wo die realen historischen Ereignisse von fern, wie aus der Kulisse, hineinwirken, muss er nun wirkliche Begebenheiten ausarbeiten, »Fakten«, die, wie sich sein Kollege John Updike ausdrückt, die »Fiktion verkleben«. Singer hat diesen Fehler nie mehr wiederholt; seine großen »realistischen« Romane setzen zwar stets historische Zeitumstände und Zeitstimmungen um, aber immer anhand eigener, Singer'scher Figuren, die, nachdem er sie einmal angelegt hat, zu seinem Vergnügen und Erstaunen – das er dann als *Sklave des Wesens und der Eigenart seiner Charaktere*[180] mit dem Leser teilt – ihren eigenen Weg gehen. Und das konnte Jakob Frank mit seinen fest umrissenen Lebensdaten nicht. Ganz zu schweigen davon, dass der zweite Roman nach einem erfolgreichen und anerkannten ersten immer besonders schwer fällt.

Die Arbeit abbrechen und etwas anderes anfangen, wie er das später in solchen Fällen tun wird, kann er diesmal nicht – der Roman ist bereits angekündigt und teilweise bezahlt. Und so quält er sich weiter und geht seinem Bruder und dessen Familie so weit möglich aus dem Weg. Einerseits, weil er ihnen nicht zur Last fallen möchte – anderseits, weil er mit dem Roman nicht richtig vorankommt. *Mein Tisch war so hoch mit Papier bedeckt, dass ich nicht mehr wusste, wie es mit der Seitenzählung stand, die genauso kompliziert geworden war, wie meine Arbeit.*[181]

Er isst auswärts, in Cafeterias, den günstigen amerikanischen Selbstbedienungsrestaurants, in denen der Kunde beim Eintritt ein

»Ticket« erhält, auf dem die Speisen notiert werden, die man beim Tresen mit einem Tablett abholt. Eine Gaststättenform, die Singer besonders liegt und nach der er eine seiner Geschichten benennen wird.

Hier überrascht ihn Nescha/Bella. Der er galant Kaffee und Kuchen holt. *In Neschas Augen entstand ein Lächeln. »Ein echter Gentleman!«* Die beiden unterhalten sich über seinen Roman, der ihm, wie er ihr gesteht, große Sorgen macht, und darüber, weswegen Singer nie am Strand erscheint. (Er hat empfindliche Haut und kann nicht schwimmen.)

Sie erkundigt sich nach seinen Freunden in Warschau, deren Briefe ihn – da er ihnen nicht schreibt – über den ›Forverts‹ erreicht haben.

»Und wie ist die Lage in Warschau?«

»Von Tag zu Tag schlechter.« [182]

Singers Fluchtinstinkt hat sich als zutreffend erwiesen. Keine zwei Wochen nach seiner Ankunft in Amerika, am 12. Mai 1935, stirbt Pilsudski. Ohne den im Liberalismus des neunzehnten Jahrhunderts verankerten Staatsmann, mit einer Opposition, die jede Gelegenheit zur wirksamen juden- und regierungsfeindlichen Hetze nutzt, einem mächtigen Nachbarn, der den Antisemitismus offen zum Staatsprogramm gemacht hat, legen die Militärs, die Polen regieren, jede Hemmung gegenüber der jüdischen Minderheit ab.

Als nationalistische Studenten wegen der Anwesenheit jüdischer Kommilitonen an den Universitäten Ärger machen, führen die Universitätsleitungen einen »Numerus clausus«, eine Sonderregelung für die Zulassung von Juden, ein und fordern die verbleibenden jüdischen Studenten – mit Deckung des Erziehungsministers – auf, um des Friedens willen auf speziellen Judenbänken Platz zu nehmen. Als diese das nicht wollen und die Vorlesungen lieber stehend anhören, wird der Aufruhr ihnen angelastet.

1936 bezeichnet die polnische Regierung im Völkerbund die jüdische Minderheit als größtes Problem des Landes. Und fordert die Zuteilung von unter polnischer Mandatsherrschaft stehenden Kolonien, um dieselbe dorthin ausweisen zu können. Als die internationale Reaktion zurückhaltend ausfällt, wird das im offiziellen Regierungsblatt (2. Dezember 1938)[183] den Juden angelastet.

Künstlerisch ist Singer mit dem ›Sündigen Messias‹ unzufrieden. Aber er ist Belletrist genug, den Roman in über 100 Fortsetzungen vom 5. Oktober 1935 bis zum 22. Februar 1936 hin auszudehnen. Und sich dabei 1000 Dollar zusammenzusparen.

Er ist um die neue Landessprache bemüht. Wie er Richard Burgin erzählt hat, sucht er sich sehr früh eine Englischlehrerin, *ein nettes Mädchen namens Mona Shub.* Er geht sehr systematisch vor, schreibt sich die Worte auf Karteikarten, prägt sie sich jeden Abend vor dem Zubettgehen ein, versucht gar die Bibel auf Englisch zu lesen. *Mir war klar, dass ich für immer verloren wäre, wenn ich diese Sprache nicht lernte. ... Natürlich hatte ich nie vor, in Englisch zu schreiben. Ich wusste, dass ich immer nur Jiddisch schreiben würde.*[184]

Mit Aufträgen, von denen er meint, dass sie ihm nicht liegen, wird er nach seinen schlechten Erfahrungen mit dem ›Sündigen Messias‹ äußerst vorsichtig. Wie seine Schwägerin Genia Singers Sohn Israel Zamir erzählt hat, lehnte er ihm angetragene Industriereportagen ab (über die elenden Arbeits- und Lebensbedingungen jüdischer Flüchtlinge in der mehrheitlich jüdischen Bekleidungsindustrie). Dafür weist Cahan ihm Literaturkritiken zu. *Das bedeutet einen großen Vertrauensbeweis von Cahan, aber keinen Lebensunterhalt. Im ›Forverts‹ haben sie das schlechte Bezahlen zur Meisterschaft erhoben.*[185]

Was gewiss auch damit zusammenhängt, dass er nur einmal die Woche, manchmal nur alle zwei bis vier Wochen einen Artikel unterbringen kann.

Beruflich steckt er fest. Privat ist er mit »Nescha« liiert. *Mit Nescha ins Bett zu gehen, war jedes Mal ein neues Erlebnis. ... Wir fielen übereinander her mit einem Verlangen, das uns beide überraschte.* Jeder will im anderen einen teuren Menschen erkennen, den er verloren hat – sie ihren Mann, er die verstorbene Gina *und wir vier gaben uns einer mystischen Orgie hin, in der Körper und Seelen sich vermischten und wo Sexuelles und Überirdisches identisch wurden.*[186]

Langsam wird es mit der Aufenthaltserlaubnis eng – die nun letztmalig um drei Monate verlängert wird. Und sein Anwalt, ein Flüchtling wie er, meint, dass das Dauervisum ohne Leumundszeugnis nicht zu bekommen sei. Das aus Warschau beschafft werden muss – von seinen Freunden, die andere Sorgen haben, als sich für den im amerikanischen Paradies befindlichen Singer tage- und wochenlang mit unwilligen und schikanösen Behörden herumzuschlagen.

Doch als die Not am größten ist, erhält er, per Hauspost, einen Brief von Harry Rogoff, dem Geschäftsführer des ›Forverts‹, der ihm Adresse und Telefonnummer eines auf Beratung von Immigranten spezialisierten Anwalts mitteilt. Und seine alte Freundin Stefa hat in Warschau das ersehnte Leumundszeugnis mit sehr viel Mühe für ihn aufgetrieben. Sie wird sich, mit ihrem reichen Mann, gerade noch rechtzeitig nach London retten können und erscheint, als ältere, verheiratete Frau mit Kind, im Roman ›Meschugge‹, der im Nachkriegs-Amerika spielt.

Der empfohlene Anwalt, ein gebürtiger Amerikaner, wird seinem Ruf gerecht: Er organisiert mit wenigen Telefonanrufen, was dem Einwanderer-Kollegen über Monate nicht gelang – eine Einreisemöglichkeit mit Dauervisum über das amerikanische Konsulat in Kanada. Der Haken: Kanada lässt Singer nicht über die Grenze – das Land mit der geringsten Bevölkerungsdichte der Welt ist derart gegen Flüchtlinge eingenommen, dass diese nicht einmal zur Wiedereinreise in die Staaten ins Land dürfen. Aber auch da weiß der Anwalt einen Ausweg – er kennt einen Mann, der für 50 Dollar darauf spezialisiert ist, Flüchtlinge wie Singer in eine kanadische Grenzstadt einzuschmuggeln, von wo der Eingeschleuste mit dem Zug zur Entgegennahme des amerikanischen Dauervisums zum Konsulat nach Toronto fahren kann. Doch die Hilfe des Anwalts hat ihren Preis: 1500 Dollar. Die, bevor sie vom Konto abgehen, mit benutzt werden müssen, um beim amerikanischen Konsul in Kanada Eigenvermögen nachzuweisen. Das heißt, dass Singer seine Ersparnisse los ist und obendrein den älteren Bruder anpumpen muss.

In seinen Erinnerungen taucht nun erneut »Zosia« auf, die Tochter des Konvertiten, die er auf dem Dampfer kennen gelernt hat. Die, selber im Besitz von guten Papieren, vorschlägt, Singer auf seiner Reise nach Kanada zu begleiten. Was Singers nicht unwichtigen Ausflug nach Toronto erheblich kompliziert. Andererseits freut er sich, Zosia seine Sachen mitgeben zu können, die er, als harmloser Pendler, nicht mitführen darf. Und so holt er sie, nach einer schlaflos verbrachten Nacht, verabredungsgemäß in ihrem Hotel ab.

Als er zu ihr ins Hotel kommt, bemerkt er gleich, dass sie genauso verspannt ist wie er. Er sieht zwei große Koffer, die mitten im Hotelzimmer stehen. Die müsse sie, da sie das Zimmer aufgebe, mitnehmen. Für seine Sachen habe sie keinen Platz.

»Wozu brauchst du so viel Zeug?«

»Was? Ich bin eine Frau, kein Mann. Ich kann nicht ohne Kleider reisen. In diesem heißen Wetter muss man Unterwäsche, Kleider und Strümpfe wechseln.«[187]

Das Einzige, was er ihr mitgeben darf, ist sein Pass. (Den dürfen die kanadischen Beamten nicht bei ihm finden, und denselben, wie vom Anwalt angeraten, mit der Post vorauszuschicken, erscheint ihm als zu riskant.)

Und so reist er denn mit Zosia und zwei großen Koffern nach Detroit, steigt, notgedrungen, in dem irrsinnig teuren Hotel ab, wo er eigentlich nur in der Lobby warten sollte, bis er, nach nervenzerreißenden Komplikationen, von seinem Schleuser, »Mr. Smith«, über die Pendler-Brücke geschmuggelt wird. Zur Bahnstation, wo er sich mit Zosia abgesprochen hat. Die nicht erscheint. Keine Zosia, kein Pass. Kein Pass, kein Visum. Er wartet. Stundenlang. Er versucht schließlich, selber ein Ticket nach Toronto zu lösen, und stellt sich dabei derart ungeschickt an, dass zwei Polizisten auf ihn aufmerksam werden. Die, menschlicher als ihre Regierung, kein Interesse haben, einem armen Teufel auf dem Weg zur Rettung unnötige Hindernisse in den Weg zu legen, und dem verängstigten Flüchtling eine Zugkarte besorgen. Kurz vor der Abfahrt erscheint Zosia mit Singers Pass und ihren zwei Koffern: Sie war der kommunistischen Agitation verdächtigt und aufgehalten worden.

In Toronto läuft alles glatt – Singer erhält sein Dauervisum.

Wie immer, wenn mir etwas Gutes geschieht, fragte ich mein inneres Selbst, mein Ego, mein Superego, das Es oder wie immer man es nennt, ob ich nun glücklich sei. Aber sie alle schwiegen diplomatisch.[188] In dieser Stimmung findet er sich in einem Hotelzimmer wieder und soll feiern. Mit Zosia, der hartnäckigen Jungfrau, für deren »erstes Mal« er nun gerade stehen soll.

Sex, ebenso wie Kunst, kann nicht befohlen werden – oder zumindest in meinem Fall nicht ... und ich fing an, etwas wie Feindseligkeit für die alte Jungfer zu fühlen, die sich wie ein Parasit bei mir einnistete.[189] Es geht denn auch gründlich schief. Als sie will, kann er nicht – und als er so weit ist, bringt sie's nicht mehr. Weswegen sie sich auf den geistigen Austausch beschränken.

Sie lässt ihn wissen, dass sie unbesehen an seine schriftstellerischen Fähigkeiten glaube. Jedoch an der Fähigkeit der Literatur überhaupt zweifle, das Wesen des Menschen zu erfassen. Sie will von Singer wissen, was der Mensch wirklich ist. *»Eine Karikatur Gottes, eine Parodie des Geistes und das Einzige in der Schöpfung, was man als Lüge bezeichnen kann.«*[190]

Alma

Singers Lebensbericht ›Verloren in Amerika‹ endet damit, dass der Held an einem Fenster eines traurigen möblierten Zimmers steht, in der Hand das Telegramm der Mutter seines Kindes, die auf dem Balkan festsitzt und dringend eine telegrafische Geldanweisung von ihm erwartet. Wir wissen dank einem Manuskriptblatt mit handschriftlichen Eintragungen, dass er die lyrische Beschreibung der feucht-schwülen New Yorker Herbstnacht erst in der amerikanischen Fassung hinzugefügt hat; das Gefühl der Fremdheit in dem ungewohnten Klima (New York liegt auf der Höhe Neapels), in der neuen, nach anderen Gesetzen funktionierenden Welt, wo er weder die an ihn von außen herangetragenen Ansprüche erfüllen noch seinen eigenen Anforderungen gerecht werden kann, das den ganzen letzten Teil der Trilogie durchzieht, wird darin zusammengefasst und überhöht: *Ich lehnte mich so weit ich konnte aus dem Fenster hinaus, sog tief die Dämpfe der Stadt in mich ein und verkündete mir und den Mächten der Nacht:*

Ich bin verloren in Amerika, verloren auf immer.[191]

Runya war 1938 das – wie sich im Rückblick zeigt – unerhörte Glück widerfahren, aus Stalins Sowjetunion ausgewiesen zu werden. (Eine Tante mit Beziehungen hatte sich dafür eingesetzt, dass der Nichte der Gulag, das Straflager, erspart blieb.) Runyas fromme Mutter, die selber unter dürftigen Verhältnissen in Tel Aviv lebt, weist sie an, umgehend nach Istanbul zu fahren, wohin sie ihr ein Einreisevisum nach Palästina zu schicken verspricht. Doch das nimmt, trotz aller Bemühungen, neun Monate in Anspruch, die Mutter und Kind illegal, der Laune jedes böswilligen Beamten ausgeliefert, in einer billigen Hafenkaschemme zubringen müssen, was ihnen möglicherweise das Leben rettet. Denn der Puff, der unter ihrer Absteige betrieben wird, dürfte regelmäßige Schmiergeldzahlungen geleistet haben. Weswegen Kontrollen entfallen. Die Lage Runyas ist ziemlich verzweifelt – wobei Singer ohne Ersparnisse dasteht, mit, bis auf weiteres, so gut wie keinen Aussichten auf neue Einkünfte.

Einer von seinen ersten Briefe nach Runyas Ankunft in Palästina:

Liebe Runya,
ich bin froh, dass du jetzt in Palästina bist, trotz der jüngsten Ereignisse, die mir Sorgen machen. Es gibt keinen Frieden in der Welt. Was will man machen? Hoffen wir, dass sich alles zum Guten wendet. Ich habe dir einen Brief mit einem Scheck über 20 Dollar nach Istanbul geschickt, aber ich halte es für wahrscheinlich, dass du den Brief nicht bekommst. ... Ich hoffe, ich bin in der Lage, dir mehr zu schicken. Glaub mir, mir fehlt es nicht an gutem Willen. Wenn es nur irgend geht.

... Was mein Kommen nach Palästina betrifft? Das ist mein Traum. Schließlich weißt du, dass ich ein großer Freund Palästinas und der hebräischen Sprache bin. Ich hoffe, dass ich bei erster sich bietender Gelegenheit (das heißt, wenn ich genügend Geld für die Reise zusammengespart habe), auf einem Schiff unterkommen und eine angenehme Schiffsreise nach Tel Aviv haben werde.

... Schreib mir über alle Einzelheiten. Wie lebst du und was macht ihr in Palästina? Palästina ist ein freies Land, und du kannst von dort schreiben, was immer du willst. Palästina steht nicht unter der Herrschaft Stalins, wo die Leute vierundzwanzig Stunden am Tag verängstigt umherlaufen. Wenn ich in Russland wäre, würden mir die vierundzwanzig Stunden des Tages nicht genügen. Ich würde jeden Tag achtundvierzig Stunden lang zittern, keine Sekunde weniger. Sollen sie mit ihrem Sozialismus zum Teufel gehen. Ich glaube, dass es in den Kibbuzim von Palästina mehr Sozialismus gibt als in ganz Russland zusammen.[192]

1938 erscheint gerade mal eine Übersetzung Singers in einem amerikanisch-jiddischen Verlag – die des deutschen Buches ›Von Moskau nach Jerusalem‹ von Leon S. Glaser, die er mit dem für ihn sonst ungebräuchlichen »Yitskhok Zinger« abzeichnet; der unliterarische, aber sehr informative Lebensbericht eines 1895 in Wilna geborenen russischen Juden, der 1905 den großen Pogrom von Odessa miterlebt, darin seinen Bruder verliert, zum Revolutionär wird, die Wirren des Ersten Weltkriegs überlebt und schließlich als Zionist in Palästina endet.

Sonst ist für 1938 keine einzige Publikation nachgewiesen – und damit auch keine Verdienstmöglichkeit. Singer schreibt von ganzen Tagen, die er deprimiert im Bett zubringt. Dabei spricht er, wie im obigen Brief an Runya, mehrmals die Vorgänge im stalinistischen Russland an. Polen erwähnt er nur in Briefen an aus Polen ausgereiste Freunde, denen er schreibt, dass ihm nur allzu sehr bewusst sei, wie froh er sein könne, nicht mehr dort leben zu müssen. Doch seine Mutter und sein Bruder sind noch dort, ebenso wie viele seiner Freunde, von Freundinnen wie Esther gar nicht zu reden. Die er nach Amerika zu bringen versprach und denen er nicht einmal in dem bescheidenen Maß zu Hilfe kommen kann wie seiner ehemaligen Lebensgefährtin. Esther, mit der er laut einem Brief an Runya gar nichts mehr zu tun hat, schreibt ihm, dass sie nun einen anderen nimmt.

Angesichts seines späteren ungeheuren Fleißes, der Achtstunden-Arbeitstage, die dem Schriftsteller Singer schon damals als Ideal vorschweben, wirkt dieses Hängen-Lassen, das sich über ein Jahr hinstreckt, in stickigen kleinen Zimmern mit Kakerlaken und blanken, gerade mal von ein bisschen Farbe geschützten Glühbirnen, wie die bereits beim künstlerischen Scheitern des ›Sündigen Messias‹ unterstellte Selbstbestrafung, der er immer mehr verfällt.

Doch ausgerechnet in den für ihn und die Welt so trostlosen Jahren 1937/38 kommt es zu einer für Singer folgenreichen Begegnung, ausnahmsweise, zumindest was ihn betrifft, im Guten.

Sie ist eine deutsche Emigrantin aus München. Die es in Amerika alles andere als schlecht getroffen hat. Verheiratet, zwei Kinder. Ihr Mann, ein ehemaliger Fabrikbesitzer, hat einen beachtlichen Teil des

Familienvermögens mitbringen können: Alma Wassermann, geborene Haimann.

Doch die Ehe ist, wie ihr Sohn beschreibt, nicht besonders glücklich. Die beiden verstehen sich nicht. Er will Deutschland bereits 1928 verlassen, sie hält ihn davon ab und ist erst einverstanden, als ein älterer Herr sie Jahre später beim Kinderhüten im Park davor warnt, als Jüdin länger in Deutschland zu bleiben.

Auch in Amerika, wo sie 1936 eintreffen, kommt es zu Spannungen. Die Frau aus besseren Kreisen sieht sich sozial deklassiert, in eine ihr fremde Umgebung mit anderen gesellschaftlichen Werten und Gesetzen gezwungen, im täglichen Umgang auf eine Sprache angewiesen, die sie zeitlebens mit Akzent sprechen wird. Die Ehe, die im ursprünglich gutbürgerlichen Rahmen, mit Dienstboten, Reisen, den kulturellen Abwechslungen der bayrischen Hauptstadt, wo sie zur Elite gehörten, beiden Seiten genügend Freiraum geboten hatte, ist nun, wo sie viel enger zusammen wohnen, während die Frau sich selbst um Haushalt und Kinder kümmern muss, schweren Belastungen ausgesetzt. Sie will, dass ihr Mann Walter, der als Lebensmittelchemiker einen Doktortitel führt, in seinem gelernten Beruf arbeitet; er hat entschieden, die Familie als Börsenmakler über Wasser zu halten, wofür er sich das nötige Fachwissen erst aneignen muss, was naturgemäß zu Einkommensverlusten führt. Während sie ihren Sohn Klaus, ihren »Bubi«, innig liebt, kommt sie mit der vier Jahre älteren Tochter Inge nicht zurecht. Es gibt ständig Streit. Alma erscheint als unglückliche Ehefrau, der es der Mann nie recht machen kann, er als grimmig entschlossen, seinen Familienpflichten umso penibler nachzukommen, je mehr sie die ihren zu vernachlässigen droht.

So schickt er Weib und Kind im Sommer 1937 zur Erholung in die Umgebung von New York, während er sich in der City um den Lebensunterhalt der Familie bemüht. Er hat sich für die Sommerfrische die »Catskills« ausgesucht – eine Farm in unmittelbarer Nähe der von jiddischen Autoren besuchten Ferienkolonie »Grine felder«. Die gleiche Farm, in der sich der bekannte jiddische Autor Israel Joshua Singer für den Sommer ein Zimmer genommen hat, das er, wenn er es nicht selber braucht, großzügig dem jüngeren Bruder überlässt, dem es offensichtlich nicht besonders geht.

Er war – erinnert sich Alma Singer – *jung, schlank, blond, fast kahl, hatte tiefblaue Augen und schien völlig verloren oder desorientiert, wenn es darum ging, das Esszimmer, sein Zimmer oder selbst die Straße ins Dorf oder vom Dorf zur Farm zu finden. Angeblich ein viel versprechender Autor, der bisher ein Buch geschrieben habe und zwar ein gutes. Das war Isaac Bashevis Singer.*[193]

Er hat, wie immer, Freundinnen. Die Affäre mit »Nescha« läuft weiter, er könnte, wie er feststellt, auch mit jungen amerikanischen Jüdinnen anbändeln, aber für die gilt, was er über seine Zeitgenossinnen in Warschau schreibt. Ihn stört, *dass sie – die modernen, nicht die altmodischen unter ihnen – mir erstaunlich ähnlich waren: sie waren genauso geil, hinterlistig, egoistisch und abenteuerlustig wie ich.*[194]

Die deutsche Frau mit den zwei Kindern, auf die er dort trifft, fällt offensichtlich nicht unter diese Kategorie. Sie mag gelegentlich schwierig erscheinen und – so wird sie von Leuten geschildert, die sie weniger mögen – allzu bestimmend auftreten, mit den traditionellen Geschlechterrollen hat sie kein Problem. Sie ist Singers erste Beziehung, mit der er das ihnen beiden neue amerikanische Englisch spricht. Und sie findet offensichtlich am Umgang mit dem »schlanken jungen Mann« Gefallen. In der nur auf Jiddisch erschienenen Erinnerung ›Fun der alter un nayer heym‹ (Von der alten in die neue Heimat) erinnert er sich an eine »Louisa«: *Wir hatten stets ein Gesprächsthema, etwas, worüber wir uns austauschen konnten, und dann pflegte Louisa sich bei mir zu beklagen: »Ein Jammer, dass Sie auf Hebräisch schreiben; wer versteht denn Hebräisch? Ich habe das Gefühl, dass Sie ein begabter Autor sind.« Ich erinnerte sie zum x-ten Mal daran, dass ich Jiddisch, nicht Hebräisch schrieb. Aber das hatte sie bald wieder vergessen.*[195]

Wie es heißt, habe ihr Singer die Adresse seiner ständig wechselnden möblierten Zimmer nicht gegeben; sie hätte also gar keine Möglichkeit gehabt, mit ihm Verbindung aufzunehmen. Was sie nicht abhält, nach den Sommerferien aufs Geratewohl in die Public Library an der 42nd Street zu gehen, dem herrlichen, von Steinlöwen bewachten, mit Marmor ausgekleideten Bibliotheksbau, wo Singer, wie er ihr sagte, im »Lesesaal mit den ungeraden Zahlen« zu arbeiten pflegt. (Wie die ortskundige Bibliothekarin Roberta Saltzman vermutet, in der ehemaligen jüdischen Bibliothek im Raum Nr. 217, wo heute die Slavisten sind.) *Ich trat oft auf telepathischem Wege mit [Frauen] in Verbindung, und sie schienen auf dem gleichen Wege zu antworten. Telepathie, Hellseherei und Vorahnungen ersetzten Briefe, Telefonanrufe und Besuche.*[196]

Was dazu führt, dass Almas Ehe immer problematischer wird. Ihr Sohn erinnert sich: *Es gab derart viel Streit, dass es eigentlich fast eine Erleichterung war, als sie ging. Ich spreche von den tagelangen Streitereien. »Du kommst nie nach Hause, du kochst kein Essen.«*

»Ich komme heute zum Mittagessen nach Hause. ... Jetzt ist es ein bisschen spät geworden, ich muss noch was einkaufen. ... Nein, ich kaufe was ein, ich bin um drei zu Hause. ... Nein, ich habe es bis drei nicht ganz geschafft, ich bin um fünf zu Hause. ... Nein, ich muss um fünf oder sechs noch einkaufen gehen.«

Dann pflegte mein Vater zu sagen: »Die Kinder haben um sieben Hunger und haben noch nichts gegessen.« – »Bin schon unterwegs.« Dann wurde es neun und sie war nicht da. Es wurde elf, das Essen war nicht gekocht und wir waren schon halb im Schlaf und er schrie vor Wut. Wir waren müde und er schrie, also, das ging nicht. Es ging nicht. Es ging ganz einfach nicht.

An meinem Geburtstag rief sie an: »Bubi, ich hab was für dich, ich komme.« Ich war krank, und sie – um drei Uhr – »ich komme, ich komme«, und dann, um fünf, »ich komme«, und dann um sieben, um neun. Als ich dann zu meinem Vater ging, sagte er: »Siehst du, siehst du, du verteidigst sie immer, heute ist dein Geburtstag und sie kommt nicht.« Worauf ich sagte: »Sei doch still.« Dann fing er zu lachen an: »Ihr ist es doch egal.« Wissen Sie, man kriegt es ein bisschen von beiden Seiten ab. Es war in gewisser Hinsicht besser so. Es musste geschehen.[197]

Anders als Runya ist Alma ein freies Zusammenleben mit Singer nicht möglich. Wie sie in ihren ungedruckten Memoiren feststellt: *Im Grunde war Isaac – infolge verfehlter philosophischer Lektüre und praktischer Erfahrung – gegen eine eheliche Verbindung. ... Doch wie konnte ich, ein Kind so konservativer Eltern, mich bereit erklären, einfach hinzugehen und mit einem Mann zusammenzuleben?*[198] Und so zieht sie sich von ihm zurück.

Worauf sich der verschnupfte Singer erneut an »Nescha« hält – doch nur, um sich gründlich mit ihr zu verkrachen. Als er sie danach anrufen will, wählt er stattdessen, wie er behauptet, unbemerkt, »Louisa«/Almas Nummer. *Sie sagte: »Was ist los mit dir? Wo hast du dich versteckt?« – »Willst du immer noch zu mir kommen?«, fragte mein Mund wie von selbst. »Ja, das will ich immer noch.« – »So komm.« – »Für immer?« – »Ja, für immer.« – »Also gut. Ich komme heute Abend zu dir.«*[199]

Am 14. Februar 1940 heiraten Alma und Isaac vor einem amerikanischen Friedensrichter in Brooklyn. Eine religiöse Eheschließung kommt – abgesehen von allen weltanschaulichen Überlegungen – nicht nur deswegen nicht infrage, weil sich Alma und ihr erster Mann in Reno und nicht vor einem Rabbinatsgericht scheiden ließen, sondern weil Singer als »Cohen«, als Abkömmling der Hohenpriesterkaste, eine geschiedene Frau gar nicht heiraten darf. Alma hätte, wie sie sagte, gerne Kinder von ihm gehabt – sie war etwas über dreißig – doch er war strikt dagegen. Was immer ihn sonst abhielt – er hat sich in seinen Büchern und Schriften des Öfteren gegen Kinderkriegen und für Geburtenkontrolle ausgesprochen –, um die Stellung dieser Kinder im Judentum wäre es, wie er selber am besten weiß, äußerst problematisch bestellt gewesen.

Was Runya in Tel Aviv betrifft, begnügt sich Singer damit, den Ton seiner Briefe merklich abzukühlen. Doch hat sie wohl indirekt, durch Dritte, von seiner Heirat erfahren. Denn als die Italiener am 9. September 1940 Tel Aviv bombardieren, wobei 126 Menschen sterben, schreibt sie ihm, fälschlicherweise, sein Sohn sei verwundet worden, und fordert dringend Geld, *um unseren Gigi zu retten*[200]. Es fällt schwer, darin nicht den Racheakt einer tief verletzten Frau und Mutter zu sehen.

Die zwei Kinder Almas bleiben beim Vater. Klaus Wassermann, ihr Sohn, spricht von einem »schrecklichen Trauma«. Es habe Überlegungen gegeben, dass die Mutter ihn, ihren »Bubi«, zu sich nimmt, gegen einen Unterhaltsbeitrag seitens des Vaters. Er erzählt von einer Begegnung auf der Straße: *Wir trafen unsere Mutter an der 2/7th Street, in der Nähe des Subway-Eingangs, und auf dem Weg nach unten sagte sie so was wie, dass er beim »Forward« arbeite und die nicht so gut zahlen würden. Sie arbeite bei einem Warenhaus für fünfzehn Dollar die Woche, es sei nicht leicht. Sie trug die Hauptlast. Sie weinte, das war sehr schlimm. Da sagte ich zu ihr: »Mutter, komm einfach nach Hause. Das hättest du alles nicht machen brauchen. Vater ist nur eifersüchtig, weil du einen anderen Mann hast, bei dem du schläfst, er wartet darauf, dass du wieder nach Hause kommst. Du müsstest nicht hungern. Komm einfach nach Hause. Warte nicht zu lange. Vater ist sehr böse. Du fehlst uns, komm nach Hause.«*[201] Aber die Mutter kommt nicht. Und als er als Erwachsener wieder näheren Umgang mit ihr hat, heißt sie »Alma«.

Der Hauptteil des Familieneinkommens wird längere Zeit von Alma erarbeitet, die damit ihrem Ehemann zugleich das für ihn unabdingbare schöpferische Alleinsein ermöglicht. Die Tochter aus gutem Hause, an der Münchner Prinzregentenstraße aufgewachsen, geht gleich nach ihrer zweiten Hochzeit in die Fabrik, Hutbänder einnähen. Danach als Verkäuferin ins Warenhaus, wobei es zu der vom Sohn beschriebenen Begegnung kommt. Sie wird bis zu ihrer Pensionierung als Verkäuferin tätig bleiben, an immer vornehmeren Adressen, zuletzt als »Personal Shopper«, als Verkäuferin der gehobenen Klasse, im schicken »Lord & Taylor« an der 5th Avenue.

Alma, kräftig und gut gewachsen, mit dunkelblonden Haaren, stabiler, gerader Nase, sinnlich-vollen Lippen und einem klaren, entschlossenen Blick, die Singers literarischem Schönheitsideal mit dem »schlanken Hals, der feinen Nase, den schmalen Lippen, und dem spitzen Kinn« keineswegs entspricht, weiß, dass sie Singer, was immer er nebenbei treiben mag, in jeder Hinsicht unentbehrlich ist. Als Stütze, als Vermittlerin zur Welt, als treusorgende und liebevolle Gefährtin. Sie, die ihrem ersten, gewiss nicht übelmeinenden Ehemann, ja ihren eigenen Kindern oft distanziert und verständnislos gegenüber steht, legt im Umgang mit diesem schwierigen und reizbaren, herrischen Fremden, der in einer Sprache schreibt, die sie zeitlebens kaum verstehen und nie lesen kann, eine ans Märchenhafte grenzende Instinktsicherheit an den Tag. Sie vermag Singer genau den Halt und den Freiraum zu geben, den er braucht, um aus dem nicht mehr ganz so jungen – er ist Ende dreißig –, faszinierenden Hungerleider, an den sie ihr Leben bindet, zu dem hochproduktiven großen Autor zu werden, als den die Welt ihn kennt.

Singer hat später wiederholt erklärt, Alma nur geheiratet zu haben, weil er als Schriftsteller »eine Adresse« gebraucht habe. Was sie stets als etwas herabsetzend empfand. Ohne zu realisieren, dass dieser Begriff für ihren Mann den höchsten Stellenwert hatte: *Wer schreibt, muss eine »Adresse« haben ... so einmalig ... wie eine Adresse zu sein hat.*[202]

»Adresse« bedeutete ihm etwas Spezielles, Besonderes, das für ihn und nur für ihn gedacht war. Und genau das hat er bekommen. Eine einzigartige, unverwechselbare Beziehung, wie sie so nur zwischen eben diesen beiden Menschen möglich war, eine große Liebe, die die bittere Armut der frühen Jahre ebenso bestehen wird wie den späteren Glanz, den Reichtum und den Ruhm, an der seine zahlreichen Affären ebenso wenig ändern wie die genüsslichen und, besonders was Singer selbst angeht, bissigen Sticheleien, mit denen sie später vor Publikum gerne übereinander herfallen. Wie er 1985 nach über vierzig Jahren Ehe seinen jungen Gesprächspartner Richard Burgin wissen lässt, habe er die Entscheidung in all der Zeit nie bereut und allenfalls (womit er einen anderen Schriftsteller zu zitieren behauptet) einen Mord in Betracht gezogen, eine Scheidung nie. *Es gibt in der Ehe einige Konflikte zwischen Mann und Frau, die sich nie ganz lösen lassen, aber wenn die zwei sich lieben, sind die schlechten Dinge schnell vergessen, und nur die guten bleiben in der Erinnerung.*[203]

Krieg

Im Frühling 1939 fordert die polnische Regierung die Briten auf, ihr zu helfen. Zum einen gegen die deutschen Nachbarn, wo man Sicherheitsgarantien wünscht. Zum anderen in Bezug auf die jüdische Minderheit, deren Auswanderung England befördern soll. Dazu ist es bedauerlicherweise nicht gekommen. Im August wird der deutsch-russische Nichtangriffspakt geschlossen, am 1. September »zurückgeschossen«. *Gott in die Hände zu fallen, das war etwas anderes. Den Menschen in die Hände zu fallen, das war fürchterlich.*[204]

Die hergebrachte Judenfeindschaft der polnischen Militärregierung wird durch einen mit umfassenden verwaltungstechnischen und industriellen Methoden betriebenen Vernichtungsantisemitismus abgelöst, gegenüber dem das Bisherige, schlimm, wie es war, verblasst und aus dem historischen Gedächtnis so gut wie verschwunden ist.

Am 29. September wird in Warschau von den Besatzungsbehörden der »Judenrat« einberufen, im April 1940 das Ghetto gebildet, in dem anfangs 400 000, später 500 000 Menschen eingeschlossen und im November 1940 vom übrigen Warschau abgetrennt werden. Dazu gehört auch ein großer Teil der Krochmalna, wo Singer aufgewachsen ist, und die Zamenhof-Straße, wo er das schöne Zimmer beim Augenarzt bewohnt hat. Die Bedingungen im Ghetto sind derart schlecht, dass ein Überleben, wenn überhaupt, nur durch Schmuggel möglich ist.

Jacques Levi, der Freund Kafkas und Singers, hat sich mit Soloauftritten, seinen »Wortkonzerten«, an der Aufrechterhaltung des Kulturlebens im Ghetto beteiligt. Am 22. Juli 1941 setzen die Deportationen ins Vernichtungslager Treblinka ein. Denen sich anzuschließen er aufgefordert wird. *Er lief umher wie ein geprügelter und gehetzter Hund, seine großen Augen, aus denen er wahnsinnige Blicke um sich warf, waren niedergeschlagen und starr; er lief von Tür zu Tür. Als sie kamen, um ihn festzunehmen, leistete er Widerstand und wurde brutal zusammengeschlagen. Noch als der Waggon geschlossen wurde, versuchte er sich mit seinem blutenden, asketischen Gesicht zu erkennen zu geben, indem er flehentlich rief: »Ikh bin Jacques Levi!«*[205]

Bilgoraj, wo in Singers Schriften ständig die Sonne scheint, wird am 6. September 1939 von den Deutschen bombardiert. Es gibt viele Tote, darunter auch Juden. Am 11. September kommt es infolge des Bombardements zu einer Feuersbrunst, der das Gebiet um den Markt und die Synagoge zum Opfer fallen. Am 17. September erscheinen die Deutschen, vertreiben die Juden aus ihren Häusern und plündern ihr Eigentum. Am 24. September werden zwei Juden erschossen, als sie Nahrungsmittel in die Stadt schmuggeln. Am 27. September ziehen sich die Deutschen kurzzeitig zurück und die Russen übernehmen. Dann verschwinden sie und mit ihnen 1500 Juden. Die Verbleibenden, die sich in der Regel auf ihre guten Erfahrungen mit den Deutschen und die miserablen mit den Russen im

Ersten Weltkrieg beziehen, werden nach Rückkehr der Nazitruppen zur Zwangsarbeit angehalten.

Im Sommer 1940 wird in Bilgoraj ein Ghetto errichtet, in das man 3500 Menschen pfercht. Das man im Juni 1941 schließt, nach dem Überfall der Deutschen auf die Sowjetunion.

Im August 1942 setzt die erste Deportationswelle aus dem Ghetto von Bilgoraj ins Vernichtungslager Belzec ein. Im November die zweite. Das »kleine Ghetto« bleibt bis Januar 1943 bestehen. Dann trennt die Gestapo die Männer von den Frauen und Kindern, die auf der Stelle umgebracht werden. Etwa fünfzehn Jugendliche kommen ins Arbeitslager Janowska. Singers Kusine und Geliebte Esther war nach Bilgoraj zurückgegangen und ist bei einem der oben beschriebenen Vorgänge zu Tode gekommen. Von Singers vielen Verwandten und Bekannten aus Bilgoraj – darunter der Uhrmacher Todros und dessen schöne Tochter – hat nur der stille Cousin Samson, Singers Studiengefährte, der dem Vater immer die Zigaretten anzünden musste, überlebt.

Stary Dzików, wo Singers Bruder Rabbiner ist und mit seiner Mutter wohnt, liegt im früheren »Russisch Polen« und fällt zunächst an die Russen. Durch einen russischen Einwanderer, der sich 2001 bei Singers Sohn in Israel meldete, weiß man, dass sie daraufhin nach Lvov (ins heutige ukrainische »Lviv«) flohen, wo Mosche zwei Jahre als Religionslehrer arbeitete. Danach sind sie – wie drei Postkarten, die die Tochter in London nach Kriegsende erreichten, beweisen – nach Jambul (das frühere und heutige »Taras«) ins südliche Kasachstan gelangt, 4000 km Luftlinie und fünf Zeitzonen von Mitteleuropa entfernt. Singer hat später erfahren, dass die Zugreise tage- oder wochenlang dauerte, wobei die Mutter, wie im Ersten Weltkrieg, das wenige Brot, das sie hatte, mit denen teilte, die noch weniger besaßen.

Maurice Carr, der Neffe, berichtet von einer Zufallsbegegnung mit einem Mann, den er nach dem Krieg in Paris auf Jiddisch auf der Straße »Jambul« erwähnen hörte und den er nach seinem Onkel Mosche Singer fragte: *»Ihren Onkel Mosche Singer haben Sie nicht mehr. Der Dämlack hatte nicht genügend Verstand, sich ranzuhalten, und ist verhungert und erfroren. Ob seine Frau ihn hasste? Und ob die das tat.*

Kinder? Keine Kinder. Seine Mutter? Als ich ging, war sie noch da, aber nicht mehr lange, nehme ich an.«[206] Von anderen hat die Familie erfahren, dass Mosches Tod im Zusammenhang mit einem Hausbau erfolgt sein soll.

Die Zeitzeugin Nelli Pehl, die als Kind mit ihrer Familie Anfang der Vierzigerjahre nach Kasachstan umgesiedelt wurde, beschreibt die Zustände wie folgt: In Jambul, an der kirgisischen Grenze, Richtung Afghanistan, herrscht Wüstenklima; tagsüber ist es sehr heiß, nachts sehr kalt. Und im Gegensatz zum Norden herrscht dort ausgesprochener Heizstoffmangel; Süd-Kasachen, die einander im Winter besuchen, pflegen sich als Geste der Höflichkeit Brennmaterial mitzubringen. Die Ernährungslage sei bis Mitte der Fünfzigerjahre prekär gewesen. (Wobei der Rabbiner wahrscheinlich versucht haben wird, sich an die Speisevorschriften zu halten, was ihn zusätzlich geschwächt haben muss.) Ein Hausbau – Nelli Pehl hat ihn als Kind bei ihren eigenen Eltern miterlebt – erfolgte in Kasachstan mit Lehm, den man mit Stroh oder trockenem Buschwerk mischte und um ein selbst gegrabenes Erdloch herum hochzog, was körperlich anstrengend war und viel handwerkliches Geschick erforderte, wozu Probleme bei der Beschaffung der knappen Baumaterialien kamen (die Kasachen konnten Russisch bestenfalls als Fremdsprache), abgesehen von den Schwierigkeiten mit dem Wetter, wenn die Wände durchfroren und lange nicht trocknen wollten. Dabei hätte man im Freien übernachten müssen. Ihr sei als Kind streng eingeschärft worden, sich ja nicht hinzulegen, wenn sie sich müde und erschöpft fühlte, *denn das mit dem Erfrieren ging blitzschnell. Der Rabbiner hatte kaum eine Chance.* [207]

All dies hat Singer erst nach 1945 erfahren. Zwar weiß er durch die Jiddische Presse über die Vorgänge in Europa besser Bescheid als der nur des Englischen mächtige (jüdische oder nichtjüdische) Durchschnittsamerikaner. Doch ist er, jenseits des Atlantiks, vor der grauenhaften Wirklichkeit so weit geschützt, dass er sich mit zunehmender Kraft wieder seiner Arbeit widmen kann.

1939 sind bereits 35 Singer-Veröffentlichungen nachgewiesen; 5 Literaturkritiken in der ›Tsukunft‹ und 30 Feuilletons im ›Forverts‹, für die er sich ein neues Pseudonym zulegt: »Yitskhok Varshavsky« –

Isaac aus Warschau. Er entwickelt eine regelmäßig erscheinende Kolumne »Gut zu wissen« – Amüsantes und Wissenswertes aus Technik und Forschung. Später veröffentlicht er gelegentlich auch Artikel zu jüdischen Feiertagen und Bräuchen, die auf seine profunde rabbinische Bildung hinweisen. Und tritt manchmal als Ratgeber für Lebensprobleme auf.

1940, im Jahr seiner Heirat mit Alma, steigt die Zahl von Singers Veröffentlichungen noch weiter an (auf 55), wobei er sein Einkommen mit einem Radio-Werbetext für Kaffee verbessert – um den mit 50 Dollar extravagant teuren Gebrauchtschreibtisch bezahlen zu können, den er und Alma für seine weitere Tätigkeit als unabdingbar betrachten. *An diesem Schreibtisch werde ich Großes schreiben.*[208]

1941 veröffentlicht Singer 48 Artikel im ›Forverts‹, von denen sich 17 mit einer bei ihm sonst ungebräuchlichen Materie befassen: der Tagespolitik. Oder, anders ausgedrückt, mit dem Krieg: »Die Hitleristen sagen es schon offen: Sie wollen die Sklaverei einführen« (5. Januar); »Wieso kann das reiche England Amerika nicht für Kriegsmaterial bezahlen?« (2. Februar), »Die englischen Flieger – die größten Helden im jetzigen Weltkrieg« (13. April) und so weiter.

1942 erscheinen 55 Veröffentlichungen Singers, 22 politische, 33 feuilletonistische. Damit es dem Publikum nicht zu viel wird, benutzt er für heitere Plaudereien nun noch ein drittes Pseudonym: »D. Segal«. Er empfindet die unterschiedlichen Namen auch als Qualitätsmarken, wobei er »Bashevis« unter seine besten Sachen setzt, »Segal« unter seine schwächsten. Allerdings erweist sich der Schriftsteller oft als zu selbstkritisch – denn die von ihm nur feuilletonistisch eingestuften ›Varshavsky‹-Erinnerungsskizzen an seine Kindheit werden als ›Mein Vater der Rabbi‹ zu einem seiner großen internationalen Erfolge. Und einige ›Segal‹-Feuilletons werden später beliebte Kindergeschichten.

Anfang 1943 erscheint nach fünfjähriger Dürreperiode eine neue Erzählung, ›Zeidlus der Papst‹, über einen großen Talmudgelehrten, Zeidel, den der Hochmutsteufel verführt, zum Katholizismus zu konvertieren, um Papst zu werden – und der stattdessen als blinder, menschenfeindlicher Bettler auf den Stufen der Kathedrale endet, wo ihn der Teufel holt, der die Geschichte erzählt. Der sein Opfer gleich ermahnt, es gar nicht erst mit Bereuen zu versuchen. Das werde ihm nichts mehr nützen. Worauf Zeidel wissen will, wo es nun mit ihm hingehe.

»Schnurstracks nach Gehenna.«

»Wenn es ein Gehenna gibt, dann gibt es auch einen Gott«, sagte Zeidel mit zitternden Lippen. … »Wenn die Hölle existiert, dann existiert schlechthin alles. Wenn du wirklich bist, dann ist auch Er wirklich.«[209]

Im August erscheint eine zweite Erzählung, über einen glücklich verheirateten, wohlhabenden Ehemann, der, bis auf Kinder, alles im Leben hat, ehe er den Versuchungen einer bösen Magd erliegt. Beide Erzählungen spielen in einer etwas unbestimmten jüdischen Vorgegenwart in Frampol und Janow, zwei Nachbarorten von Bilgoraj. Dort, wo jetzt in der Tat »die Hölle existiert«.

Mit der er sich, so gut er kann, in der Sonntagsausgabe des ›Forverts‹ vom 4. Juli 1943 befasst: »Der heldischer kamf fun yiden kegn di natsis in der varshever geto« (Der heldische Kampf der Juden gegen die Nazis im Warschauer Ghetto). Darin beschreibt Singer mit sechswöchiger Verspätung die Vorgänge, die, wie wir heute wissen, vom 19. April bis 16. Mai 1943 stattgefunden haben und damals von den Nazis geheim gehalten wurden. Und auch wenn er, wie er selber einräumt, nicht besonders genau sein kann und in seiner Einschätzung der Umstände noch zu positiv ist, erscheinen diese deprimierend genug.

Was sein Bedürfnis nach einer Beurteilung seiner Möglichkeiten als jiddischer Schriftsteller erklären mag, mit denen er sich im gleichen Jahr in zwei großen Aufsätzen auseinander setzt. Seine Schlussfolgerungen sind pessimistisch und lassen der Zukunftshoffnung wenig Raum. In Amerika stehe der jiddische Autor einer Gegenwart gegenüber, die er mit seiner Sprache nicht angemessen zu beschreiben vermöge, weil die Menschen, um die es gehe, diese Sprache nicht mehr richtig und immer weniger benutzen würden. *Man kann keine Literatur in Anführungszeichen gestalten.* In Polen sei das ursprünglich anders gewesen: *Die Helden der jiddischen Literatur streifen durch die Stadt und warten nur darauf, beschrieben zu werden. … Aber dem jiddischen Autor, der von dort kommt, ist mit der*

Vernichtung von Jüdisch-Polen der Nährboden entzogen worden. Seine Gestalten sind tot. Ihre Sprache ist verstummt. Ihm bleibt nur die Erinnerung.[210]

Am Donnerstag, dem 9. Februar 1944, treffen sich die Brüder Singer zum Abendessen, mit Damen. Ein geselliges Beisammensein, das aufs Schönste mit Isaacs deprimierter Phase kontrastiert, wo er zu nichts zu brauchen war und nicht mehr arbeiten mochte. Am Freitag, dem 10. Februar, muss Alma ihrem Mann beibringen, dass sein Bruder, 51-jährig, unvermittelt gestorben ist – an einem bereits mehrfach operierten Blutgerinnsel im Bein, das sich nun wieder, und diesmal tödlich, bemerkbar machte. *Mir war, als hätte Gott mir ins Gesicht geschlagen. Aber was sollte ich tun, Ihn zurückschlagen?*[211]

Isaac Bashevis Singer hat sich vehement dagegen verwahrt, das Ableben seines älteren Bruders als Befreiung zu werten, wie dies in der Singer-Literatur zuweilen geschieht. *Ich betrachtete Joshua als meinen Lehrer, als meinen geistigen Vater, der meine ersten Schritte geleitet hatte. Ich bewunderte sein Talent und war ihm dankbar, dass er mich nach Amerika gebracht und mir beim Anfang geholfen hatte. Und als ich beschloss, auf meinen eigenen Füßen zu stehen, stand ich auf und ging meinen Weg. Jedenfalls gab es keine Geschwisterrivalität. Wir kamen gut miteinander aus. Ich habe ihn sehr geliebt. ... Natürlich gibt es Spannungen und eine gewisse Eifersucht, wenn zwei Brüder denselben Beruf ausüben und am gleichen Ort arbeiten. Wir haben beide über Juden geschrieben.*[212]

Der Ältere wird postum gerne gegen den Jüngeren ausgespielt, nur macht das nicht viel Sinn. Joshua ist ein »Architekt des Worts«, der seine Romane genau konstruiert und bildhaft erzählt, meist aus einer kühlen Halbdistanz heraus, die er nur zuweilen, sehr wirkungsvoll, verlässt; Singer ein Visionär, der sich an seine Figuren und Situationen verliert und sich gerne von ihnen überraschen lässt.

Er steht nun sehr alleine da – in einer Fremde, wo ihm als Schriftsteller nur »die Erinnerung bleibt«. Ohne den Menschen, der ihm bis dahin sein wichtigster, zuverlässigster Schutz war, an dem er sich beruflich orientierte, der ihm seinen Rat, seinen Einfluss und, wenn nötig, auch seinen Geldbeutel zur Verfügung gestellt hat.

Aber er hat eine Frau, Alma, die ihm zur Seite steht und ihm ein Heim bietet. Und mit für den gemeinsamen Lebensunterhalt sorgt. Er hat, in der speziellen Sphäre, in der er tätig ist, einen gewissen Namen. Er hat seinen Kopf. *Manchmal brachte die Mutter Hirn vom Markt nach Hause – Hirn war billiger als Rindfleisch. Mutter kochte das Hirn, und ich aß es. Konnte auch mein Hirn gekocht und gegessen werden? Ja, natürlich, aber so lange es nicht gekocht war, fuhr es fort zu denken.*[213]

Singer beschließt, seinen Bruder dadurch zu ehren, dass er ein Werk in dessen Sinne schreibt – einen großen, historisch genau gearbeiteten Familienroman, für den er sich fast ein Jahr mit gründlichen Studien vorbereitet. Und Abe Cahan, der Bewunderer Israel Joshuas, der mit dem Künstler Isaac Bashevis nie viel anfangen konnte, ist um des älteren Bruders willen bereit, die Arbeit zu drucken.

Ende des Jahres, am 4. Dezember 1944, erscheint im ›Forverts‹ ein Artikel Singers, dessen Titel für den Autor stehen könnte: »Die yidishe shprakh un kultur lebt iber dem grestn krizis in ir geshikhte«[214] (Die jiddische Sprache und Kultur durchlebt die größte Krise in ihrer Geschichte).

Der Preisträger

Die Familie Moschkat

Am 30. April 1945 begeht Hitler Selbstmord, am 8. Mai geht der Weltkrieg in Europa zu Ende. »Der Krieg gegen die Nazis ist gewonnen, aber den Juden ist schwer ums Herz« – so Singers Artikel, der am 21. Mai im ›Forverts‹ erscheint. Das ganze Ausmaß der Vernichtung zeichnet sich nun allmählich ab – es war, selbst für die direkt Betroffenen, kaum fassbar gewesen. *Normal denkenden Menschen fiel es schwer, sich mit dem Gedanken vertraut zu machen, dass sich auf der Erdkugel eine Regierung finden könne, die sich für eine europäische hält und die Millionen unschuldiger Menschen nur deswegen ermorden würde, weil sie Juden sind.*[215] So der polnisch-jüdische Historiker Emanuel Ringelblum, der sich lieber foltern ließ, als das Versteck seiner Aufzeichnungen über das Warschauer Ghetto preiszugeben.

Der schlimmstmögliche Fall war eingetreten und hatte, in der ebenso leidenschaftslosen wie eifrigen Umsetzung dümmlicher Mordfantasien, eine Wirklichkeit geschaffen, die vom Künstler nicht mehr gebannt oder geformt werden kann. *Die Hitlertragödie ist ein Berg, dessen wirkliches Ausmaß man gar nicht überschauen kann.*[216]

Man hatte Isaac Bashevis Singers künstlerische Heimat, das jüdische Polen, dessen Menschen, Gebräuche, Häuser und Landschaften ihm bis auf feinste Abstufungen vertraut waren, in eine stinkende Schlachtstätte verwandelt, wo allenfalls die würdige Bestattung menschlicher Überreste ansteht.

Singer hält sich an die »Erinnerung ... [die] ihm bleibt«[217]. *Für den Geschichtenerzähler verschwindet die Zeit nicht, auch Menschen und Tiere nicht. Für den Schreiber und seine Leser leben alle Geschöpfe ewig fort. Was vor langer Zeit geschehen ist, ist noch zuge-*

gen.[218] Und vermag in seinen Darstellungen die Lebenskraft und Vitalität, die Vielfältigkeit und Widersprüchlichkeit der vernichteten Kultur auf eine Art und Weise auszubreiten und auszuloten, dass deren Existenz vom Leser als Selbstverständlichkeit angenommen wird, dass er in die Figuren hineinschlüpfen und sie so wahrnehmen kann, wie sie sich, meint man, selber wahrgenommen haben.

1944 sind 107 Singer-Veröffentlichungen nachgewiesen, 1945 sind es 120. Die Geschichten, von denen viele später sehr berühmt werden, entstehen nebenbei, wie zur Erholung von der Arbeit am Roman. Der als ›Di familye Mushkat‹ am 17. November 1945 zum ersten Mal im ›Forverts‹ erscheint.

Nach einer ausführlichen und respektvollen Verbeugung vor dem großen Bruder beginnt er mit der klassischen Eröffnung, über die er sich als junger Mann lustig gemacht hat: *Zu oft handelte es sich um ein Mädchen, für das Eltern bereits eine Heirat geplant hatten, während es selbst einen anderen liebte. Meistens stammte das Mädchen aus einer wohlhabenden Familie, und der junge Mann war der Sohn eines Schneiders oder Schuhmachers.*[219]

In Singers Fall ist derjenige, der die Heirat seiner Enkeltochter plant, der Patriarch der Familie, der reiche und gefürchtete Meschulam Moschkat (»Muskat« ausgesprochen), und der junge Mann, der zu wenig Geld hat, ein ehemaliger Jeschiwa-Student aus frommer, aber armer Familie, der vor dem Ersten Weltkrieg aus der Provinz nach Warschau kommt, um dort die weltlichen Wissenschaften zu studieren. Die allerersten Seiten wirken gelegentlich fast steif, so sehr ist der Autor bemüht, durch genaue bildliche Darstellung und pointierte Charakterisierung dem großen Vorbild des Bruders gerecht zu werden. Doch sobald er die Figuren einmal entwickelt hat, legt er los: Nachdem der Versuch des jungen Paares, in die Schweiz durchzubrennen, gescheitert ist, heiraten beide einen anderen Partner – jedoch nur, um in doppeltem Ehebruch wieder zueinander zu finden und, in einer berühmt skandalösen Passage, mangels anderer Möglichkeiten in der heiligsten Nacht des Judentums, der Nacht des Versöhnungstages, zusammenzukommen.

Als sie, nach sehr vielen Schwierigkeiten, doch noch ein Paar werden – unter Zurücklassung eines Kindes, teuren Alimentzahlungen und vielen Verletzungen –, erweist sich die neue Verbindung als nicht besonders glücklich.

Und dabei spielt sich der Erste Weltkrieg mit seinen Scheußlichkeiten ab und die Nachkriegszeit mit ihrer wirtschaftlichen Not. Auf einem dämonischen, auf unheimliche Weise missglückten Chanukah-Ball, wo die Schattenbilder der polnisch-jüdischen Geschichte als Maskenfiguren erscheinen, lernt der Held eine neue Freundin, Barbara, kennen, die Tochter eines zur anglikanischen Hochkirche konvertierten Rabbiners. Und muss zuletzt seiner Ex, die ihn erst nach langen Kämpfen freigab, einräumen, auch seiner großen Liebe nicht mehr treu zu sein:

»Was wirst du denn jetzt tun?«
»Noch ein bisschen herumspielen.«
»Womit denn? Mit Menschenleben?«
»Womit sonst?«[220]

Der Roman endet damit, dass der Held erfährt, dass seine zweite Frau, seine große Liebe, beim ersten Bombenangriff der Deutschen zu Tode gekommen ist. Bevor er sein Zimmer verlässt, um sich der gemeinsamen Tochter anzuschließen, wirft er sein Lebenswerk, die nie vollendete philosophische Abhandlung ›Das Laboratorium der Glückseligkeit‹, in den Ofen.

Abe Cahan, der große alte Mann des ›Forverts‹, hat mit der Entwicklung der Handlung Mühe und versucht schließlich, Singer eine andere Haltung oder einen vorzeitigen Abbruch aufzuzwingen. Worauf sich der mit einem Schreibstreik wehrt. Was dann zu einem von der Abonnements-Sekretärin Fanny Jacobson, bei der die Telefone heiß laufen, bezeugten Aufstand des Lesepublikums führt. Und dazu, dass sich andere Redaktionsmitglieder gegen Abe Cahan stellen. Schließlich darf Singer den Roman so schreiben, wie er will, so lange, bis er meint, ihn abgeschlossen zu haben. Bis er seine Gestalten an den Rand der Vernichtung begleitet hat, dahin, wo die künstlerische Fantasie aussetzt. *... weil ... der Holocaust ... sich literarisch gar nicht darstellen lässt.*[221]

Es war Abe Cahans letzter Kampf. Der über Achtzigjährige wird von jüngeren Kräften abgelöst, zunächst vom Verwaltungschef, Harry Rogoff, dem Mann, der Singer seinerzeit zur entscheidenden Anwaltsadresse verholfen hat, und, wie Vera Hannenberg, die Sekretärin Cahans, bezeugt, ein großer Singer-Verehrer war. Nach ihm wird Simon Weber Chefredakteur, ein Freund Singers. Mit der ›Familie Moschkat‹ wird dieser, als »Yitskhok Bashevis«, auch dem großen jiddischen Publikum ein Begriff. Er verdient nun, als fest angestelltes Redaktionsmitglied beim ›Forverts‹, ein solides Gewerkschaftsgehalt. Mitte August 1947 unternimmt das Paar eine zweimonatige Reise nach Europa – die Alma ihre damalige Stellung als Verkäuferin kostet (»Wenn Sie reich genug sind, nach Übersee zu verreisen, brauchen Sie hier nicht weiter zu verkaufen.«). Wofür Singer sein Konto, bis auf zehn Dollar, leer räumt. Durch seine Artikelserie im ›Forverts‹ sind wir genauestens über alle Einzelheiten der Reise informiert.

In London kommt es zu einem Wiedersehen mit seiner Schwester Hinde Esther, deren nun verheirateter Sohn Maurice Carr in Paris als Korrespondent für Reuters tätig ist. Hinde Esther leidet da bereits unter Verfolgungswahn. Singer hat seine Schwester als Kollegin hoch geachtet. *Sie schrieb nicht so gut wie Israel Joshua Singer, aber ich kenne keine einzige jiddische Schriftstellerin, die besser schrieb als sie.* Menschlich sei sie sehr schwierig gewesen. *Wer kann mit einem Vulkan leben? Nach einigen Tagen ihrer Klagen und Anschuldigungen konnte ich nicht mehr. Sie kann einen Menschen buchstäblich in den Wahnsinn treiben.*[222] Hinde Esther stirbt 1954 in London. Als ihr der Bruder den 1968 erscheinenden Geschichtenband ›Die Seance‹ widmet, kommt es zu einem Druckfehler. Statt »Zum Gedenken an meine geliebte Schwester Hinda Esther« wird »Minda Esther« gesetzt. Maurice Carr, ihr Sohn: Singer habe *wie ein jüdischer Mephisto* gelächelt: *»Gott kümmert sich nicht um das Staubkörnchen, auf dem wir leben; für ihn ist dies nur ein gewöhnliches Staubkorn im Universum. Er hat die Leitung einem kleinen Funktionär übertragen, einem Engel mit gestutzten Flügeln, der ein erstklassiger Chaot und miserabler Organisator ist. Was kann man tun?«*[223] – Der Engel rächt sich, indem er auf Singers Grabstein gleich zwei Schreibfehler unterbringt: das »H« von »Bashevis« wird unterschlagen, und statt »Nobel Laureate«, »Nobelpreisträger«, steht »Noble Laureate«, »Edler Preisträger« auf dem Stein. Es dauert bis nach Almas Tod, ehe der letztere Schnitzer kostenpflichtig (zu Lasten seines Sohns Israel Zamir) beseitigt wird.

In der Schweiz haben Alma und Singer auch Wengen im Berner Oberland besucht, den Ort, an dem sie, so lange es ihre gesundheitlichen Verhältnisse zuließen, künftig jedes Jahr ein paar Wochen zubringen. Das dortige Viersterne-Hotel Victoria wird bis 1963 koscher geführt und hat eine entsprechend jiddischsprachige Klientel. Ob Singer damals, in den späten Vierzigern und frühen Fünfzigern, auch zu dessen Kunden gehörte, und ob ihn der Ort deswegen anzog, ist noch nicht ermittelt. Später wurde er im Victoria Stammgast. Wo er stets Zimmer 212 belegte (Südseite, etwas größeres Zimmer). Er habe immer eine kleine Schreibmaschine mitgeführt und sei ein verschlossener, aber höflicher Gast gewesen. Man habe allenfalls über die Berge und das Wetter gesprochen, wobei er sich auf Deutsch und Englisch verständigte, während Alma konsequent Deutsch sprach. Richtige Bergwanderungen machte das Ehepaar nicht; nach einem längeren Spaziergang sei Singer stets schnell in sein Zimmer zurückgegangen, um zu schreiben. Dort hat er sich mit europäischen Verlegern und Freunden getroffen, darunter seiner deutschen Übersetzerin Ellen Otten, mit der er im Garten Texte durchzugehen pflegte.[224]

Auffallend sei die besondere Sparsamkeit der Singers gewesen, die sich in ihren Bestellungen oder vielmehr im Mangel an solchen äußerte. Fazit von Helen Castelain, der Gattin des Hoteliers: *Sie wirkten wie ganz arme Leute, die trotzdem Ferien machen wollen.*[224a] Also exakt das, was sie 1947, im Jahr ihrer ersten Europareise, wirklich waren.

Singer ist nun der unbestrittene Starautor des ›Forverts‹, bewundert, aber nicht besonders beliebt. Fanny Jacobson, damals Sekretärin der Abonnements-Abteilung: *Er kam zu einem bestimmten Zweck, erledigte ihn und ging dann wieder.*[224b] Zu einer näheren Kontaktaufnahme mit dem administrativen Personal sei es nie gekommen – was er übrigens mit vielen Schriftstellern seiner Generation gemein habe. Die älteren seien deutlich kollegialer gewesen.

Vera Hannenberg, die letzte Sekretärin Abe Cahans: Die Chefredakteure, Simon Weber und dessen Vorgänger und ein, zwei wichtige Mitarbeiter hätten Singer verehrt, aber *die Kollegen empfanden ihn als Mistkerl [son of a bitch]. Sie hassten ihn. Er wurde sehr gelobt. Und gab das Kompliment nie zurück. Wenn jemand wissen wollte, was er von einem Text hielt, war seine Standardantwort: »Nisht geleint« – »nicht gelesen«. Er las keinen der damaligen Autoren des ›Forverts‹, während sie sorgsam alles lasen, was er schrieb, ob sie nun damit einverstanden waren oder nicht.*

Er war apolitisch. Er hatte kein Interesse am ›Forverts‹-Verband – und sie konnten auch nichts mit ihm anfangen. Das waren in der Wolle gefärbte Sozialisten, dogmatisch, eigentlich schon fast doktrinär. Und er war an den politischen Überlegungen im ›Forverts‹ überhaupt nicht interessiert. In keinster Weise.

Er war sehr, sehr sparsam. Man konnte bei allen Geld für wichtige Projekte sammeln, ganz gleich wie wenig sie verdienten, bei ihm nicht. Ich weiß noch, wie man mich beauftragte, das Geld für die ›Gute Sache des Tages‹ einzutreiben, und von ihm bekam ich keinen Cent. Dass ich ihm das nicht besonders hoch anrechnete, war ihm egal. »Kein Interesse«, sagte er immer. Den Juden liegt die Wohltätigkeit sonst im Blut, ich weiß noch, dass in fast jeder jüdischen Familie eine Büchse mit einem Schlitz stand, wo man für Gott weiß was spendete – nicht bei ihm.

Er sprach ein sehr polnisches Jiddisch, »iach« für »ikh« etc. Ich bin ein Litvak [jemand, der Jiddisch mit litauischem Akzent spricht, im Gegensatz zum polnisch-jiddischen Akzent] und daher war das etwas gewöhnungsbedürftig. Ich weiß noch, wie er einmal ein Wort suchte, wobei ich ihm aushalf; er suchte nach »Bademantel eines Mannes«. Da sagte ich »shlafrok«. Er war erstaunt, weil es ihm nicht eingefallen war – und jetzt half ihm ausgerechnet dieses amerikanische Ding. Ich weiß noch, wie mies ich mich fühlte, als er mir daraufhin ein doppeldeutiges Kompliment machte. Weil ich ihm ein Wort vorgeschlagen hatte, das ihm nicht eingefallen war.

Schade, dass Sie ihm nicht begegnet sind. Was immer man von ihm halten mochte, er hatte einen umwerfenden Charme. Samstags wurden jeweils seine Fortsetzungsromane gedruckt, in der wichtigsten Ausgabe der Woche. So kam er jeweils freitags vorbei, um Korrektur zu lesen.

Diese Freitagnachmittage habe ich genossen. Alle versammelten sich. Er hielt Hof und unterhielt jedermann mit seinen Geschichten. Mit Witzen und Anekdoten über seine Erfahrungen im »Varshe Shrayber Farayn«.[225]

Vera Hannenberg war ein »college-educated-girl«, ein fließend Jiddisch schreibendes und sprechendes Mädchen mit einem amerikanischen Hochschulabschluss, was damals im ›Forverts‹ als Besonderheit galt. Sie berichtet, wie intensiv Singer sich um die amerikanisch-englische Sprache bemühte und sie immer wieder nach idiomatischen Ausdrücken und Wendungen befragte. Wobei er verblüffende Fortschritte gemacht habe. Singer ist, wie Tonaufnahmen und zahlreiche Anekdoten bezeugen, seinen dicken osteuropäischen Akzent nie losgeworden. Aber Vera Hannenberg, die mit den Jiddisch sprechenden Autoren der späten Vierzigerjahre zu tun hatte, meint sich zu erinnern, dass sich Singer schließlich ein akzentfreies, perfektes Amerikanisch angeeignet habe. Auch müssen sich schon damals dämonische Legenden um ihn gerankt haben – man traut ihm zu, jeden Tag zur Schärfung seiner Geisteskräfte den Talmud zu studieren, schwere Mathematikprobleme zu lösen und dergleichen mehr. Sein Ruf als Frauenheld war unumstritten. Wobei von ihr wie von anderen weiblichen Zeitzeugen darauf hingewiesen wird, dass Singer jeweils genau wusste, wo ein Abenteuer möglich war und wo nicht.

Er war, offen gesagt, ein ziemlich hässlicher Mann. Ein Rotschopf, der eine Glatze bekam. Größtenteils, wenn ich mich recht erinnere, schon weiß. Und er hatte eigenartige gezackte Zähne, wenn er lächelte. Also, alles in allem war er wirklich kein besonders attraktiver Mann, was sein Liebesleben desto bemerkenswerter macht. Aber er war sehr charmant und blitzgescheit.[226]

Dvorah Telushkin berichtet, wie ein Mann von seiner Frau nach der Begegnung mit dem alten Singer wissen wollte, warum ein derart unansehnlicher Kerl einen solchen Erfolg bei Frauen haben könne. Die Antwort: *»Es ist das Funkeln in seinen Augen, Schatz.«*[227]

Jenseits der Sprachgrenze

Am Samstag, dem 1. Mai 1948, erscheint die letzte Fortsetzung der ›Familie Moschkat‹ – mit einem etwas optimistischeren Schluss als in der späteren Buchausgabe, in der das Kapitel mit der singenden Jugend in Palästina gestrichen ist. Im Buch endet die Familiensaga mit der Feststellung: »Der Tod ist der wahre Messias.«

Es ist das erste Mal, dass ein Werk Singers nicht nur auf Jiddisch, sondern auch auf Englisch und Hebräisch erscheint. In Bezug auf die amerikanische Fassung ist ihm der ältere Bruder noch aus dem Grab heraus beigestanden; denn diesem zu Ehren hat sich Alfred Knopf, dessen Verleger, nach längerem Zögern schließlich zur Herausgabe des Romans entschlossen.

Die Amerikaner empfinden das Buch in der vorliegenden Form als zu lang. Knopfs Lektor Herbert Weinstock lässt Singer, im Ton verbindlich, in der Sache unmissverständlich, wissen: *»... mehrere unserer Lektoratsmitglieder stehen Ihnen jederzeit gerne zur Verfügung, um über die erforderlichen Kürzungen zu reden ...«* Die nicht zur beidseitigen Zufriedenheit erfolgt zu sein scheinen: *»Zu meiner Bestürzung habe ich erfahren, dass Sie zwei Drittel bis drei Viertel der Striche wieder rückgängig gemacht haben ...«*. Alfred Knopf mischt sich ein: *»Ich sehe keinen Grund, warum ›Die Familie Moschkat‹ im Hinblick auf den amerikanischen Leser nicht zu einem deutlich besseren Roman werden kann, als dies zur Zeit der Fall ist. ... Mit freundlichen Grüßen, Ihr Alfred A. Knopf.«* Singer wiederum ist gerne und jederzeit bereit, sämtliche Vorschläge zur Sache anzuhören, jedoch: *»Ich fürchte, zu viel Glätte und Plattheit [slickness] würden der Eigenart des Romans schaden.«*[228] Die »Plattheit« will sich Knopf verbeten haben. Mühsam wird man sich einig.

Eine wichtige Frage steht noch offen: *»Haben wir uns über Ihre Namensform als Autor geeinigt? Sie könnte ›Isaac Singer‹ oder ›Bashevis (Isaac Singer,)‹ lauten, aber ich wäre gegen das mir allzu verwirrend erscheinende ›Isaac Singer Bashevis‹.«*[229]

Die Entscheidung des Autors ist bekannt.

Die 1950 erschienene amerikanische Fassung von ›Familie Moschkat‹ wird ein Achtungserfolg – 1965 spricht Singer in einem Interview von 35 000 verkauften Exemplaren, wobei ein guter Teil des Erlöses an den Übersetzer des langen Romans geht; der Reingewinn habe an die 2000 Dollar betragen, für den großen Zeitraum nicht besonders viel.

Singer beschließt, sich einen anderen amerikanischen Verleger zu suchen, was man bei Knopf mit Erleichterung zur Kenntnis genommen haben dürfte. Zunächst. *»Im Rückblick erscheint das als grober verlegerischer Fehler, aber ich konnte ... die glänzende Zukunft des Bruders nicht ahnen.«*[230] Alfred Knopf ca. 1978 zum Singer-Biografen Paul Kresh.

Die beim jiddischen Publikum beliebte ›Familie Moschkat‹ wird in der populären »Forward Hour« der jiddischen Radiostation WEVD mit großem Aufwand dramatisiert (bedeutende Schauspieler, und, in der Zeit vor der Tonkonserve, volles Orchester). Die Skripten schreibt Singer selbst, in enger Zusammenarbeit mit den Radioleuten, die ihn mögen; als ein Schauspieler aus beruflichen Gründen einen zusätzlichen Auftritt braucht, arbeitet er die entsprechenden Episoden umgehend um. Er bleibt dem Sender auch mit späteren Arbeiten verbunden.

Zeitgleich erscheint im ›Forverts‹ einer seiner vielen bis heute nicht übersetzten Romane, ›Der feter fun Amerike‹ (Der Onkel aus Amerika), den er 1952 abschließt. Darauf ›Das Landgut‹ und ›Das Erbe‹, ein zweiteiliger Roman, der die polnisch-jüdische Geschichte von 1863–1900 beschreibt.

Wieder die klassische Eröffnung, armer Jeschiwa-Student, gut situiertes Mädchen – nur, dass der Jeschiwa-Student diesmal die reiche Tochter bekommt, die alles daran setzt, ihm die Traumausbildung zum Mediziner zu ermöglichen. Um mit den veränderten, »assimilierten« Bedingungen als Arztfrau nicht zurechtzukommen und an der Kälte und Untreue ihres Mannes zugrunde zu gehen. Der Held bereut am Schluss des Romans bei einem Wunderrabbiner, dessen Karriere der Erfüllung des Lebenstraums von Singers jüngerem Bruder gleichkommt, und der ihm, dem assimilierten, an sich selbst verzweifelnden Juden nur eine einzige Buße auferlegt:

»Tu nichts Böses.«

»Ist das alles?«

»Es ist viel.«[231]

Und während er an den Romanen arbeitet und sein journalistisches Tagespensum erledigt, schiebt Singer immer wieder eine seiner vielen Geschichten dazwischen. 1953 erscheint ›Gimpel, der Narr‹. Über einen Gimpel, den alle immer nur zum Besten halten – die Mitschüler, Erwachsene, Kollegen und die eigene Frau. Die ihm vor ihrem Tode gesteht, dass keines seiner Kinder von ihm ist.

»Wessen Kinder sind es denn?«, fragte ich.

»Das ahne ich nicht«, sagte sie. »Da waren so viele ...«

Und stirbt.

Ich glaubte sie, tot wie sie war, noch sagen zu hören: »Ich habe Gimpel betrogen. Das war der Sinn meines kurzen Lebens.« [232]

Gimpel, der zum wohlhabenden Stadtbäcker aufrückt, wird zuletzt selber vom Bösen versucht: Er solle sich rächen, indem er in den Teig pinkelt, aus dem er das Brot für die ihn piesackenden Einwohner bäckt. Erst will er nicht, dann tut er's doch. Und schläft erschöpft am Ofen ein – worauf ihm die verstorbene Frau im Traum erscheint. *»Du Narr«, erwiderte sie. »Du Narr! Weil ich falsch zu dir war – ist deshalb auch alles andere falsch?«* Sie habe letztlich nur sich selbst betrogen und müsse nun für alle ihre Sünden büßen. *Ich spürte, dass alles jetzt in der Schwebe war. Ein einziger falscher Schritt, und ich hatte das ewige Leben verwirkt. Aber Gott kam mir zu Hilfe.*[233] Gimpel vergräbt die Brote im hart gefrorenen Winterboden, teilt sein Vermögen unter den Kindern auf und macht sich auf den Weg, um zu einem wandernden Geschichtenerzähler zu werden.

Gimpel ist die Gestalt, mit der sich Isaac Bashevis Singer trotz seines völlig andersartigen Umgangs mit der Welt gerne verglichen hat. Er hat später eine weitere Karriere als Vortragsreisender, als »Lecturer«, vor einem amerikanischen Publikum gemacht. Das ihm während seiner Vorträge die »Gimpel«-Persönlichkeit abgenommen hat, die er in seinem tagtäglichen Leben, von dem hier berichtet wird, ebenso wenig umsetzen konnte oder wollte wie irgendeiner seiner Zuschauer oder Leser, der nicht geradezu als frommer Bettler zu leben bereit war. Aber für die ein, zwei Stunden, wo er vor seinen Zuhörern stand, hat der Eindruck gehalten. Jedenfalls bis Singer beim Beantworten der Publikumsfragen seinen scharfen Witz spielen ließ.

Dorothea Straus: *Er war wunderbar, was das Beantworten von Zuschauerfragen anging. Er hätte Schauspieler sein können. Ich weiß nicht, wieso er hierzulande derart missverstanden wurde, aber er erschien den meisten Menschen – auch mir, zu Anfang – als eine Art »gutes Wichtelmännchen« [good sprite]. Als eine Art »netter Opa« [bon papa], was er nicht war.*[234]

Ein Eindruck, den Singer als ausgebuffter Showman gelegentlich durch gewisse Kniffe – etwa, indem er des Öfteren die Blätter seines Vortrags aus der Hand fallen ließ – verstärkt hat.[235] Doch letztlich hat das Publikum so Unrecht nicht gehabt. Irgendwo in diesem schwierigen, eigenwilligen und hochproduktiven Künstler war »Gimpel der Narr« zu finden. Denn er und kein anderer hat ihn sich ausgedacht.

Singer hat wenig erfreut über die amerikanischen Juden geschrieben, die die Sprache ihrer Großeltern gar nicht oder nur noch beschränkt sprechen können. Einer dieser Enkel ist Eliezer Greenberg, der mit Irving Howe eine ›Anthologie jiddischer Geschichten‹ für die Viking Press herausgibt. Er ist in der Lage, ›Gimpel‹ im Original zu lesen. Literat genug, um zu wissen, worauf er da gestoßen ist. Und so begeistert, dass er sich für die amerikanische Fassung nur mit einem der ganz großen Talente zufrieden gibt, dem damals 38-jährigen Saul Bellow, der nicht nur ein großartiges Amerikanisch schreibt, sondern auch ein ganz vorzügliches Jiddisch spricht. Dem er die Geschichte, auf Jiddisch, in die Maschine diktiert – was zu einem derart überzeugenden Ergebnis führt, dass sie umgehend in der Maiausgabe 1953 der prestigereichen ›Partisan Review‹ abgedruckt wird.

Und damit ist Singer endgültig jenseits der Sprachgrenze im amerikanisch-intellektuellen Bewusstsein angekommen, als der große Geschichtenerzähler und Belletrist, als der er sich bis ins hohe Alter erweisen wird.

Er findet einen neuen Verleger, Cecil Hemley, der einen kleinen Verlag, die Noonday Press, betreibt und begeistert einspringt, als er hört, dass der Verfasser von ›Gimpel‹ eine neue verlegerische Heimat sucht. Und der, von Haus aus Dichter, alles tut, um 1955 als Mitübersetzer und Redakteur die anerkannt vorzügliche englische Ausgabe von ›Satan in Goraj‹, Singers erstem Roman, zustande zu bringen.

1957 veröffentlicht Hemley ›Gimpel der Narr und andere Erzählungen‹. Die schönste Kritik verfasst ein Sohn deutschstämmiger Einwanderer, der, wie Singer, den vom inneren Erlebnis getriebenen Schwung seiner Prosa bei Hamsun erlernt hat und, wie Singer, lange Jahre für einen kleinen Kreis oder gar für die Schublade schrieb – der »Troubadour des Sexus«, der damals schon über sechzig Jahre alte Henry Miller: *Die wunderbare, wunderbare Welt, die schreckliche und schöne Welt von ISAAC BASHEVIS SINGER, gesegneten Namens! ... Ein Autor, der einen zum Wahnsinn treiben kann, wenn man ein Ohr für die verborgene Melodie, die Bedeutung hinter der Bedeutung hat ... der nichts und niemanden fürchtet ...*[236] Miller ging so weit, in einer Fernsehdiskussion mit Norman Mailer Isaac Bashevis Singer als »größeren Autor als wir beide« zu bezeichnen. Und der junge Literaturstar, Verfasser des Bestsellers ›Die Nackten und die Toten‹, stimmte zu.[237]

Erste, vergleichsweise lukrative Abdrucke von Singers Geschichten erscheinen in kleineren und größeren amerikanischen Magazinen. Später wird es kaum eine große amerikanische Zeitschrift geben, die seine Geschichten nicht abdruckt – vom ›Playboy‹ über ›Esquire‹, von ›Harper's‹ bis zum prestigereichen ›New Yorker‹, der sich schließlich das Erstabdrucksrecht seiner Geschichten sichert. Singer stellt aus ›Forverts‹-Beiträgen einen jiddischen Erinnerungsband zusammen, der später als ›Mein Vater, der Rabbi‹ zum Weltbestseller werden wird. Singer bezeichnet das sichere ›Forverts‹-Gehalt noch lange als Haupteinkunftsquelle und ist eingestandenermaßen weiterhin vom Verdienst seiner Frau abhängig. Aber als Hemley, bei dem das Geschäftsinteresse weit hinter seiner literarischen Leidenschaft zurücksteht, in einen finanziellen Engpass gerät, kann er seinem Verleger ohne weiteres mit fünfhundert Dollar aushelfen.

Das doppelte Original

Singers Arbeitswut und Arbeitsfreude sind nun schon legendär. Dorothea Straus: *Fast magisch. Er war wie ein Geysir*[238]. Während er sich um seine Übersetzungen kümmert, erledigt er die täglichen Forderungen des ›Forverts‹, schreibt Geschichten und denkt sich neue Großprojekte aus. Er selber hat wiederholt erklärt, Schriftsteller würden »die Peitsche« des Auftragsdrucks brauchen. Israel Zamir: *»Ein Autor«, pflegte mein Vater oft zu sagen, »ist wie ein Jeschiwa-Student, er muss Zeiten für die Tora festlegen. ... Ein Autor ist wie ein Pferd; er muss die ganze Zeit gepeitscht werden. Er braucht knappe Fristen, die ihn zwingen, sein Material rechtzeitig vorzulegen.«*[239]

Den eigenen Ansprüchen gerecht geworden ist er nie. *Jeden Tag wache ich auf und nehme mir vor, mich an einen Stundenplan zu halten. Ich bin fest überzeugt, dass ich Gott weiß was erreichen kann, wenn es mir gelingt, diesen einzuhalten. Und jeden Tag breche ich meinen Vorsatz erneut.*[240] Als sein zweites großes Talent neben dem Schreiben bezeichnet Singer das zur »Zeitverschwendung«. *Ich würde sagen, dass Zeitvergeuden meine zweitgrößte Leidenschaft und die Reue über diese Zeitvergeudung mein drittgrößtes Leiden ist. In meinen Augen beweist diese Reue aber, dass ich wirklich an die Entscheidungsfreiheit glaube.*[241]

Die anderen nehmen jedoch – wie Jorge Luis Borges so elegant formuliert – nicht das wahr, was einer in seinen eigenen Augen eigentlich leisten könnte, sondern das, was er tatsächlich leistet. Dorothea Straus: *Für ihn war das Schreiben etwas ganz Selbstverständliches. Andere Autoren, gute Autoren, die ich kenne, quälen sich und schreiben um, und er kam einfach und schrieb. Das Schöpferische schien mit seinem Wesen verwachsen. Die anderen sind zu Autoren geworden. Sie arbeiten daran. Das tat er nicht.*[242]

Simon Weber, der Nachfolger Abe Cahans und Singers persönlicher Freund: *Bashevis war ständig am Schreiben, normalerweise auf linierten Schreibblöcken. Er konnte überall sitzen und schreiben. Im Auto, in einem Zimmer voller Leute – überall.* Bei einem gemeinsamen Ausflug auf eine Insel will er Singer am zweiten Tag Unterlagen für einen Artikel besorgen. *»Was redest du denn?«, antwortete er. »Den hab ich nicht nur geschrieben, den hab ich bereits abgeschickt.«*[243]

Elisabeth Shub, die Schwägerin von Singers erster Englischlehrerin Mona Shub, die den Autor von Kindsbeinen an gekannt und später als Lektorin und Übersetzerin mit ihm zusammengearbeitet hat, berichtet von einer Einladung, bei der Singer mitten im schönsten

Feiern ein Auftrag für den ›Forverts‹ einfiel. Er bittet, sich kurz zurückziehen zu dürfen. *Nach weniger als fünfzehn Minuten tauchte Isaac aus dem Arbeitszimmer wieder auf. »Na, wirst du den Artikel schreiben?« ... »Wenn du einen Umschlag und eine Briefmarke hast«, antwortete er, »kann ich ihn gleich in den Hausbriefkasten werfen.«*[244]

Dorotea Bromberg, seine schwedische Verlegerin, die seit 1978 mit Singer befreundet ist: *Glücklich war er nur, wenn er schrieb. Als er älter wurde, schlugen Alma und ich ihm vor, gelegentlich einen Tag freizunehmen und sich auszuruhen: »Warum soll ich mich von etwas fern halten, das ich lieber tue als alles andere?«*[245]

Israel Zamir, Singers Sohn, hat den Vater bei der Arbeit beobachtet: *Mein Vater pflegte um sieben Uhr früh aufzuwachen und weitere zwei Stunden im Bett liegen zu bleiben, wobei er – wie ich herausfand – über die Geschichte nachdachte, an der er gerade arbeitete. Auf seinem Nachttisch lagen Notizbücher, die er ständig mit Ideen, Begriffen, Synonymen und allem füllte, was er für seine Geschichten brauchte. Oft konnte ich sehen, wie er seine Augen schloss, während er sich bemühte, das richtige Wort oder eine bestimmte Wendung zu finden; wenn sich ein Lächeln über sein Gesicht breitete, wusste ich, dass er die Lösung des Problems gefunden hatte. Nach diesen zwei Stunden der Konzentration war die Geschichte in allen Einzelheiten durchstrukturiert und verwebt.*

... Wenn er sicher war, dass alles stimmte, rannte er ins Badezimmer und legte sich für eine halbe Stunde in die Wanne, immer noch tief in Gedanken und, wie ich vermute, im Begriff, den Schaffensprozess zu vollenden. Danach rannte er in seinem grauen Bademantel in die Küche, um ein hastiges Frühstück zu sich zu nehmen. Besessen von seiner Geschichte und begierig, sie auf Papier zu bringen, holte er sich seinen Stuhl, setzte sich, und schrieb Seite um Seite, ohne innezuhalten. Ich konnte sehen, wie sein Gesicht die Gefühle seiner Helden widerspiegelte: Wie er sich mit ihnen freute, amüsiert ihre witzigen Antworten zur Kenntnis nahm und Augenblicke später Qualen litt, wenn sie ins Unglück gerieten. Alle paar Minuten schien das Telefon zu klingeln. Normalerweise Fans aus Brooklyn oder der Bronx, die mit ihm über seine letzte Geschichte im ›Forverts‹ sprechen wollten. Bald pflegten sie ihm von ihren eigenen Sorgen zu erzählen, und mein Vater schüttelte den Kopf und murmelte etwas auf Jiddisch. Sobald er aufgelegt hatte,

rannte er zurück zu seinem Stuhl und schrieb weiter, als ob er nie unterbrochen worden wäre.

... Nachmittags hörte er gewöhnlich mit dem Schreiben auf. Am meisten überraschte mich, dass er das Geschriebene nie durchlas; er überprüfte bloß die Seitenzahlen. Er steckte das Manuskript in einen frankierten Briefumschlag und schickte es an seinen amerikanischen Übersetzer.

»Wie kommt es, dass du deine Sachen nie durchliest?«, fragte ich. »Schreibst du so vollendet, dass es keine Fehler oder Wiederholungen gibt? Keine überflüssigen Sätze?«

»Ich bekomme das Material in der englischen Übersetzung zurück, und dann werde ich jeden Satz polieren.«[246]

Und in der Tat finden sich in dem postum veröffentlichten Roman ›Das Visum‹ kleine Anschlussfehler, die Lektorat und Übersetzung respektvoll stehen ließen; die schöne »Uhrmacherstochter« des Anfangs wird unvermittelt zur schönen »Schuhmacherstochter«, ein Milchladenbesitzer bekommt einen anderen Namen und dergleichen mehr.

Bereits bei seinem ersten auf Amerikanisch erschienenen Roman, der ›Familie Moschkat‹, hatte Singer selber als Übersetzer einspringen müssen. Der Übersetzer war vor Abschluss der Arbeit gestorben, worauf Singer die englischsprachige Fassung der letzten Kapitel in Zusammenarbeit mit dessen Tochter, der nicht-jiddischsprachigen Nancy Gross, erstellt hatte. Was ihn vom Ergebnis her so weit überzeugte, dass er mit ihr auch bei einer seiner in ›Gimpel der Narr und andere Erzählungen‹ veröffentlichten Geschichten zusammenarbeitete (›Tagebuch eines Ungeborenen‹).

Vera Hannenberg, die ehemalige Chefsekretärin vom ›Forverts‹, die zu Anfang seiner Laufbahn für ihn aus dem Jiddischen übersetzte und ihre englische Fassung mit Singer durchging: *Er verfügte über ausgezeichnete Englischkenntnisse. Er hatte einen hervorragenden Sprachsinn und einen ausgezeichneten Instinkt. Ich weiß noch, wie wir uns anlässlich einer Übersetzung über die Wortwahl unterhielten, und sein Urteil war sehr, sehr gut. Ich meine, er war ein echt »scharfer Hund« [a real »sharpie«].*[247]

Bald entwickelt Singer eine eigene Übersetzungstechnik: Er

nimmt sich den – meist als Zeitungsdruck vorliegenden – jiddischen Text vor, die Übersetzerin (fast immer sind es Frauen) setzt sich ihm gegenüber, und dann übersetzt er die Geschichte Satz um Satz ins Englische, während die Übersetzerin (die meist nicht Jiddisch kann) mitschreibt.

Dorothea Straus, mit der er seit 1960 zusammenarbeitet: *Sein Akzent war grässlich. Sein Englisch klang nicht besonders gut. Was es aber war – im Hinblick auf sein Schreiben. Da war es perfekt.*

Er hatte ein ganz vorzügliches Ohr. Gelegentlich pflegte er innezuhalten, um mich daran zu erinnern, dass ich ja zum Übersetzen hier war. Dann fragte er etwas wie: »Also, wie heißt das gleich, wenn man im Gesicht rot wird?« – Und dann sagte ich: »Erröten.« – »Ah! Was würde ich ohne dich machen!« – Darin bestand meine Übersetzertätigkeit.

Manchmal, aber sehr selten, fragte er mich nach einem Synonym, und ehe er mich korrigierte, hörte ich nicht, dass mein Synonym eigenartig klang. Wobei ich ihm ein ganz gewöhnliches Wort vorschlug, keine akademischen oder fachlichen Begriffe. Aber es klang falsch, und das spürte er gleich. Und fand dann den richtigen Ausdruck. Er brauchte niemanden. Soweit es die Geschichten betraf, waren wir Übersetzerinnen eher ein Hindernis.

Er zahlte mir ganz kleine, eigenartige Summen – 71 Dollar und 2 Cents. Ich weiß nicht, wie er darauf kam. Er sagte jeweils: »Ich gebe einem reichen Mädchen gerne einen Scheck.« Aber ich hätte gerne ebenso viel oder mehr bezahlt, um ihm zusehen zu dürfen.

Er verfügte über ein absolutes Konzentrationsvermögen. Er übersetzte in meinem Beisein direkt aus dem ›Forverts‹ ins Englische. Es wirkte völlig natürlich. Wobei ich kaum mit dem Schreiben nachkam. Ich brauchte Steno, so schnell war er. Er zögerte nie, er konnte es einfach, blitzschnell. Es war schlichtweg unglaublich. Das musste man wirklich miterlebt haben. Es war beinahe erschreckend.

Man konnte ihn unterbrechen, er beantwortete alle Anrufe, meist von Frauen, wobei er dann zu sagen pflegte: »Aaaah-so, Sie mögen meine Geschichte! Nun, warum schauen Sie nicht mal vorbei? Und erzählen mir davon?« Unter ihnen wählte er dann viele Freundinnen aus. Einige der Anruferinnen mögen Übersetzerinnen gewesen sein, aber ich denke eher wenige.

Ich hatte immer das Gefühl, es sei ein Privileg, neben dieser Person sitzen zu dürfen, die sich so sehr von allen Menschen unterschied, denen ich je begegnet bin – ob Jude oder Christ.[248]

Der Autor und Literaturpädagoge Lester Goran, mit dem Singer von 1978 an Übersetzungen erarbeitet hat: *Es war eher eine bessere Sekretärsarbeit als eine literarische Aufgabe. Er las dem »Übersetzer« auf Englisch vor, indem er sein Jiddisch in einer Sprache wiedergab, die der Zuhörer verstehen konnte, wobei der Übersetzer den Text in grammatisch korrekter oder allenfalls idiomatischer Form niederschrieb.*[249]

Dvorah Telushkin, seiner Sekretärin, die ebenfalls für ihn übersetzt hat – teilweise mit ihm, später, als sie Jiddisch konnte, auch selbstständig – fiel auf, dass er bestrebt war, vom ethnisch gebundenen Ausdruck weg und ins Allgemeingültige zu gelangen.

Singer, der als junger Autor sehr viel aus Übersetzungen übersetzt hat, hat die amerikanische Fassung zur Grundlage aller weiteren Übersetzungen bestimmt. *Eine Geschichte, die später übersetzt werden soll, muss hundertfünfzigprozentig stimmen, da sie in der Übersetzung fünfzig Prozent ihrer Kraft verliert.*[250] Er hat in seinen eigenen Übersetzungen zu komplizierte Läufe vereinfacht, spannende, aber schwierig zu übertragende Bilder gestrichen, zarte Nuancen nicht mit hinübergebracht.

Im der vom jungen Singer verfassten Geschichte vom ›Golem‹ heißt es etwa: *Er hot aroisgerisn di tir fun a yatke in angeshlingen gantse zatn ro flaysh mit die bayner.* (Er hat die Türe von einem Metzgerladen herausgerissen und ganze Hälften [Seiten] rohes Fleisch mitsamt den Knochen verschlungen.) In der vom alten Meister erarbeiteten amerikanischen Fassung: *He tried to eat all the meat in the butcher shop.* (Er versuchte alles Fleisch einer Metzgerei zu essen.)[251]

Doch hat sich Singer mit dieser einfacheren Fassung so weit identifiziert, dass er sie als sein »zweites Original« bezeichnet hat. Er hat die jiddische Fassung seiner Romane mithilfe verschiedener Lektoren – dem Verleger Cecil Hemley, der Star-Redakteurin vom ›New Yorker‹, Rachel MacKenzie – auch dramaturgisch, im Hinblick auf den Handlungsablauf, für die amerikanisch-internationale Variante überarbeitet.

Dies hat zu einer anhaltenden Kontroverse zwischen angelsächsischen und jiddischen Singer-Kennern geführt, wo nun der eigentliche, wahre Singer zu finden sei. In der sprachlich fein abgestuften jiddischen Fassung mit ihren nuancierten Ausdrucksformen, perlenden Sätzen, ausgefeilten Metaphern und gelegentlichen Anschlussfehlern, Weitschweifigkeiten und Wiederholungen, oder der amerikanischen, mit ihrer vereinfachten Sprache und, je nach Standpunkt, dramaturgisch hochpräzise gefügten oder gröblich zusammengestrichenen Handlung? Zwei Musen, die jiddische und die amerikanische, von denen jede sein Handgelenk umklammert hält und ihn erbittert in ihre Richtung zieht und ganz und ausschließlich für sich haben möchte – eine für Isaac Bashevis Singer nachgerade nicht ungewohnte Lage. Wie er in etwas blasphemischer Abwandlung des Talmudworts gesagt hat, demzufolge man mit dem Licht der Tora viele Lampen anzünden kann, fühlte er sich befähigt, mit seiner Flamme mehrere Kerzen anzustecken[252] – gewiss nicht nur als Liebhaber, sondern auch als Belletrist.

Ego

Was man dem allmählich zur Anerkennung gelangenden Autor Singer schon bald und später immer wieder vorwirft, ist eine Unwilligkeit oder Unfähigkeit, den Beitrag anderer zu seiner großen eigenen Leistung anzuerkennen.

Cecil Hemley reagiert enttäuscht und verletzt, als ihn Singer kurz nach Erscheinen der amerikanischen Fassung von ›Satan in Goraj‹, in einem TV-Interview auf die Qualität der Übersetzung angesprochen, nicht einmal erwähnt.[253] Was Hemley seinem Autor nie gesagt hat. (Wir wissen es von Paul Kresh, der die Witwe befragte.)

Als sich Saul Bellow – in bestem Jiddisch – bei Singer erkundigt, warum er denn, nach dem gemeinsamen Erfolg von ›Gimpel, der Narr‹ nichts mehr zum Übersetzen bekomme, meint dieser: *»Weil man dann vor lauter Bellow keinen Singer mehr wahrnimmt.«*[254]

Klaus Wassermann erzählt von vielen Schachpartien zwischen ihm und Singer, die – beide hätten sie engagiert, aber nicht hochklassig gespielt – nach längerem Hin und Her immer wieder durch einen tückischen Läuferzug von Singer entschieden wurden, der

Wassermanns ungeschützt stehenden Turm abgeräumt und schließlich die Partie gewonnen habe. Irgendwann habe er sich dann gründlich vorbereitet und genau aufgepasst. Und Singer in eine Falle gelockt, aus der sich dieser, wie er Singer gleich sagte, nicht mehr würde befreien können. Auch einem Patt habe er vorgebeugt. Aber Singer habe sich nicht geschlagen geben wollen, immer weitergemacht, das Zimmer verlassen, ihm werde schon was einfallen. Klaus solle nur abwarten. Bis Alma gekommen und er nach Hause gegangen sei. Um früh am nächsten Morgen einen Anruf der Mutter zu erhalten, dass Singer die Partie verloren gebe. Danach hätten sie nie mehr gegeneinander gespielt.

Rachel MacKenzie vom ›New Yorker‹ hat mit Singer seit 1967 zusammengearbeitet, und er hat sie auf eigene Kosten zur Erstellung der amerikanischen Fassung mehrerer Romane engagiert – zuletzt bei ›Schoscha‹. 1979 wird Rachel MacKenzie so krank, dass sie aufhören muss. Sie hat am Fernsehen einen amerikaweit ausgestrahlten Auftritt des frisch gebackenen Nobelpreisträgers Singer in der Dick-Cavett-Show erlebt: »*Was meine Geschichten angeht, diktiere ich die Übersetzung oft jemandem, der gut Englisch kann. Meine Romane werden für mich übersetzt. Aber das Lektorat besorge ich ganz allein.*«[255]

Im gleichen Brief, in dem sie ihm ihren krankheitsbedingten Abschied vom ›New Yorker‹ mitteilt, lässt sie ihn wissen: *Nachdem ich gehört habe, wie du am Abend Dick Cavett gesagt hast, dass du das englische Lektorat ganz alleine besorgst, scheinst du auch ohne mich sicher und gut zurechtzukommen . . .*[256]

Sie wird danach wiederholt von Dvorah Telushkin, der Sekretärin und Vertrauten, besucht. Mit der sie sich über einen Artikel unterhält, der anlässlich einer jiddischen Fachkonferenz darüber berichtet, dass Singer einen Übersetzer nicht erwähnt habe. *Rachel platzte heraus: »Oh, das Ego dieses Mannes!«*

Während sie ihren Kopf neigte, schaute sie zu mir herüber und ihr Blick schien sich zu verdüstern. Als sie sich abwandte, verhärtete sich ihr Gesicht zur Maske. »Weißt du, er hat den Übersetzern nie genug Dank eingeräumt.«

Ich war überrascht, erschüttert. Ihre Worte trafen mich. Ich hatte von Rachel niemals die geringste herabsetzende Bemerkung über Isaac gehört.

»Dieses eitle Getue hat mich enttäuscht«, versuchte sie fortzufahren, aber als sie meine perplexe Reaktion sah, wechselte sie den Ton. Ihr Gesicht war bleich geworden wie das eines Mimen und sie sagte mit übertrieben fröhlich aufgerissenen Augen: »Oh, er war immer ein so guter Freund, mir seit langem lieb und teuer, und so großzügig, musst du wissen.«[257]

Anlässlich der Verleihung des Literatur-Nobelpreises berichtet der Korrespondent der ›New York Times‹, John Vinocur, den amerikanischen Lesern aus Stockholm: *In einem Interview vor der »Nobel-Lecture« wies [Singer] einen Besucher darauf hin, dass er seinen Vortrag einfach, schnell und verständlich gestalten wolle ... Indem er sich auf Saul Bellow, den Preisträger von 1976, bezog, sagte der Preisträger von 1978: »Ich hörte, dass Bellow 45 Minuten lang gesprochen und niemand ihn verstanden hat.«*[258]

Bellow schreibt Singer einen Protestbrief, den der von seiner Sekretärin beantworten lässt. Saul Bellow: *Singer isst vielleicht nur noch Grünzeug, aber er trinkt nach wie vor Menschenblut.*[259]

Der Sohn

1955 kommt Singers Sohn Israel Zamir aus Israel nach New York, um seinen Vater zu besuchen. Er ist fünfundzwanzig, der Vater jenseits der Fünfzig. Sie haben sich zwanzig Jahre nicht gesehen. Singer hat bereits zwei Romane in hebräischer Übersetzung veröffentlicht – ›Familie Moschkat‹ und ›Satan in Goraj‹ – und dem Sohn mit dem Geld, das er aus dem jungen Staat nicht ausführen kann, eine Schiffskarte spendiert.

Singers Sohn hat keine leichte Jugend hinter sich. Nachdem er und seine Mutter endlich in Palästina hatten einreisen dürfen, wird er von der frommen Großmutter in eine orthodoxe Schule gesteckt – und das, ohne ein Wort Hebräisch zu können und ohne jede Beziehung zum religiösen Judentum. Der Halbwüchsige wird renitent, was ihm der zuständige Lehrer handfest auszutreiben versucht – ohne Erfolg. 1946 heiratet die Mutter einen Geschäftsmann aus Haifa und bekommt nochmals ein Kind. Während der eigene Vater allenfalls brieflich, in einem für den Sohn eigenartigen Hebräisch in

Erscheinung tritt. Aus dieser nicht sehr vorteilhaften Ausgangslage heraus wird er ein respektierter Angehöriger der linken Kibbuz-Gemeinschaft »Beit Alfa« bei Haifa, und hat als solcher am Unabhängigkeitskrieg teilgenommen. Nun ist er fünfundzwanzig und würde, nach zwanzig Jahren, gerne einmal den Vater wieder sehen. Und, wenn es sich machen lässt, ein bisschen Amerika kennen lernen.

Isaac Bashevis Singer hat die eigenen ambivalenten Gefühle in einer Geschichte ›Der Sohn‹ festgehalten: *Er passte nicht in mein jetziges Zuhause und zu keinem meiner Bekannten. Ich hatte keinen Platz für ihn, kein Bett, kein Geld, keine Zeit.*[260] Sein erster Eindruck vom Sohn ist zwiespältig: *Er wies die Schäbigkeit und Vernachlässigung eines unbehausten jungen Mannes auf, der sich jahrelang an eigenartigen Orten aufgehalten und viel durchgemacht hat und vor seiner Zeit alt geworden ist.*[261]

Sie nehmen ein Taxi und fahren, auf ausdrückliche Anweisung Singers, über den Broadway und die Fifth Avenue. *Ich war noch nie so stolz auf die Wolkenkratzer und die Lichter des Broadway wie an diesem Abend.*[262] Und dann, nach einer wunderbaren Pointe – der Vater ist unvermittelt in der Lage, die Gedanken des Sohnes zu erraten –, bricht die Geschichte ab.

Im Leben fängt sie jetzt erst an. Der Vater hat in seiner Zweizimmerwohnung tatsächlich keinen (oder kaum) Platz für ihn, von Zeit gar nicht zu reden. Und, wie der Sohn verblüfft feststellt, scheinbar kein Geld. Denn nach ein, zwei gemeinsamen Ausflügen überlässt der Vater den Gast sich selbst, ohne ihn mit irgendwelchen Mitteln zu versehen. Israel Zamir ist als Enkel Pinchos Menachems in der Lage, das eigenwillige Verhalten des Vaters als »Prüfung« zu begreifen. Die er besteht, indem er sich, nach einigen Tagen ohne Mittagessen, bei der amerikanischen Filiale seiner politischen Organisation Arbeit besorgt, zuerst als Sprachlehrer, dann als Lastwagenfahrer. Womit er fünf Zwanzig-Dollarscheine vorweisen kann, als ihm der Vater endlich einen Dollarschein aufdrängen will.

»Wo hast du so viel Geld her?«, fragte er. »Hast du eine Bank überfallen?«

»Ich bin Lastwagenfahrer.«

»Lastwagenfahrer? Alma, komm schnell. Schau dir Gigi an, meinen

Sohn. Ein Lastwagenfahrer. Er ist gerade in Amerika angekommen und hat sich schon durchgesetzt. Das hat er fertig gebracht! Er ist in Ordnung!« Er wurde ganz aufgeregt. Ich konnte erkennen, dass er, zum ersten Mal, stolz auf seinen Sohn war.[263]

Von da an kommen die beiden miteinander aus. Die besondere Distanzbedürftigkeit des Vaters bleibt und nimmt mit den Jahren noch zu. Es gibt nachhaltige politische Meinungsverschiedenheiten, die Alma in der Anfangszeit immer wieder zum vermittelnden Eingreifen nötigen – der 25-Jährige ist ein strammer Linker, der Vater, wie bekannt, nicht. Doch Vater und Sohn finden über die Literatur zusammen. Zum einen, indem sie sich über die vom Vater geschaffenen Gestalten und Figuren unterhalten, zum anderen, indem sich der Sohn dem Vater als kostenloser Übersetzer seiner Werke ins Hebräische zur Verfügung stellt. Wofür der Vater nach Abschluss jeder Übersetzung die Flug- und Hotelkosten übernimmt, damit der Sohn gemeinsam mit ihm den Text durchgehen kann. Der Sohn macht eine journalistische Karriere, wird stellvertretender Chefredakteur der Tageszeitung der linken Kibbuz-Bewegung ›Al-Hamishmar‹ (Motto: »Zionismus, Sozialismus und Internationale Solidarität«) und Chefredakteur mehrerer von dieser herausgegebenen Magazine, und bleibt im Übrigen Mitglied seines Kibbuz. Er ist glücklich verheiratet und hat vier Kinder. Die Beziehung wird stets heikel bleiben und dem Sohn einiges abverlangen: Singer lehnt es hartnäckig ab, sich den vier Enkeln – von denen er in seinen Vorlesungen gerne erzählt – einen Nachmittag lang bei ihnen Zuhause als Großvater zur Verfügung zu stellen: *»Ich bin kein Familienmensch.«* Er gönnt Israel Zamirs erstem Geschichtenband, den ihm dieser in New York stolz übergibt, kaum einen Blick: *»Warum übersetzt du nicht meine Bücher statt eigene zu schreiben?«*[264]

Israel Zamir: *Schauen Sie, mir war von Anfang an klar: Entweder habe ich einen Vater, der nicht bereit ist, seine Mittel mit mir zu teilen, oder ich habe keinen Vater. Mir war klar: Der Mann ist so. Auf meine Weise bin ich in seine Fußstapfen getreten. Ich habe Romane, Kurzgeschichtensammlungen, Drehbücher und soeben ein Theaterstück – nach einer Geschichte meines Vaters – verfasst, bin 31 Jahre lang Journalist und Redakteur gewesen. Ich hatte mein ganzes Leben kein Problem damit – keine Zeit, dem nachzutrauern, was ich von meinem*

Vater hätte bekommen können. Ich habe gearbeitet, meinen Lebensunterhalt verdient und bin ein glücklicher Mensch. Ich lebe nicht im Schatten meines Vaters.[265]

Israel Zamir hat zuletzt, als areligiöser Israeli, der sich das notwendige Käppchen erst borgen muss, für seinen Vater, den nicht mehr religiösen Ex-Chassid, die traditionell wichtigste Sohnespflicht erfüllt, indem er an dessen Grab das »Kaddisch« gesprochen hat, das Preisgebet, mit dem der Trauernde zeigt, dass ihn der Verstorbene zu einem Menschen erzogen hat, der im Schmerz zu einem Lob Gottes fähig ist, das heißt: zu einem Juden.

Die Frau im Schatten

Mascha ... hatte dunkles Haar mit einem rötlichen Schimmer. Herman sagte gern, es sei aus Feuer und Pech. ... Ihr Gesicht drückte die Stärke jener Menschen aus, die Todesgefahren überlebt haben.[266]

Die Frau, die Singer »Mascha« nennt, hieß, soweit sie ihrem literarischen Ebenbild entsprach, Doba oder Dobe Gerber. Sie war – hier ist man auf einzelne Sätze angewiesen, die Singer privat zu einer Journalistin geäußert hat, auf eine Bemerkung seines Neffen, den einen und anderen Hinweis von Zeitzeugen und auf Rückschlüsse aus einem Roman – wahrscheinlich über dreißig Jahre seine Geliebte. Sie lebte mit ihrer Mutter, einer frommen Frau, ebenfalls einer Überlebenden des Holocaust, zusammen, die Singer als ihren jüdischen Schwiegersohn behandelte. Wenn die Darstellung in ›Feinde‹ stimmt, teilten sie sich eine bescheidene kleine Wohnung in der Eastside, wo Mascha/Dobe als Kassiererin bei einer Cafeteria arbeitet, in der sich Singer als zahlender Untermieter einquartiert und gelegentlich übernachtet. Dobe erscheint als die Geliebte im klassischen Sinne – immer auf Abruf für ihren verheirateten Freund da, in der steten, vergeblichen Hoffnung, dass er die Ehefrau preisgibt und sich ganz für sie entscheidet. Zeitweise ist sie als seine jiddische Sekretärin tätig. Auf dem einzigen Foto, das wir von den beiden haben, mit Singers Sohn und dessen Kindern in Israel aufgenommen, ist Dobes Haar aus Feuer und Pech bereits ergraut und/oder blondiert.

Das traditionelle jiddisch/jüdische Heim-auf-Zeit ihrer Mutter und Dobes extreme und extrem faszinierende Persönlichkeit dienten Singer bei dem notgedrungen geregelten Leben, das er führen musste, wenn er sein gewaltiges journalistisches und schriftstellerisches Arbeitspensum erledigen wollte, bestimmt als Quelle der Erholung und der Inspiration. Und durch Mutter und Tochter bekam er die für ihn sehr wichtige Verbindung zu dem, was in Europa zwischen 1939 und 1945 geschehen war: *Mascha machte es ihrer Mutter zum Vorwurf, dass sie die toten Opfer so sehr beklagte, aber wenn ihre Mutter still war, fing Mascha an.*[267] Und für Singer wohl ebenso unwiderstehlich wie ihre fantasievolle Sexualität sind die vielen Geschichten, die sie zu erzählen weiß.

Grace Farrell, mit dem Ehepaar Singer seit 1974 befreundet: *Alma hat mich einmal alleine in Connecticut besucht und sich mir wegen Isaacs Frauengeschichten anvertraut. Sie war zutiefst traurig deswegen.*[268]

Mit der Affäre mit Dobe ist Alma ebenso souverän umgegangen wie mit seinen vielen anderen Beziehungen. Bis Dobe ihrem Ziel zu nahe kam. Worauf sich Alma (soweit bekannt, das einzige Mal) zum Eingreifen veranlasst sah.

Israel Zamir: *Im Sommer 1975 wurde mein Vater eingeladen, ein Ehrendoktorat der Hebräischen Universität entgegenzunehmen. Er reiste mit Dobe nach Israel, und sie teilten sich ein Zimmer im Park Hotel von Tel Aviv. Ich weiß noch, wie wir zu dritt im Zimmer saßen und uns unterhielten, als, unvermittelt, unangekündigt, Alma erschien. Mein Vater wurde rot und Dobe erbleichte.*

»Alma, was tust du denn hier«, fragte er, ängstlich und verärgert.

»Ich komme zur Zeremonie«, sagte sie ruhig.

Ich bewunderte Almas Mut. Sie hatte entschieden, dass die Affäre mit Dobe zu weit gegangen war. Als ich während der Zeremonie neben Dobe saß, in einer der oberen Reihen des Amphitheaters auf Mount Scopus, konnte ich sehen, dass Dobe Tränen in den Augen hatte.

»Er hat mich dutzende Male zu heiraten versprochen, und jetzt sitzen die beiden vorne neben den Honoratioren, während du und ich weit weg hier droben hocken.«[269]

Als Dobe sich zu Beginn der Achtzigerjahre endgültig von Singer löst, um nach Israel zu ziehen, wo ihre Mutter im Altersheim wohnt, fordert sie eine angeblich oder tatsächlich versprochene Abfindung. Die er nicht zu zahlen bereit ist. Worauf sie einen Anwalt einschaltet. Worauf er dasselbe tut. Der anstehende Prozess hätte, wie die sachkundige Dorothea Straus, die Verlegersgattin, vermutet, Singers amerikanische Karriere beenden können. Dazu ist es nicht gekommen. Dobe, die Schattenfrau, die mit Singer über dreißig Jahre verbunden war, hat auf das Geld verzichtet und ihren Anwalt entlassen.[270]

Der Zauberer von der West 86th Street

Zurück ins Jahr 1955. Singer ist nun endgültig in Amerika angekommen. Jenseits der Fünfzig verdient er zum ersten Mal so viel, dass er gut davon leben kann. Während Alma – sie führen streng getrennte Kassen – nach 15 mageren bis sehr schlanken Jahren allmählich anfangen kann, den gutbürgerlichen Haushalt aufzubauen – mit Kristallgläsern, für die sie oft einen Monat lang arbeitet, mit Läufern, Persern, Chinateppichen, Brücken und den gediegenen Polstermöbeln –, den sie aus ihrer Jugend gewohnt ist. Auf einem Bild aus diesem Jahr, in der Nähe ihrer (seit 1943 bezogenen) Zweizimmerwohnung am Central Park West, meint man ihr den Stolz auf die elegante Pelzjacke, die neu wirkende Handtasche und ihren erfolgreichen Mann anzusehen.

1957/58 erscheint im ›Forverts‹ Singers amerikanischer Gegenwartsroman ›Schatten über dem Hudson‹ über Eingewanderte in New York, »Schatten« wie er, Überlebende aus Europa, teils vor, teils nach der europäischen Katastrophe angekommen, die, in direkter wie übertragener Hinsicht, in Amerika ihr Glück suchen, und es, wie so oft in seinen Geschichten, nicht oder nur sehr bedingt finden. Hier beschreibt Singer zum ersten Mal, wie ein Held nach schweren inneren und äußeren Kämpfen – bereits die gesetzestreue Einhaltung eines einzigen Sabbats erweist sich als Qual – wieder in die Orthodoxie seiner Kindheit zurückfindet, weitab von der Familie, der Geliebten und der Ehefrau.

1960 erscheint die englische Fassung seines nächsten Romans – ›Der kuntsnmakher fun Lublin‹ (Der Zauberer von Lublin). Die erste

Übersetzungsarbeit des Neffen Joseph Singer, des Sohns von Israel Joshua. (In Zusammenarbeit mit Elaine Gottlieb, der Frau von Singers damaligem Verleger Cecil Hemley.)

Ein Werk, das sein erster Biograf, Paul Kresh, so sehr als stilisiertes Selbstportrait des Autors empfindet, dass er die Titelformulierung als »Der Zauberer von der West 86th Street« in den Untertitel seiner Biografie übernimmt. Es handelt von Jascha Masur – *Jascha ist vielleicht so, wie ich gern gewesen wäre*[271] – dem »Zauberer von Lublin«, der Ende des neunzehnten Jahrhunderts mit seinen Kunststücken in ganz Polen berühmt ist. *Manche behaupteten, er triebe schwarze Magie ... andere sagten, er sei weiter nichts als ein meisterhafter Illusionist.* Jüdisch aufgewachsen, ist Jascha vom Judentum als organisierter Religion abgerückt. *Wer in Seinem Namen sprach, war ein Lügner.*[272]

Er hat eine als gut und liebenswert geschilderte Frau – die um seine beruflichen Geheimnisse weiß: *Wer seine Kunststücke gesehen hat, rühmt seine mühelose Eleganz, aber Esther weiß, wie viele Tage und Nächte ihn die Vervollkommnung ... gekostet hat.*[273] Und seine privaten Geheimnisse ahnt. Jascha hat eine polnisch-katholische Assistentin aus guter, aber heruntergekommener Familie, die zugleich seine leidenschaftliche und ergebene Geliebte ist, und wird von deren Mutter wie ein Schwiegersohn behandelt. Außerdem eine Nebengeliebte – eine Diebesbraut, deren Mann aus dem Gefängnis ausbrach und sie ohne Scheidebrief sitzen ließ –, sowie eine immer komplizierter werdende Affäre mit einer Warschauer Professorenwitwe aus besseren Kreisen, die ihn zu ihrem Katholizismus bekehren möchte. Und ihm derart zusetzt, dass er schließlich als Künstler scheitert und sich als Mensch so tief verstrickt, dass er nur noch den einen Ausweg weiß: sich, zum großen Kummer seiner Frau, in eine kleine Büßerhütte einmauern zu lassen – in der er, ohne es darauf angelegt zu haben, zum Wunderrabbi wird, bei dem alle Trost suchen. *»Was sollen wir tun?« – »Niemand ein Leid antun. Niemand verleumden. Nicht einmal Böses denken.« – »Und was soll das nützen?« – »Wenn jeder sich so verhielte, könnte schon diese Welt ein Paradies sein.«*[274]

Am 14. Oktober 1960 erscheint die erste ›Forverts‹-Fortsetzung des späteren Lieblingsromans des Ehepaars Singer: ›Der knekht‹, amerikanisch ›The Slave‹ (Der Sklave), oder, wie er in der deutschen Fassung heißt, ›Jakob, der Knecht‹. Dorothea Straus: *Er sagte, das sei sein bestes Buch.*[275] Eine Liebesgeschichte vor dem sehr düsteren Hintergrund der Zeit nach den Chmielnicki-Pogromen von 1648, in der bereits sein erster Roman, ›Satan in Goraj‹ spielt. In beiden Romanen nimmt er auf die hebräische Chronik des Rabbi Nathan Neta Hannover Bezug, eines Zeitzeugen, der die damaligen Massaker beschrieb:

... einem Teile zog man die Haut ab, und das Fleisch warf man den Hunden vor. Einigen schnitt man Hände und Füße ab und warf sie dann auf die Heerstraße, dass man mit Wagen über sie hinfuhr und Rosse sie zertraten. ... Viele begrub man lebendig, Kinder schlachtete man auf dem Schoße ihrer Mütter, andere zerriss man wie Fische in Stücke. Schwangere Frauen schlitzte man und die herausgekommene Frucht zerschlug man in ihrer Gegenwart. Einigen ritzte man den Leib auf und nähte ihnen eine lebendige Katze ein und ließ sie so am Leben, indem man sie wieder zunähte; die Hände schnitt man ihnen ab, dass sie die lebendige Katze nicht herausziehen konnten. ... Jedem, der es hört, gellen die Ohren.[276]

In ›Satan in Goraj‹ wird dies als allgemeine Tatsachenbeschreibung, zur Klarstellung der historischen Situation im ersten Abschnitt des Romans erzählt: *Sie metzelten alles nieder, zogen Männern die Haut bei lebendigem Leibe ab, ermordeten kleine Kinder, vergewaltigten Frauen und schlitzten ihnen hinterher den Bauch auf, um Katzen darin einzunähen.«*[277]

Dreißig Jahre später, in ›Jakob, der Knecht‹ wird die Beschreibung bei einem dramaturgischen Höhepunkt des Romans eingesetzt, der Rückkehr des als Sklaven verkauften Jakob zu seinen Mitjuden. Jakobs ehemals wohlhabende Schwester Miriam stürzt zahnlos und zerlumpt »mit einem Wehlaut« auf ihn zu, um ihm zu berichten, was ihren gemeinsamen Verwandten zugestoßen ist. Wobei Jakob, wie in der Chronik, die »Ohren gellen«, die er sich manchmal zuhalten muss:

»Ach, die arme Dinah – sie haben ihr den Leib aufgeschlitzt und ein Hündchen hineingestopft. Man konnte es kläffen hören.«

»Sie haben Mosche Bunim auf einen Pfahl aufgespießt, und er ist die ganze Nacht nicht aus dem Stöhnen herausgekommen.«

»Zwanzig Kosaken haben deine Schwester Leah vergewaltigt und sie dann noch zerstückelt.«

Die Opfer sind zu Individuen geworden. Singer weiß jetzt, wovon Rabbi Nathan berichtet. Und um die Grenzen seiner Kunst: *Niemand war stark genug, sich alle diese Schändlichkeiten zu vergegenwärtigen und sie gleichzeitig auf gebührende Weise zu beklagen.*[278]

Der von Cecil Hemley mit gewohnter Sorgfalt übersetzte Roman – Hemley hat jeden einzelnen Satz mehrfach laut ausgesprochen, bis er richtig »klang« – erscheint 1960. 1961 bringt Hemley einen Band mit Geschichten heraus – ›Der Spinoza von der Marktstraße‹ –, der, wie ›The Slave‹, von der Kritik begeistert gefeiert wird. Als Hemleys kleiner Verlag trotzdem in finanzielle Engpässe gerät, wird er von Farrar, Straus and Cudahy übernommen (später »Farrar, Straus and Giroux«), dessen damaliger Leiter, Roger Straus, noch heute die Geschicke des Unternehmens bestimmt. Er bringt ›The Slave‹ 1962 zum zweiten Mal heraus – und das Buch wird zum Bestseller. Hemley und seine Frau Elaine Gottlieb bleiben Singer eng verbunden; Hemley wird bis zu seinem frühen Tod, 1966, an der Herausgabe von Singers Büchern beteiligt sein, Elaine Gottlieb erscheint auch später immer wieder als Übersetzerin.

1962, in dem Jahr, wo sein erster Bestseller, ›The Slave‹ erscheint, veröffentlicht Singer in der jiddischen Literaturzeitschrift ›Goldene keyt‹ die Erzählung von der ›Hochzeit in Brownsville‹. Darin kommen so viele Facetten seines Schreibens vor – der persönlich-biografische Bezug, das Spiel mit dem Übernatürlichen, das Erfassen der Grundstimmung eines bestimmten Lebensalters –, dass sie hier nacherzählt werden soll.

Es geht um einen Dr. Salomon Margolin – ein häufiger Arztname Singers –, der es vom Flüchtling aus dem polnischen Schtetl Sencimin zum erfolgreichen Klinikleiter in New York gebracht hat und mit einer Deutschen, Gretl, verheiratet ist, beide deutlich jenseits der Fünfzig. Margolin ist eine Stütze der Gesellschaft, insbesondere der »Senciminer-Landsleute«, und ebenso für seine medizinischen

Fähigkeiten wie für seine Wohltätigkeit geachtet – er behandelt Flüchtlinge umsonst. Er wird zu einer Hochzeit in »Brownsville«, im tiefsten Brooklyn eingeladen. Wo er, wie er bereits im Voraus weiß, gegen seine fettfreie Diät verstoßen und mit allen möglichen und unmöglichen Leuten auf Tuchfühlung gehen wird. Gretl, die das alles kennt, will nicht hin – er schon. Um sein Ego aufzubauen, und um sich ein bisschen von seiner Frau zu erholen, an der er hängt, ohne sie wirklich zu lieben.

Obwohl er ein Auto besitzt, beschließt er mit dem Taxi zu fahren. Singer beschreibt, wie das Taxi durch die sonntäglich leeren, unheimlich weiten Straßen von New York fährt, über den East River, und am »Eastern Parkway« plötzlich quietschend und ruckartig zum Stehen kommt. Verkehrsunfall. Dr. Margolin beobachtet, wie das Opfer, dessen Zustand er genau taxiert, weggefahren wird. *Eine falsche Drehung am Steuerrad und alle Pläne eines Menschen in dieser Welt waren zunichte.*[279]

Schließlich bringt ihn das Taxi, mit einem »hartnäckig schweigenden Fahrer« nach Brownsville. Wo Dr. Margolin in eines der von Singer so meisterhaft dargestellten Menschengedränge gerät. In ein Konzert aus Namen und Schicksalen hineingezogen wird und das Zugehörigkeitsgefühl empfindet, um dessentwillen er letztlich die lange Reise nach Brooklyn auf sich genommen hat. *»Wir alle sind eigentlich tot, wenn du so willst. Wir sind ausgerottet, ausgelöscht. Selbst die Überlebenden tragen den Tod im Herzen. Aber das ist eine Hochzeit, wir sollten fröhlich sein.«*[280]

Bis er dann, in einem dramaturgisch überragend gefügten Spannungsbogen von der Erscheinung einer Frau gebannt wird. *Die Anmut von Sencimin schmückte sie – etwas, das er, Margolin, lange vergessen hatte. Und die Augen, er liebte diese Augen und tat dies schon sein ganzes Leben.* Sie ist, wie sich allmählich herausstellt, Reisel, die Tochter des Uhrmachers, seine erste Liebe, die er lange tot glaubte, von den Nazis ermordet.

»Du bist Reisel? Hier? Oh, mein Gott, wenn das stimmt, dann ist alles möglich!«[281]

Ihm wird klar, dass er sie noch immer liebt. Und um alles in der Welt bei ihr bleiben möchte. Er beschließt, Gretl seinen gesamten irdischen Besitz zu überlassen. Bis ihm jäh klar wird, dass die Frau, mit der er sich eine geraume Weile unterhalten hat, nicht Reisel sein kann. Dafür ist sie zu jung. Um schließlich, als nüchterner Mann der Wissenschaft, die Abwesenheit von Lebenszeichen – Atmung, Puls – bei sich selber zu diagnostizieren, und zu begreifen, dass sie beide nicht mehr wirklich sind, dass er selbst der tote Mann auf der Bahre war. Am Schluss der Geschichte stellt er sich wortlos neben seine große Liebe. Während der Gastgeber die Tochter »gemessenen Schrittes« zum Traubaldachin führt.

Matsi, Pitsi und Zlateh

Jascha, der Zauberer, gleicht seinem Schöpfer auch darin, dass er eine besondere Zuneigung zu Tieren hat. Wie zum Dank für den Roman fliegt dem Autor – wir sind durch den ›Forverts‹-Artikel, in dem er dies seinen Lesern bekannt gibt, über das Datum informiert, Ende März 1960 – durchs offene Fenster ein gelber Sittich zu, um auf Singers kahlem Schädel Platz zu nehmen. Als sich auf seinen Artikel hin kein Besitzer meldet – Singer geht wegen des russisch-jiddischen Akzents, mit dem der Vogel spricht, ziemlich selbstverständlich davon aus, dass dies ein ›Forverts‹-Leser sein müsse –, beschließt er, ihn zu behalten. Er nennt ihn, da das Erste, was das Tier zu fressen bekommt, ein Stückchen Matze vom zehn Tage zuvor zu Ende gegangenen Pessachfest ist, »Matsi«; besorgt ihm eine Gefährtin »Pitsi«, und tut alles, damit sich Matsi wohl fühlt, bis der Sittich eines Tages – kurz vor dem 19. Juli 1963 – verschwindet, wie er gekommen ist, durchs offene Fenster (Singer mochte ihn nicht im Käfig halten). Das Ehepaar bemüht sich nach Kräften, den Vogel wiederzufinden, gibt Suchanzeigen in Zeitungen auf, unternimmt auf jeden Anruf hin Taxifahrten in jeden noch so weit entfernten Stadtteil – vergebens. Singer hat Matsi in mehreren Artikeln gefeiert und ihm jahrzehntelang nachgetrauert. Die anderen Vögel, die er sich später hält, hatten ihn nie ganz ersetzen können. Er schreibt Anfang 1965 eine Erzählung, ›Der Papagei‹, in der ein solcher Vogel, »Metzotze«, die Lebensgefährtin des Helden derart eifersüchtig macht, dass sie das Tier in dessen Abwesenheit zur warmen Stube heraus und in die eiskalte polnische Winternacht hinein jagt – um daraufhin vom Helden umgebracht zu werden. Der dann, im Gefängnis, vom Geist des geliebten Papageis besucht zu werden behauptet ...

Singer, der jahrelang Unbehauste, Fremde, wird zum leidenschaftlichen Taubenfütterer – was in New York eigentlich verboten ist. Anfangs, Mitte der Fünfziger, nimmt er dabei, wie der Sohn beschreibt, noch vor Polizisten Reißaus, später, Ende der Siebzigerjahre, legt er sich mit ihnen an: *»Herr Polizist, es ist jetzt Winter, es ist kalt. Hungrige Tauben hocken auf Dächern und stemmen sich dem Wind entgegen, in der Hoffnung, dass sich jemand ihrer erbarmt und sie füttert. Wer weiß, vielleicht sind wir in unserer nächsten Inkarnation dazu bestimmt, als hungrige Tauben wiederzukommen.«*[282]

1962 verdient Singer so viel, dass er beschließt, sich einen lang gehegten Luxuswunsch zu erfüllen. Er wird Vegetarier. *Wie konnte ... jemand, der nichts zu essen hatte, Vegetarier sein?*[283] Der Schritt sei auch Matsi zu Ehren erfolgt. Alma nimmt es gelassen. So lange Fische Fische äßen, täte sie dies auch[284] – und hält es mit dem Fleisch nicht anders. Sie stellt ihrem Mann entsprechende Menüs zusammen und isst selber weiter wie bisher. Während er stolz die Leser auf dem Laufenden hält – »Knapp zwei Jahre Vegetarier« – »Sieben Jahre als Vegetarier«. *Ich meine, dass eigentlich jeder denkende und fühlende Mensch zu dem Schluss kommen muss, dass man nicht friedfertig sein kann, wenn man gleichzeitig andere Lebewesen tötet ...*[285] Oder, in der Kurzversion für Journalisten: *Ich bin Vegetarier aus Gesundheitsgründen – um der Gesundheit des Hühnchens willen.*[286]

Da Alma tagsüber arbeitet, will Singer ohnehin nicht, dass sie auch noch kocht – weswegen die beiden seit den Anfangszeiten ihrer Ehe meist zum Abendessen ausgehen, ausschließlich in Cafeterias oder kleine Kneipen. (Mit der gehobenen Gaststättenkultur New Yorks, wo das Trinkgeld an der Garderobe den Essenskosten in einer Cafeteria entspricht, hat das Ehepaar selbst dann nichts anfangen können, als das Finanzielle kein Problem mehr gewesen wäre.)

Wie der Kellner Sam Orenstein vom heute nicht mehr bestehenden Vegetarier »Famous Dairy« (72nd Street/Ecke Broadway) berichtet, hat Singer gerne die vegetarische »gehackte Leber« zu 5.50 Dollar bestellt. *»Er hat nie jemandem was ausgegeben und nie erlaubt, dass jemand ihm was bezahlte.«*[287]

1963 ziehen sie zum letzten Mal um: in das »Belnord«-Gebäude am oberen Broadway, dessen neuer Besitzer den Autor als Anreiz für begüterte Mieter im Haus haben möchte. Ein riesiger, zwölfstöckiger Kasten direkt am Broadway, Ecke 86th Street, dem heutigen »Isaac-Bashevis-Singer-Boulevard« (auf dem Titelbild links hinter dem Tauben fütternden Singer). Ein Gebäude, das Singer, nicht zu Unrecht, an die Mietskasernen seiner Kindheit in Warschau erinnert. Heute eine elegante Adresse mit livrierten Pförtnern, Rundumbewachung und neu renovierter Fassade, wirkte der graue, vor der Renovation ziemlich düstere Steinbau damals etwas bescheidener, bot aber, insbesondere im Vergleich zum »Walkup« oder der kleinen Zweizimmerwohnung der Anfangszeit, eine sehr stattliche Unterkunft. Durch ein längliches Entree mit Spiegel betrat man das große »Foyer«, von wo man nach links ins Wohnzimmer mit Cheminée kam, in dem am Fenster der seinerzeit für 50 Dollar erworbene Schreibtisch stand und ein Lehnsessel mit fein gestreiftem Überzug, worin Singer, das Manuskript auf den Knien, gerne zu arbeiten pflegte. Alles mit weißem Teppichboden ausgelegt, auf den Alma ihre Chinateppiche und Perser platziert hatte. Von dort ging es nach hinten in die Küche (fast so groß wie Dvorah Telushkins damalige Wohnung), von der man das Esszimmer betrat. Rechts vom Foyer lag der »Chaos Room«, das Chaos-Zimmer, in das Singer alles stopfte, was er aufbewahren wollte, Manuskripte, Fahnen, Korrespondenz sowie die immer zahlreicher werdenden Ehrendiplome und Auszeichnungen.

Im Wohnzimmer hingen viele Bilder, die allermeisten geschenkt, und alle konkret. Im Hinblick auf Malerei war Singer – seiner Freundschaft mit dem Maler Raphael Soyer ungeachtet – von einer geradezu rührenden Philisterhaftigkeit; als ihm Marc Chagall anlässlich des Nobelpreises eine Visitenkarte mit jiddischer Gratulation schickt, gesteht er, dass ihm die »wirklichkeitsgetreuere Malerei« lieber sei.[288] Er war – was man bei seiner großen philosophischen, geistesgeschichtlichen und naturwissenschaftlichen Bildung gern übersieht – auf anderen Gebieten, wie bildender Kunst, klassischer Musik, Oper, in vielem der mit abendländischer Gegenwartskultur unvertraute

Jeschiwa-Student geblieben, als der er sich vor einem Menschenalter derselben zugewandt hatte.

Im Oktober 1965 schätzt er anlässlich einer Reportage in ›Harper's‹ seine finanzielle Lage wie folgt ein: Von seiner belletristischen Tätigkeit könne er den Lebensunterhalt nicht bestreiten. »*Meine Haupteinnahmequelle besteht nach wie vor aus meiner journalistischen Arbeit für den jiddischen ›Forverts‹. Außerdem schreibe ich Sketche für den Radiosender WEVD [wo seinerzeit ›Familie Moschkat‹ dramatisiert wurde] und halte Vorträge – ziemlich viel Arbeit für einen sechzigjährigen Mann.*«[289] Ohne den Verdienst Almas hätte er das alles gar nicht durchhalten können. Wobei er darauf hinweist, dass sich seine Lage bei Erscheinen des Artikels bereits zum Besseren gewendet haben könnte.

Elisabeth Shub, die Schwägerin seiner ersten Englischlehrerin Mona, die ihn seit seiner ersten Woche in Amerika kennt, ist seit ihrer Scheidung als Lektorin eines bedeutenden Jugendbuchverlags tätig und will wissen, wie es denn mit einer Kindergeschichte wäre. Nach Erscheinen des Artikels ist Singer soweit: *Er liest sie mir in einem vegetarischen Restaurant an der 72nd Street vor. Die Geschichte haut irgendwie nicht hin. Wir sind beide unglücklich. Aber bereits einen Tag später ruft er mich an. Ich merke an seiner Stimme, dass er zufrieden ist. Die Geschichte heißt ›Zlateh, die Geiß‹.*[290]

Zlateh, die Geiß, ist alt und keine gute Milchproduzentin mehr. Deswegen soll sie jetzt, im Winter, für acht Gulden an den Stadtmetzger verkauft werden. *Ruben befahl seinem ältesten Sohn Aaron, die Geiß in die Stadt zu bringen. Aaron verstand, was es hieß, die Geiß zu Feivl zu bringen, aber er gehorchte seinem Vater.*[291] Doch dann geraten Sohn und Ziege in einen schweren Schneesturm und flüchten sich in einen Heuhaufen, wo der Sohn nur wegen der Wärme und der Milch des Tiers überleben kann. Das ihn auch vor dem Alleinsein schützt, indem es auf alle Fragen mit »Mäh« antwortet. *Ja, Zlathes Sprache bestand nur aus einem Wort, aber das bedeutete so vieles.*[292] Nach drei Tagen können sie sich befreien, und da ist von Schlachtung nicht mehr die Rede. Zlateh wird der Liebling der Familie und darf jederzeit ins Wohnzimmer.

Der junge Zeichner Maurice Sendak, der das Singer-Manuskript im Büro liegen sieht, bittet dringend, diese und die anderen beiliegenden Geschichten illustrieren zu dürfen. Worauf der Beinahe-Pensionist gemeinsam mit Sendak gleich bei seinem ersten Versuch die »Newbery-Medal«, den amerikanischen Jugendbuchpreis gewinnt (ebenso wie, unabhängig davon, später den deutschen). Als fordernde Enkel mag Singer mit Kindern Probleme haben – als anspruchsvolles Lesepublikum nicht.

Von Februar bis August 1966 erscheint die jiddische Fortsetzungsfassung des Romans ›Feinde, die Geschichte einer Liebe‹ – den er 1972 auf Englisch herausgibt. Es geht um einen Holocaust-Überlebenden, »Herman«, der nach dem vermeintlichen Tod seiner Frau das analphabetische polnische Dienstmädchen geheiratet hat, dem er sein Überleben verdankt. Nun wohnt er mit ihr in Brooklyn zusammen. Er ist als Ghostwriter für einen Reformrabbi tätig. Herman hat eine Geliebte, Mascha, eine Holocaust-Überlebende, die mit ihrer Mutter zusammenwohnt – und kann die beiden Frauen in seinem Leben so lange auseinander halten, bis seine totgeglaubte frühere Ehefrau auftaucht. Sie, die sich nach einer verfehlten Erschießung nach Russland geflüchtet und dort in Lagern überlebt hat, ist in Singers imaginärem Kasachstan seinem Bruder und seiner Mutter begegnet:

»In unserem Lager war ein junger Mann – er war in Alt-Dzikow Rabbi gewesen. … Er musste im Wald arbeiten, obgleich er zu schwach dazu war. … Seine Mutter, die Frau des alten Rabbiners, war eine Heilige. Nur Gott im Himmel weiß, wie sie andere tröstete …«[293]

›Feinde‹ ist der einzige Roman, wo Almas sonst so sicheres literarisches Urteil versagt – sie empfand ›Feinde‹ als »peinlich« und »skandalös« und musste sich erst durch Freunde von den Qualitäten des Werks überzeugen lassen.[294] Was persönliche Gründe gehabt haben dürfte.

Mitte 1968 hört Singer mit seiner journalistischen Tätigkeit auf und verlegt sich so gut wie ausschließlich aufs Geschichtenschreiben. Seine Produktion ist immer noch beachtlich, wobei der fleißige Romanautor vielleicht erst jetzt allmählich begreift, dass seine ganz große Stärke die Kurzgeschichte ist:

Ich ziehe die Kurzgeschichte vor… Wenn man einen Roman schreibt, vor allem einen langen Roman, kann man das eigene Schreiben nie ganz regeln, denn man kann nicht wirklich einen Plan für einen Roman über, sagen wir, fünfhundert Seiten entwerfen und sich an die Regeln oder den Plan halten. Während man bei einer Kurzgeschichte stets die Möglichkeit hat, echte Vollkommenheit zu erreichen.[295]

Wie in der 1973 erschienenen Geschichte vom »Kabbalisten vom East Broadway.« Dem es trotz seiner profunden Gelehrsamkeit ziemlich dreckig geht. Bis ihm der Ich-Erzähler Singer in Israel begegnet. Wo sein Held zum gefeierten Mann geworden ist. Der erfreute Singer unterhält sich mit ihm und will wissen, wieso er erst jetzt nach Israel gegangen sei. Es dauert eine Weile, ehe der Kabbalist antwortet. *»Der Mensch lebt nicht nach den Regeln der Vernunft.«*[296]

Jahre später sieht Singer den Kabbalisten wieder – in einer schäbigen Cafeteria New Yorks. Heruntergekommen und einsam. Nicht mehr gesprächsbereit. *Eine Macht, die stärker war als der Mensch und seine Berechnungen, hatte ihn aus dem Paradies vertrieben, zurück in die Hölle…* Bald darauf stirbt der Kabbalist, und Singer muss an dessen letzte Worte denken: *»Der Mensch lebt nicht nach den Regeln der Vernunft.«*[297]

Neid

Künstlerisch steht Singer – trotz oder wegen seiner Potenz und Prominenz – immer einsamer da. Es ist die große Zeit Pinters und Becketts, der Kanonisierung Kafkas, wo abstrakt und ernsthaft synonym erscheinen.

1969 wird Singer selber zum Gegenstand einer Geschichte, mit der sich deren junge, jüdisch-amerikanische Autorin Cynthia Ozick einen Namen macht: ›Envy; or, Yiddish in America‹ (Neid oder Jiddisch in Amerika). Es geht um einen jiddischen Lyriker, Edelshtein, der daran verzweifelt, dass keiner ihn übersetzen will – während ein anderer, Ostrover, eine Karikatur Singers, von einem weltweiten Publikum gefeiert wird. (Ostrover hat Singers Aussehen, dessen starken Schlag bei Frauen und dessen besonderen Witz vor großem Publikum, selbst Anklänge an dessen Kunst.) Die Zuneigung der Autorin gilt offensichtlich dem verkannten Dichter und nicht dem erfolgreichen Großschriftsteller – doch während sie sich über diesen lustig macht – *dieser Popularisierer, Vulgarisierer, Lieferant falscher Erinnerungen für Menschen, die das Bewusstsein ihrer Herkunft verloren haben, dieser tausendfache Zuhälter*[298] – erklärt sie, durch den Mund einer jungen Frau, die Ostrover/Singer dem verkannten Dichtergenie vorzieht, dessen Besonderheit und große Wirkung: Ob er nun auf Jiddisch gelesen werde oder nicht – Ostrover/Singer *gehört der ganzen Welt. ... Er ist ein Zeitgenosse. Er spricht für alle.*[299]

Kinderbücher, Kurzgeschichtenbände, Romane, Magazinabdrucke – es geht dem Mittsechziger so gut, wie man es einem Autor nur wünschen kann. *Dass ein jiddischer Schriftsteller reich würde, und das obendrein auf seine alten Tage, schien unglaublich.*[300] Gefeiert, beglückwünscht, Ehrendiplome an den Wänden. Vorträge und Lesungen, die in Amerika ein bedeutendes Zusatzeinkommen erbringen und als eine besondere Karriere wahrgenommen werden.

Er kann es sich nun leisten, stets etwas Kleingeld in der Tasche mitzuführen, um es Bettlern zustecken zu können, eingedenk des Talmudspruchs: *Der Messias sitzt am Tore Roms, zwischen Elenden, Kranken und Bettlern.* (Oder, wie in seinem Fall, auf den Straßen New Yorks.) Er hat jede Menge schwarze Schuhe im Kasten stehen – nicht, weil er ein Schuhfetischist wäre, sondern weil er es nicht übers Herz bringt, einen Laden zu verlassen, ohne dem Verkäufer, den er so lange hin- und hergeschickt hat, etwas abzunehmen. Wenn jemand in seiner Umgebung krank wird, kann er schnell und großzügig reagieren; als seine Mitarbeiterin Rachel MacKenzie erkrankt, schickt er ihr regelmäßig Schecks; wie sie Dvorah Telushkin erzählt, soll er zu ihrer Herzoperation insgesamt 60 000 Dollar zugeschossen haben.[301] Und als Dvorah am Blinddarm operiert wird, und sie zuerst im Krankenhausflur und dann in einem halbfertigen Umbauzimmer mit Baustaub und Lärm untergebracht wird, zahlt er ihr den Aufschlag fürs Einzelzimmer: *»Kein kranker Mensch soll zusätzlich zu seiner Krankheit noch Demütigungen hinnehmen müssen!«*[302] Beim Sechstagekrieg steht Singer, wie der Sohn bezeugt, mit den anderen Juden New Yorks Schlange, um gemäß dem Wahlspruch über der Eingangstür des United Jewish Appeal zu »spenden, bis es schmerzt«.[303] Als ihm Henry Miller schreibt, dass er in Geldnöten steckt, schickt er ihm umgehend einen Scheck über 5000 Dollar. Seine von ihm sehr geschätzte polnische Übersetzerin (er wird seit 1977 ins Polnische übersetzt) Irene Wyrzykowska bekommt in seiner Abwesenheit stets die Schlüssel seiner Broadway-Wohnung ausgehändigt und – es ist die Zeit der Devisenbeschränkungen für Menschen aus sozialistischen Ländern – ein angemessenes Taschengeld für U-Bahn und Essen.

Doch hauptsächlich ist Singer für seine Pfennigfuchserei bekannt – und berüchtigt. Er ist in Armut aufgewachsen und hat, mit wenigen Ausnahmen, in seiner ersten Lebenshälfte ständig am Rande des Existenzminimums gelebt. Die Reisen, die Alma und er gerne machen, können sie sich jahrelang nur leisten, indem sie auf strengste Finanzdisziplin achten. Die ihnen derart in Fleisch und Blut übergeht, dass sie diese – zum Amüsement oder Verdruss ihrer Umwelt – noch dann an den Tag legen, als sie von ihren tatsächlichen finanziellen Umständen her längst nicht mehr geboten erscheint.

Schon Runya hat sich über Singers Schwierigkeit, Geld herzugeben, beklagt. Sie scheint nicht familienbedingt gewesen zu sein, denn Israel Joshua, der ältere Bruder, hat sich zu seinem jüngeren Bruder und zu seiner Familie in Geldangelegenheiten ausgesprochen großzügig und hilfsbereit verhalten. Was immer die Gründe gewesen sein mögen, Singers diesbezügliches Verhalten zeitigt gelegentlich groteske oder gar bösartige Züge.

Seinen amerikanischen Übersetzern zahlt er derart magere Löhne, dass Mirra Ginsburg, die bestens Jiddisch kann und eine gefeierte Babel-, Bulgakov- und Dostojewski-Übersetzerin ist, aufgibt. Obwohl sie Singer als Autor außerordentlich schätzt.[304] Der Einzige, der ihn schließlich noch ohne Hilfe aus dem Jiddischen übersetzen kann und ihm bis fast zuletzt die Treue hält, ist sein Neffe, Joseph Singer, der die großen Romane des Onkels in ein klares und schnörkelloses Amerikanisch überträgt.

Als der ›Forverts‹ direkt nach dem Nobelpreis finanziell ins Schlingern gerät und ums nackte Überleben kämpft, bittet die Redaktion alle Autoren, die ihnen zustehenden Honorare einige Monate zu stunden. Der Einzige, der immer wieder beim Geschäftsführer Harold Ostroff vorspricht und erstaunt fragt, wo denn sein Gehalt – 167 Dollar die Woche – bliebe, ist Singer.[305] Und das, während sein Jahreseinkommen in einer Reportage (noch vor dem Nobelpreis) mit 100 000 Dollar angegeben wird.[306]

Man mag ihn sich anders wünschen – Singer ist eigenen Gesetzen unterworfen, die man auch da zur Kenntnis zu nehmen hat, wo man am liebsten wegschauen möchte. Seine große Kunst und gewaltige Produktivität, ja sein Charme und schneller Witz werden durch eine ungeheure, manchmal ungeheuerliche Selbstbezogenheit erkauft, mit der er, wie mit dem verkrusteten Panzer eines mächtigen Schalentiers, das schützt, was er als seinen eigentlichen Daseinszweck betrachtet – seine Gestalten und deren Welt.

Schoscha

1972 will Bruce Davidson, ein frisch verheirateter Fotograf, der den Meister von einem fünf Jahre zurückliegenden Fototermin her kennt, ins Belnord-Gebäude am Broadway einziehen: *»Ich erinnere mich, Mr. Davidson, ich erinnere mich.« Und ich sagte: »Wenn Sie mich schriftlich empfehlen würden, gibt es nichts auf der Welt, was ich nicht für Sie tun würde.« Und er sagte: »Oh, das ist schön und gut – aber was ist, wenn ich mich weigere?«*[307]

Der Fotograf und seine junge Frau erhalten ihre Wohnung jedoch auch ohne Fürsprache und nehmen mit den Singers die gutnachbarlichen Beziehungen auf, denen man, unter anderem, das Titelfoto dieses Buchs zu danken hat. Sowie die wohl kongenialste Verfilmung eines Singer-Werks, den halbstündigen Dokumentar-Spielfilm ›Mr. Singer's Nightmare or Mrs. Pupkos Beard‹ (Mr. Singers Alptraum oder Mrs. Pupkos Bart). Wo wir den Autor in seiner Wohnung sehen, umgeben von Bewunderinnen, bei der Arbeit, bei Interviews und unter seinen Kollegen in der Cafeteria. Auch der neue Sittich, »Schnucki«, fehlt nicht, bei dessen Vorstellung sich der Dichter, dessen Augen auf einmal tieftraurig werden, an den unvergesslichen Matsi erinnert.

Emily Davidsons Lieblingsanekdote: *Singer, sehr aufgeregt: »Alma,*

Alma, wo ist meine Geschichte, wo ist meine Geschichte« – er rennt durch die Wohnung, sucht seine Geschichte, hält unvermittelt inne. Und sagt: »Oh, mein Gott, ich hab sie noch gar nicht geschrieben.«[308]

Bruce Davidson: *Durch die ihm eigene Energie und Ausstrahlung nahm man alles, was einem im Zusammenhang mit ihm zustieß, als Teil einer Isaac-Bashevis-Singer-Geschichte wahr.*[309]

Gesundheitlich geht es ihm in diesen Jahren weniger gut; Paul Kresh berichtet von einer Prostata-Operation. Was einen gewissen Einschlag in seinen Witzen erklären mag. Im ›Forverts‹ auf Frauen angesprochen, gibt er seinem Setzer Louis Katz bekannt: *»Früher war ich ein Könner – jetzt bin ich ein Weiser.«*[310]

Künstlerisch ist er, Anfang siebzig, auf der Höhe seiner Kraft. Am 26. April 1974 erscheint die erste Fortsetzung des Romans ›Neshome-ekspeditsyes‹ (Seelenreisen). Die in der Ich-Form erzählte Geschichte eines jungen Autors und Möchtegern-Dramatikers im Warschau der Dreißigerjahre, der in vielem seinem Schöpfer gleicht: als Sohn eines Rabbis an der Krochmalna aufgewachsen, sich im »Schriftstellerklub« herumtreibend, wo ihn der genialische oder geniale Morris Feitelsohn protegiert. *Ich habe einmal gesagt, wenn man Arthur Schopenhauer, Oscar Wilde und Salomo Maimon miteinander verschmelzen könnte, käme am Ende Feitelsohn heraus. Ich hätte noch den Rabbiner von Kock hinzufügen sollen, denn auf seine Art war Feitelsohn auch ein Mystiker und ein Chassid.*[311] Die »Seelenreisen« sind ein therapeutisches Konzept, das sich Feitelsohn ausgedacht hat, bei dem sich der Patient in verschiedene Menschen und Situationen hineinversetzt – das der schriftstellerischen Arbeit, wie Singer sie versteht, zum Verwechseln ähnlich sieht. Der werdende Autor gerät, wie so oft, zwischen verschiedene Frauen: der Runya ähnelnden »Dora«, der Kommunistin, mit der ihn eine intensive Hassliebe verbindet; der faszinierenden amerikanisch-jiddischen Schauspielerin »Betty«, deren offizieller Liebhaber, der reiche Sam Dreiman, eigens mit ihr nach Warschau gereist ist, um ihr die Produktion eines Stücks zu finanzieren; der streng traditionell gekleideten leidenschaftlichen »Celia«, die sich, obwohl verheiratet, den jungen Autor (mit Wissen ihres Gatten) als Hausfreund hält; und, erstaunlicher-, verblüffenderweise, seiner ehemaligen Spielgefährtin »Schoscha«, die, infolge einer eigenartigen Krankheit überhaupt nicht gealtert, seit ihrer gemeinsamen Kindheit auf die Rückkehr des jungen Schriftstellers gewartet hat: In ihrer Mischung aus Kind und Frau und Unschuld und tiefgründiger Erkenntnis und ihrem Glauben an die Reinheit ihres kindlichen Gefühls eine fast märchenhafte Erscheinung – zugleich, kraft Singers Genie, lebendig, überzeugend und wahr. Sie nimmt der Held, kurz vor dem Ausbruch der Katastrophe, zur Frau.

In der 1978 erschienenen amerikanischen Fassung rückt Schoscha ganz in den Mittelpunkt des Romans, der nun ihren Namen trägt. Was auf die Mitarbeit von Rachel MacKenzie zurückzuführen ist, deren dramaturgischem Instinkt Singer gern vertraut. Sowie in einem nicht abzuschätzenden Ausmaß darauf, dass, in einer der magischen Fügungen, die manchmal in sein künstlerisches oder privates Leben hineinspielen, gleichsam das Original erschienen ist: zwanzig Jahre jung, den großen alten Mann aus vollem Herzen bewundernd, und ihm, in den ersten Jahren, fast blind ergeben. Sie konnte, wie sie sagte, stundenlang dasitzen und ihm hingerissen zuhören. (Wobei er ja, wie bekannt, ein hinreißender Geschichtenerzähler war.)

Sie hieß, damals, Dvorah Menasheh, war jungverheiratet mit einem aus Israel stammenden Fotografen, der sein Geld als Taxifahrer verdiente, stammte aus einer Medizinerfamilie (ihr Vater war Chirurg), und hatte sich schon seit jeher für Literatur und Schreiben interessiert. Klein, ausgesprochen hübsch, mit dunklen, der neuesten damaligen Mode entsprechenden, über den Ohren kurz geschnittenen, oben länger gelassenen dunklen Locken, blaugrünen Augen und mit dem schlanken Hals, der feinen Nase, dem spitzen Kinn seiner literarischen Idealgestalten. Vielleicht ein wenig zu quirlig und lebensfroh, um dem Schema voll zu entsprechen.

Der letzte Rat der unvermittelt verstorbenen Mutter an ihre Tochter hatte dahingehend gelautet, es bei ihren schriftstellerischen Ambitionen doch mal bei diesem Singer zu versuchen, über den sie beide einen begeisterten Artikel gelesen hatten. Das führte dazu, dass sich Dvorah ihm als Chauffeuse von Manhattan ins College anbot – um, als Gegenleistung, an seinem Kurs für literarisches Schreiben teilnehmen zu dürfen. Worauf Singer – fast zu ihrem eigenen Erstaunen – einging. Nach einigen Anfangsschwierigkeiten – er sagt ihr die falsche Adresse oder sie hat ihn missverstanden, was zur entsprechenden Verspätung und Verärgerung des Meisters führt – sitzen sie nebeneinander in Dvorahs Auto. Wo er sich nach ihren Umständen erkundigt – verheiratet, bei der Academy of American Poets tätig, wo sie Manuskripte ablege, ein Studentenjob. Dann will er Näheres über ihre Eltern wissen. *Ich antworte nicht. Das ist zu schmerzhaft. Ich hatte gerade meine Mutter verloren. Und infolge einer Familientragödie sehnte ich mich zutiefst nach einem Vater. »Ich will nicht anfangen zu weinen«, sage ich. »Ich habe meine Mutter vor drei Monaten verloren.«*

Dass sie weint, will Singer nicht. Nach längerem, wie sie schreibt, »ungezwungenem« Schweigen wendet er sich ihr zu: *»Ich sehe, dass Sie viele Geschichten zu erzählen haben, hmmh? Ja! Ich will, dass Sie mir alles über Ihr Leben erzählen, von Anfang bis Ende, und zwar jetzt.«*[312]

Es ist der Beginn einer langen Freundschaft, jedenfalls einer intensiven Beziehung zwischen einem alten, berühmten Mann und einer ganz jungen, kaum erwachsenen Frau, fast noch ein Mädchen. Der er, was Lebenserfahrung, Leistung, Vermögen, schriftstellerisches Talent (doch auf wen würde das nicht zutreffen?), Geschick, List und Berechnung ebenso grenzenlos überlegen erscheint wie der junge Held des Romans seiner Kindbraut »Schoscha«. Und die all dem nur ihren naiven und tiefen Glauben entgegensetzen kann, dass ein Mann wie er es mit ihr, der hilflosen Waisen, bestimmt gut meint. Eins führt zum anderen. Bald fordert er sie auf, ihn nicht mehr »Mr. Singer«, sondern Isaac zu nennen. Sie bietet an, für ihn während des Kurses einige der vielen Briefe zu beantworten, die ihm gelegentlich aus der Tasche fallen. Er schenkt ihr ein Buch mit persönlicher Widmung und ein kleines Notizbüchlein, wie er es selber benutzt. Am Schluss des Semesters, ehe er nach Miami verreist, fordert er sie auf, sich im Frühling wieder bei ihm zu melden. Was sie tut. Er brauche eine Sekretärin. Er will wissen, was man ihr für den Studentenjob zahlt. *»Vier Dollar die Stunde.« – »Ausgezeichnet«, entschied Isaac. Dann, als ob er ganz sicher gehen wollte: »Also, es stimmt, du kannst tippen, Darling?« – Und ich bekam den Job.*[313]

Eine interessante, aber nicht immer leichte Arbeit. Denn der große Alte kann ihr manchmal fürchterlich zusetzen – bei Kleinigkeiten, für die sie gar nichts kann, oder, noch schlimmer, wo sie tatsächlich gepatzt hat. Etwa, als sie von ihm ein Manuskript erbittet, um es einem interessierten Theaterproduzenten auszuhändigen – der es prompt verliert. Nach einer schlimmen Nacht ruft sie ihn an. Und wird erbarmungslos zusammengestaucht. *Zum ersten Mal graute mir davor, bei ihm vorbeizugehen. Aber Isaac musste einen Artikel übersetzen. Beschämt und mit einem Knoten im Magen erschien ich um 14 Uhr an der Tür. Zu meinem Erstaunen öffnete er die Tür und lächelte. »Also, ich war heute ein wenig streng mit meinem tnoyfes (Kadaverchen).« Er packte mich am Nacken und führte mich durchs Entree, in den warmen, sonnigen Salon.*[314]

Sie lernt, mit ihm und seinen Eigenheiten umzugehen. Wird ihm immer unentbehrlicher. Wobei die anderen sie nicht nur als seine Sekretärin, sondern – zu Recht oder Unrecht – als seine Geliebte betrachten. Wie immer der alte Mann und die junge Frau den zwischen ihnen bestehenden Eros ausgelebt haben mögen, daran, dass er bestanden hat, lassen Dvorah Telushkins Erinnerungen ebenso wenig zweifeln wie die Berichte von Zeitzeugen.

Als Singer die amerikanische Fassung von ›Schoscha‹ erarbeitet, ist Dvorah bereits seine Mitarbeiterin. Die Schoscha des Romans hat eine psychische Behinderung und ist entscheidungsschwach. Sie ist blond und zart. *Mit Ausnahme ihrer kleinen Brüste, die die eines gerade erst reifenden Mädchens waren, bestand sie nur aus Haut und Knochen.*[315] Dvorah Telushkin neigt, wenn überhaupt, eher zur Fülle (sie macht gelegentliche Schlankheitskuren) und hat sich ihren Platz in Singers Leben mit Intelligenz und Tüchtigkeit erarbeitet. Und doch gibt es, bis in den Text hinein, immer wieder Momente, wo sich die beiden Figuren überschneiden.

Dvorah Telushkin beschreibt in ihrem Erinnerungsbuch, wie gerne Singer ihre »Kascha«, ihre geröstete Buchweizengrütze, isst. Die sie ihm mit angedünsteten Zwiebeln und Pilzen serviert, wenn er zu Besuch kommt.

»Buchweizen hat über achtzig Prozent der Proteinqualität von Eiern«, las Isaac von der Schachtel mit »Wolff's Kascha« ab. »Ohne das Cholesterin oder das Fett. Außerdem hält Buchweizen den Glukosespiegel besser unter Kontrolle als jedes andere Kohlenhydrat.«

Als ich das Essen ein paar Tage später kochte, fügte ich eine Sauce aus proteinhaltigen schwarzen Bohnen hinzu. Er wurde wieder einmal sehr aufgekratzt: »Das Gericht ist so köstlich, dass ich es nicht sagen kann. Als ob ich mit jedem Löffel ein Stück Paradies verspeisen würde.«[316]

Sie muss es nochmals kochen und ihm nach Hause bringen, wo Singer darauf besteht, es im Chaos-Zimmer – nicht in der Küche – zu verspeisen. Angeblich, um Alma – *was ihre Küche betrifft, sind Frauen schlimmer als Löwinnen mit ihrem Nest*[317] – nicht zu verärgern.

Aus dem Roman:

Baschele kochte vegetarische Sabbatmahlzeiten für mich. Sie dünstete sogar ein vegetarisches Eintopfgericht für mich aus Kascha und Bohnen . . .[318]

Der unterdessen pensionierten Alma geht es in dieser Zeit gesundheitlich nicht besonders gut, und so begleitet Dvorah Singer oft auf Vorlesungstouren oder bei offiziellen Anlässen (wie der unglücklichen Visite bei Menachem Begin).

Ihre Erinnerungen zeigen den Privatmann Singer, seine Eigenheiten, Vorlieben und Abneigungen.

Zu Lippenstift: *Wozu? Wozu das? Wozu sollen deine Lippen ausschauen wie Borscht?*[319]

Zu Jeans: *Diese blauen Hosen. Ich hasse diese modernen Hosen. Das ist das Schlimmste, was in diesem Land passiert ist: dass sie die Frauen befreit und ihnen eingeredet haben, sie müssten diese vulgären Hosen anziehen.*[320]

Als sie dreißig Pfund abspeckt: *Iss! Iss, oytserl (Schätzchen). Du wirst noch eine von denen werden, die für ihre meschuggene Diät leben. Wie? Möchtest du deinen Körper einem Kleid anpassen? Geht es dir darum? Eines Tages wird noch der Allmächtige höchstselbst eine Diät machen!*[321]

Als sie – zu einem überaus keuschen, langen Cordrock – die damals modischen Strumpfhosen mit eingewebtem Spitzenmuster angezogen hat und ihn so zu einer Vorlesung begleiten will, besteht er darauf, dass sie die ihm ungehörig erscheinende Unterkleidung umgehend auszutauschen habe, was sich alles andere – wo in der Eile vernünftige Strumpfhosen hernehmen? – als leicht erweist.

Er fordert ihr einen Eid ab: *»Versprich mir beim Grab deiner Mutter, dass du mich nie verlässt, selbst wenn ich alt und senil werde, ... dass du bei mir bleibst und mich pflegst ...«*

Ich versprach alles. Ich hatte keine Angst. Ich konnte mir nicht vorstellen, dass er je schwach werden würde. Isaac war mir immer als mein Stab und meine Stütze erschienen, als Inbegriff der Kraft.[322]

Sie wird fast zehn Jahre bei ihm bleiben. In denen er noch prominenter und berühmter und reicher wird. Seit frühester Jugend eine leidenschaftliche Tagebuchschreiberin – allein ihre Aufzeichnungen über ihre Zeit mit Singer füllen siebzehn Bände – wird sie zu so etwas wie Singers Eckermann.

Ihr haben wir die Vermittlung der kurzen jiddischen Merkverse zu danken, mit denen er sich, wie er ihr sagt, seit Beginn seiner schriftstellerischen Laufbahn aufzumuntern und immer wieder zu stärken pflegt. (Sie gehörten, wie Dvorah Telushkin berichtet, zum Letzten, was ihm blieb, als er sein Gedächtnis verlor.) Sie durften, im Idealfall, nicht mehr als zwanzig Worte betragen:

Arkhitekt fin vort
Dan geba ken zen perfekt.
Aybig na
Plan in shrab iber
Di gantse tsat.
Shtag hoykh
Tsil vat.

Architekt des Worts
Dein Bau kann perfekt sein.
Ewig neu
Plane und überschreibe
Die ganze Zeit
Steig hoch
Ziel weit.

Oder:

Groyser farnem
Kost dikh nisht tayer
Kvalitet hoybt nisht dem praz
Dan boy-material
Fantazye in fayer
Antshlosener flays
Derhoybener gayst.

Ein großer Vorsatz
Kommt dir nicht teuer zu stehen
Qualität hat keinen Preis
Dein Baumaterial ist
Fantasie und Feuer
Entschlossener Fleiß
Gehobener Geist.

Und:
Ivukkhartu bakhayim
Bekhire iz du
Bekhire iz nytik
Yede minit.[323]

Entscheide dich fürs Leben
Freie Entscheidung ist gegeben
Freie Entscheidung ist erforderlich
Jede Minute.

1979 belegt Dvorah den Jiddisch-Sommerkurs an der Columbia-University, um sich mit ihrem Arbeitgeber in dessen Muttersprache unterhalten zu können. Nach einem Jahr harter Arbeit ist sie so weit. Und wenn er auch über ihren litauischen Akzent alles andere als glücklich ist – die »Litvaks« und die Polen sind einander so wenig grün wie die Preußen und die Bayern –, fängt er tatsächlich mit ihr Jiddisch zu reden an. Und sei es nur, um sie wieder länger um sich zu haben.

Wenn Isaac Jiddisch sprach, veränderte sich sein Gesicht und selbst seine Haltung. Alles passte auf einmal zusammen. Die leise gesproche-

nen Worte wurden Teil seiner Glieder, seines Rückgrats. Seine Augen funkelten oder nahmen einen strengen Ausdruck an, wie es dem natürlichen Sprachfluss entsprach. Wenn er dagegen Englisch sprach, meinte man die Untertitel eines fremdsprachigen Films ablesen zu müssen. Man konzentrierte sich auf die gesprochenen Worte, statt die Energie und die Nuancen seines Gesichts wahrzunehmen.[324]

Der Nobelpreis

Die aus einer religiös-katholischen Familie stammende Grace Farrell, heute eine Literatur-Professorin in Indiana, die mehrere Sammelbände mit Interviews und kritischen Schriften zu Singers Werk publiziert hat, war mit dem Ehepaar Singer seit 1974 befreundet. Sie hatte ihm auf Anraten ihres Doktorvaters ihre Dissertation geschickt, in der sie sich mit seinem Werk befasst, und er hatte aus Israel, wo er sich gerade aufhielt, geantwortet und sie kennen lernen wollen. Was dann in New York stattfand. *Anfangs war ich stark eingeschüchtert. Aber er war sehr nett zu mir. Und von da an entwickelten sie beide, Isaac und Alma, ein elterliches Verhältnis zu mir.*[325]

So verbringen sie 1976 gemeinsam ein Wochenende am Bard College, wo Singer einen Kurs in »creative writing« gibt.

Unsere kleine Zweizimmerwohnung befand sich im zweiten Stock, und in der Lobby lag ein ›Time-Magazine‹ oder eine ›Newsweek‹ mit Saul Bellows Bild auf dem Umschlag. Ich glaube, es war nur Alma, die das Bild sah und sagte: »Nun kriegt er ihn nicht mehr.« Als Alma das sagte, wirkte sie nicht eifersüchtig, sie stellte ganz einfach fest, dass ein jüdisch-amerikanischer Autor den Preis gewonnen hatte, und dass es keinen Platz mehr für einen zweiten gab.[326]

Was zeigt, dass sie ihren Mann für nobelpreiswürdig hielt. Und seinen literarischen Stellenwert realistisch einschätzte – ebenso wie die Wahrscheinlichkeit, dass, um mit Erich Maria Remarque zu sprechen, eine zweite Granate in ein frisches Granatloch einschlägt.

1977 weist Singer seinen Freund und Biografen Paul Kresh bei einem gemeinsamen Essen in einem vegetarischen Restaurant amüsiert auf Auszüge aus einem soeben erschienenen ›Buch der Listen‹

hin. Wo Henry Miller ihn unter die zehn größten Schriftsteller aller Zeiten einreiht. Und wo er aufgelistet wird als einer der »28 Autoren, die den Literatur-Nobelpreis hätten gewinnen können – und nicht gewonnen haben«. Darunter Tolstoj, Tschechow, Ibsen, Mark Twain, um nur einige zu nennen. Er sei stolz, in dieser Gesellschaft zu sein.

Am 5. Oktober 1978, am 4. Tag des neuen jüdischen Jahres 5739, wird Alma von einer Freundin angerufen, während sie in Miami, wo sie seit 1973 eine Ferienwohnung besitzen, im Drugstore frühstücken. Und so erfährt Isaac Bashevis Singer in einem der kleinen Cafés, in denen er sich seit jeher zu Hause fühlt, dass er sich von der Liste der Nicht-Nobelpreisträger streichen kann. Er bleibt skeptisch: *»Bist du sicher, dass es stimmt? Das muss ein Irrtum sein. Sie werden die Nominierung mit dem Preis verwechselt haben.«*[327] Und beschließt, auf alle Fälle zu Ende zu frühstücken.

»Ich habe den Nobelpreis nicht erwartet, aber als ich nach dem Frühstück nach Hause kam, sah ich Leute mit Kameras dastehen, um mein Wohnhaus herum, und Reporter, und sie alle stellten mir dieselbe Frage: ›Waren Sie überrascht? Sind Sie glücklich?‹ Und da ich mich mit ihnen nicht in eine Auseinandersetzung über die Natur des Glücks einlassen wollte, sagte ich: ›Ja, ich war überrascht und ich bin glücklich.‹ So ging das zehn oder fünfzehn Minuten weiter. Dann gab es eine Pause. Und einige Minuten später kam ein anderer Reporter dazu und sagte: ›Waren Sie überrascht? Sind Sie glücklich?‹ Und ich sagte: ›Wie lange kann ein Mensch überrascht sein? Und wie lange kann ein Mensch glücklich sein? Ich war überrascht, ich war glücklich, und jetzt bin ich derselbe Schlemihl wie zuvor.‹«[328]

Singer sieht sich auf einmal in einen derartigen Wirbelwind von Anfragen, Meldungen, Interviews hineingerissen, dass er genötigt ist, sein Telefon abzustellen. Es ist wieder eingeschaltet, als ihn, ausgerechnet am Nachmittag des Versöhnungstags, Präsident Carter anruft, um ihm zu gratulieren. (Was der Gefeierte weltmännisch übergeht.) Singer ist offiziell 74 Jahre alt, wahrscheinlich älter. Auf den Bildern von der Preisverleihung wirkt er zuweilen gestresst und müde, aber im großen Ganzen scheinen ihm seine Ehrenpflichten Spaß gemacht zu haben.

Sam Orenstein, Singers Stammkellner im »Famous Dairy«, will wissen, ob nun ein höheres Trinkgeld drin sei. Die Antwort: *»Dos* *harts lost nisht«* (das lässt das Herz nicht zu – das bring ich nicht). Nobelpreis oder nicht – Singer bleibt, der er ist. Er weigert sich, eine einmal zu tragende Frackausstattung käuflich zu erwerben und erscheint lieber mit überlangen gemieteten Hosenbeinen vor den Königlichen Majestäten. Zum Preisgeld – 163 000 Dollar – erklärt der Mann, der sich beim Vegetarier nie freihalten lässt: *»Ich glaube nicht, dass mir jemand was schuldet. Aber da es so gekommen ist, nehme ich es wie ein Mann.«*[329] Entscheidend ist für ihn etwas anderes: Der Preis sei *»ein Sieg und eine Anerkennung aller Jiddischisten. Ich teile ihn mit der jiddischsprachigen Welt und meinen englischen Lesern.«*[330]

Es sind anstrengende Wochen. Er muss Vorlesungen absagen und auch seine Telefonnummer in New York ändern. Um halbwegs in Ruhe an seiner Nobelpreisrede schreiben zu können, nimmt er sich ein Hotelzimmer, dessen Nummer er aber zunächst einigen und dann immer mehr Freunden weitergibt. Wie Dvorah Telushkin feststellt, gibt es beim Versteckspielen nichts Traurigeres, als nicht mehr gesucht zu werden. Schwierig ist die Frage der Begleitung: Die Akademie gesteht jedem Preisträger sieben Gäste zu. Was, da einige nahe Freunde und Bekannte zurückgelassen werden müssen, manche Verletzungen mit sich bringt. Almas Schwester und ihr Mann, mit denen die Singers jahrelang gut befreundet waren, kommen nicht mit, ebenso wenig wie Dvorah Telushkin, der es Singer eigentlich versprochen hat – dafür Singers Verleger Straus mit Frau, dessen Kompagnon Robert Giroux, der auch als Singers Lektor fungiert, Simon Weber, der Chefredakteur des ›Forverts‹ und Singers langjähriger Freund, sowie Israel Zamir, Singers Sohn, der über London aus Israel anreist. Zwei weitere Plätze hat Singer Almas zwei besten Freundinnen zugestanden. Außer der Reihe schließt sich Rabbi Berkowitz an, in dessen Synagogen Singer öfters Vorlesungen hält. Und der Biograf Paul Kresh, dem es gelingt, der Nachwelt zuliebe einen Extraplatz zu ergattern.

Dank ihm wissen wir, wie sie alle bei der Abreise angezogen sind: Singer im gewohnten dunkelblauen Anzug, Alma in elegant weiß-beige gewürfelter Pelzjacke, das Ehepaar Straus dezent, ebenso Robert Giroux, Simon Weber lässig in grau gewürfeltem Blazer und dunklen Hosen. Weber, Alma, Kresh und die Freundinnen fliegen Touristen-, Singer (dem die Akademie den Flug bezahlt) und die Verleger erster Klasse. Wobei Singer zwischen beiden Sitzklassen hin- und herpendelt.

Nach seiner Ankunft wird er gefragt, wen er selbst für den Literatur-Nobelpreis vorschlagen würde: *»Wenn ich fünf oder sechs Autoren vorschlagen könnte statt einen, würde auf jeden Fall Henry Miller darunter sein. Das mag überraschen. Auch wenn ich nicht so schreibe wie er, hat er meiner Meinung nach viel für die Literatur getan. Er hat gegen die Zensur gekämpft, und ich würde ihm allein dafür den Preis zugestehen. Abgesehen davon, dass ich ihn für einen großartigen Autor halte.«*[331]

Israel Zamir berichtet, dass sein Vater in einer öffentlichen Fragestunde bekannt gab, mit dem Preisgeld eine jiddische Ausgabe seiner Werke veröffentlichen zu wollen. Ein schöner Gedanke, den er leider nicht umsetzt.

Perspektivwechsel. Singer bekommt eine Suite im noblen Grand Hotel zugewiesen – *lauter Gold und braunes Leder und Kronleuchter*[332].

In diese prunkvolle Kulisse macht sich am nächsten Tag eine junge Frau auf, Dorotea Bromberg, die damals 21-jährige Tochter von Singers schwedischem Verleger. Sie und ihr Vater sind 1970 aus Polen zugewandert und haben ihren Verlag erst vor drei Jahren, 1975, gegründet. Buch Nummer 16 war Singers ›Zauberer von Lublin‹ gewesen, und viel mehr Bücher sind noch nicht dazugekommen. Was, wenn Singer es sich jetzt, nach dem Nobelpreis, anders überlegt und zu einem der großen schwedischen Verlage wechselt?

Sie hat einen Termin zum Tee. Und ist entsprechend aufgeregt. Als sie ins Hotel kommt, sieht sie, wie Hunderte von Journalisten sich gegenseitig bedrängen, vom Fernsehen, vom Radio, von Zeitungen. In der Mitte steht Singer, der mit jemandem spricht – einer Frau, die überhaupt nicht nach Journalistin aussieht. Sie ist Putzfrau im Hotel, wollte von Singer ein Buch signiert haben. Der Autor fing an, ihr Fragen zu stellen: »Sind Sie verheiratet?« – Die Putzfrau, eine Finnin, steht im Begriffe, sich von ihrem schwedischen Ehemann scheiden zu lassen. – »Sind die Finnen besser im Bett?« – Worauf sich die beiden angeregt in eine vergleichende Betrachtung des schwedischen und finnischen Sexuallebens vertiefen, etwa zwanzig bis dreißig Minuten lang. Die herumstehenden Journalisten kümmern Singer nicht.

Dorotea Bromberg kann mit Singer. Und wird – über die Jahre hinweg – eine sehr gute Freundin (keine Geliebte). Wenn sie ihn besucht – in den späteren Jahren immer in Miami – wartet er bereits auf sie. Gleichgültig, wie lange sie geflogen ist, wie gerne sie duschen und sich frisch machen würde – sie hat sich hinzusetzen und seine Fragen zu beantworten. »Begnügst du dich immer noch mit einem Mann?« – *Er war der Meinung, dass das Leben sehr kurz sei, da müsse man gleichzeitig zwei bis drei Beziehungen haben.* Dies dauert mindestens eine Stunde – bis die Befragte schlicht umkippt. Und sich schlafen legt. Danach geht man gemeinsam mit Alma etwas essen.

Sie kam meist aus dem schwedischen Winter. Und hätte so gerne das sommerliche Wetter in Florida genossen, zumindest einen Spaziergang am Strand gemacht. »Nein, nein, hier gibt es Air-Conditioning.« Also blieb sie bei ihm in den eisgekühlten Räumen.[333]

Singer wurde so etwas wie ihr Mentor, der sich auf eine sehr intensive Weise ihres Privat- und Berufslebens annahm. Ihr kleiner Verlag wurde zu einem der bedeutendsten Schwedens, der mit John Maxwell Coetzee den vierten Nobelpreisträger seit Singer publiziert (neben Czesław Miłosz und Octavio Paz).

Nun wird der prächtige Pomp, den sich die schwedische Hauptstadt und das schwedische Königshaus alljährlich gönnt, und an dem sich die Welt so freudig beteiligt, aus einem sehr tiefen und ernsten Grund veranstaltet: Der Mann, der mit seinen Sprengstoffen ein Riesenvermögen verdient hat, will, dass daraus den fünf Personen oder Personengruppen ein Preis zugesprochen wird, die im Jahr zuvor »am meisten zum Wohle der Menschheit getan haben«. Er hat fünf Gruppen benannt – Frieden, Medizin, Chemie, Physik und Literatur (der Preis für Wirtschaftswissenschaften ist eine spätere Stiftung zu Nobels Ehren durch eine Bank). Auch wenn dafür ausschließlich schwedische Institutionen verantwortlich sind, die, wie anders, gerade in der Literatur sprachpolitische Überlegungen mit einbeziehen, ist dies die höchste irdische Ehrung, die die Menschheit ihren literarischen Hoffnungsträgern zu verleihen hat.

Wollte man nun die Sprache Singers ehren oder den Autor? Und wenn man – wie so oft bei weniger verbreiteten Sprachen – die Sprache ehren wollte, warum gerade ihn? Und nicht jenen anderen, der auch hervorragend schreiben kann, dabei aber einen viel gesitteteren Eindruck macht, präsentablere Figuren schildert, noblere Themen wählt und ein vorbildlicheres Privatleben führt?

Die Welt des osteuropäischen Judentums ... wird in Singers Schriften zum Leben erweckt, in seinen Wachträumen, seinen sehr wachen Träumen, hellsichtig und illusionslos, ebenso verständnisinnig wie unsentimental erbarmungsvoll. Fantasie und Erfahrung durchdringen einander. Die beschwörende Kraft der Singer'schen Inspiration nimmt den Anschein des Wirklichen an, und die Wirklichkeit wird durch Träume und Fantasie in die Sphäre des Übernatürlichen erhoben, wo nichts unmöglich und nichts sicher ist.[334] Man kann es kaum besser sagen und überzeugender begründen, warum der Preis Isaac Bashevis Singer zukam, als dies in der »Nobelpreis-Laudatio« durch Professor Lars Gyllensten, den damaligen Ständigen Sekretär der Schwedischen Akademie tatsächlich erfolgt ist.

An den Anfang seiner Nobelpreisrede setzt Singer, auf der öffentlichsten Plattform, die ihm je zuteil wurde, das Bekenntnis zum Jiddischen – das auf Jiddisch, in seiner Muttersprache, erfolgt:

Die große Ehre, die mir die Schwedische Akademie zuteil werden ließ, ist auch eine Anerkennung des Jiddischen – einer Sprache des Exils, ohne ein Land, ohne Grenzen, durch keine einzige Regierung gestützt ...[335]

Er wechselt ins Englische. Nach einigen Überlegungen zur Stellung des Dichters in der Gesellschaft erinnert er an die Krochmalnastraße, wo er aufgewachsen ist, verbeugt sich, auch hier, vor seinem *älteren Bruder und Meister, Israel Joshua Singer*, und weist mit Nachdruck auf die Vorbildlichkeit der jiddischen Lebensform hin, *ihrer Fähigkeit, da Glück zu finden, wo andere nichts als Unglück und Erniedrigung sehen.*

Für mich ist Jiddisch eng mit denen verbunden, die es gesprochen haben. ... Es gibt einen stillen Humor im Jiddischen und eine Dankbarkeit für jeden Tag des Lebens, jeden Krumen Erfolg, jede Begegnung der Liebe. Die jiddische Mentalität ist nicht hochmütig. Sie nimmt den Sieg nicht als gegeben hin. Sie fordert und befiehlt nicht, sondern arrangiert sich, schmuggelt sich zwischen den Mächten der Zerstörung hindurch, im tiefen Wissen, dass der Gottesplan der Schöpfung noch am Anfang steht. ... Figürlich gesprochen, ist das Jiddische die weise und demütige Sprache von uns allen, das Idiom einer verängstigten und hoffnungsvollen Menschheit.[336]

Im ›Forverts‹ wird die Rede als Sonderbeilage abgedruckt. Titel: ›Idish-lebn, a muster far ale felker.‹

Berühmt

Singer war ein bekannter Autor gewesen. Jetzt ist er ein Star. Der sich nicht mehr auf der Straße zeigen kann, ohne umlagert zu werden. Dem die anhänglichen Fans die geliebten Tauben verscheuchen, die sich wegen der Menschenmengen nicht mehr füttern lassen. *[Mein Vater] lief durch die Straßen New Yorks wie ein Bräutigam am Hochzeitstag, jeder lobte ihn und gratulierte ihm.*[337] Dvorah Telushkin berichtet, dass jedes Mal, wenn Singer vorbeikam, der einarmige Besitzer eines Kleidergeschäfts, ein begeisterter Jiddischist, auf den Broadway herausrannte, den einen Arm erhob und dem Schriftsteller zu Ehren jiddische Lyrik rezitierte – darunter Verse von Melech Ravich, Singers erstem Mentor:

Muz ikh tave vern frier shtoyb, vos iz groy, ash, vos iz shvarts ...[338]

(Muss ich wirklich Staub, der grau ist, Asche, die schwarz ist, werden ... ehe ich – wie die klingenden Verse weiter fragen – das tiefste Geheimnis meiner Seele ergründen kann?)

Wenn die Fotografen oder Fans den Nobelpreisträger zu sehr bedrängen, pflegt er Deckung in der nächsten Gaststätte zu suchen. Einmal sei er dabei in einen heftigen Streit zwischen dem Kneipier und einem Mittelamerikaner geraten, der dort unbedingt seine Feuerzeuge loswerden wollte. Um, wie in einer seiner eigenen Geschichten, durch das Wunder eines unvermittelt auftauchenden Jiddischisten gerettet zu werden: *»Vos tut a tsadik do in aza besoylem?«* (Was tut ein Zaddik in einem solchen Loch?) Der sich mit Singer zusammensetzt und angeregt unterhält, während die beiden Streithähne sich beruhigen und die Menge sich allmählich zerstreut.

Doch manchmal werden es der Bewunderer zu viele und Singer

sieht sich genötigt, den täglichen Spaziergang zu verlagern. Israel Zamir: *Eines Tages, als ich zu ihm kam, sah ich, wie er seinen Spaziergang um das Stückchen Wiese im Innenhof seines Apartmenthauses verlegt hatte. Er war zum Gefangenen geworden, der seine tägliche Freistunde absolvierte. Ich schloss mich ihm an. Auf so kleinem Raum, ohne das Gewimmel der Straße, ständig im Kreis herumzulaufen, war erschöpfend und langweilig. Ein paar Gaffer standen im Eingangstor und schauten zu, wie der arme Autor seine Runden absolvierte. Der Pförtner hatte Anweisung, sie nicht hereinzulassen. Das war der Preis des Ruhms.*[339]

Doch lässt sich das – was der Sohn vielleicht nicht bemerkt hat, denn Singer tut alles, um es zu vertuschen – mit auf eine zunehmende Sehschwäche zurückführen, die ihn im Verkehr New Yorks unsicher werden lässt; Dvorah Telushkin hat die Haustür mit den vielen Kratzspuren ums mühsam gefundene Schlüsselloch beschrieben. Doch mit ihr als Begleiterin legt er nach wie vor sein berühmt-berüchtigtes Tempo vor (ein Block pro Minute; Dauer eines anständigen Spaziergangs zwei Stunden = 120 Blocks; Dauer eines Behelfsspaziergangs mindestens eine Stunde.)

Zu den vielen Ehrungen gehört auch die deutsche Buber-Rosenzweig-Medaille, die Alma entgegennimmt.

Und Singer wird eine der größten patriotischen Auszeichnungen zuteil, die seine Wahlheimat Amerika einem Autor bieten kann: die Aufforderung zur Festrede anlässlich der Diplomverleihung in West Point, der amerikanischen Militär-Akademie, komplett mit Abnahme einer Ehrenparade und Schau-Exerzieren. *Und während die Einheiten an uns vorbeidefilierten, erschien plötzlich Rabbi Mendel Pinchos, mein eigener Vater, vor meinem geistigen Auge und stand zu meiner Rechten. Er trug einen Kaftan und einen breitrandigen Hut, einen »Straymel«, einen wild wuchernden Bart, seine Schläfenlocken wehten im Wind, zitterten vor Angst vor den Behörden. Zu meiner Linken stand meine witzige und scharfsichtige Mutter Bathseba, die all dem wie einer absurden Erscheinung zuschaute und sich nach Kräften bemühte, nicht laut herauszuplatzen.*[340]

Wie Dorotea Straus bezeugt, hat sich Singer der Aufgabe mit Anstand und zur Zufriedenheit aller Beteiligten entledigt. Nur sein Abschiedsgruß »Frieden auf Erden« mag den jungen Militärs etwas unpassend erschienen sein.

Singer erlebt eine sehr aufwändige Verfilmung einer seiner Geschichten: von Jentl, dem Jeschiwa-Studenten. Sie war Anfang 1963 in der jiddischen Literaturzeitschrift ›Goldene keyt‹ veröffentlicht worden. Und 1964 im englischen Sammelband ›Short Friday‹. Sie handelt von einer jungen Frau, die weiß, *dass sie für das übliche Frauendasein nicht geeignet*[341] ist. Und beschließt, sich als männlicher Talmudstudent in eine Jeschiwa einzuschmuggeln. Was sie intellektuell ohne weiteres besteht. Nur dass sie sich dabei in ihren Studiengefährten Avigdor verliebt, der wiederum in eine Hadass verliebt ist, die er nicht kriegt, weswegen er eine Witwe nimmt, die er überhaupt nicht mag, was wiederum Jentl so sehr durcheinander bringt, dass sie auf den Gedanken kommt, Hadass, Avigdors große Liebe, zu heiraten. *Wer A sagt, muss auch B sagen. Gedanken ziehen Worte nach sich, und Worte Taten.*[342] Was zu immer weiteren Verwicklungen führt – bis sich Jentl schließlich, unter Preisgabe ihrer Identität, davonmacht und dafür sorgt, dass Avigdor seine Hadass doch noch bekommt.

Eine jener wunderbaren Geschichten, wo das Märchenhafte, wie der Sekretär der Schwedischen Akademie in seiner Laudatio feststellte, durch *die Kraft der Singer'schen Inspiration ... den Anschein des Wirklichen annimmt.*[343] Man denkt an das Schicksal von Singers älterer Schwester, die *fast jede Nacht im Bett beschloss ... ihre Pflicht, die Hausarbeit zu machen, aufzugeben und stattdessen ein Student zu werden.*[344]

Das Potenzial der Geschichte für eine theatralische oder filmische Umsetzung wurde früh erkannt, und die entsprechenden Rechte von einer Theateragentin erworben, die sie, infolge eines finanziellen Engpasses, an den Star weiterverkaufte, mit der sie sie gerne produziert hätte – an Barbra Streisand. Die dieselben jahrelang in der Schublade liegen ließ. Singer erarbeitete zwischenzeitlich – wofür er ihre Erlaubnis einholen musste – gemeinsam mit einer jungen amerikanischen Autorin das Theaterstück ›Yentl‹, an dessen Produktion er sich maßgeblich beteiligt. Wobei ihm sehr an der historisch richtigen Wiedergabe von Gebärde, Sprache und Kostüm liegt. Das

Theaterstück läuft einige Monate zu begeisterten Kritiken am Broadway. Star ist die junge Tova Feldschuh, die heute noch am Broadway auftritt (zuletzt, sehr erfolgreich, im Ein-Frauen-Stück ›Golda‹).

Als sich Barbra Streisand endlich zur Verfilmung entschließt, kommt sie in Singers Wohnung einmal mit dem Autor zusammen und kauft ihm zusätzlich noch die Rechte am Theaterstück für 5000 Dollar ab. Worauf sie ihm eine nette Karte und einen prächtigen Früchtekorb schickt.

Dass Barbra Streisand den nicht immer pflegeleichten Autor, der seine Vorstellungen mit Vehemenz vertritt, nicht bei ihrer Produktion dabei haben möchte, ist, professionell gesehen, eine vernünftige Entscheidung. Und dass sie ihm keine weitere Abgeltung für Rechte zahlen mag, die ihr bereits gehören, juristisch korrekt. Aber geht man so mit einem belletristischen Genie um? Dessen Geschichte man filmisch umsetzen will? Singer fühlt sich beiseite geschoben »wie ein Sack Kartoffeln«[345].

Und schlägt nach Fertigstellung des Films, der ihn nicht überzeugt, mit einem »Interview mit mir selbst« zurück, das am 29. Januar 1984 in der ›New York Times‹ erscheint. In dem er kein gutes Haar an Streisands Umsetzung lässt. *Sie erfolgte ohne jede Beziehung zu Yentls Charakter, ihren Idealen, ihrem Opfer, ihrer großen Leidenschaft für geistige Leistung. In ihrer jetzigen Gestalt hat die ganze lärmige Produktion bloß einen kommerziellen Wert.*[346]

Als ›Yentl‹ in Wengen lief, hat das Ehepaar Singer den Hotelbesitzer, dessen Frau, sowie das Ehepaar Hesch, die Urlaubsfreunde Almas, zu einer Vorführung des Films eingeladen, an der aber der Schriftsteller, wie sich Helen Castelain, die Hoteldirektorin, erinnert, nicht teilnahm. Danach wollte Alma wissen, wie denn der Film gefallen habe. Als man sich allgemein lobend äußerte, »sei ihr das nicht so recht gewesen«.

Der Jude aus Babylon

1982 fallen Dvorah, der Vertrauten, allmählich gewisse Veränderungen an ihrem Chef auf. Er, dessen Stärke die unersättliche Neugier auf Menschen und deren Schicksale gewesen ist, hört auf zuzuhören und fängt an, ausschließlich zu erzählen oder von sich und seinen Erfolgen erzählen zu lassen. Er liest, was sie ihn vorher nie hat tun sehen, Kritiken, und das nicht nur einmal, sondern wiederholt. Eine besonders gute lässt er gar auf einer Party vor versammelter Gästeschar vortragen: *»Bald werden sie noch sagen, ich sei Gott der Allmächtige persönlich.« Isaac schaute sich lächelnd um. Die Gruppe lächelte zurück, rückte ein bisschen hin und her und verharrte in unnatürlichem Schweigen.*[347]

Es ist das erste Anzeichen der Erstarrung, die allmählich von ihm Besitz ergreift.

»Wehe mir!«, stöhnte er. »Ich habe nicht mehr Kraft genug für sie.« Er meinte die Geschöpfe der Unterwelt, die Dämonen, mit denen er ein Leben lang gekämpft hatte. Jetzt, da er alt und schwach geworden war, fingen sie an, sich zu rächen.[348] So ›Der Jude aus Babylon‹, eine Geschichte, die der junge Autor noch in Polen verfasst hat und nun, im Alter, auch auf Amerikanisch herausgibt. Über einen großen jüdischen Zauberer, der in Babylon magische Kräfte erwarb, die er zum Guten seiner polnischen Mitjuden einsetzt – um sie vor Impotenz, bösem Blick und allen möglichen Krankheiten zu schützen –, während er selber von ihnen gemieden wird und in einer »elenden Hütte« am Stadtrand von Lublin wohnen muss, von einer Christin betreut, allein und ausgestoßen. Wo ihn die Kräfte der Finsternis zu überwältigen drohen. An diese Geschichte hat Dvorah Telushkin in Singers Spätzeit immer wieder denken müssen.

Noch ist Singer tätig. 1980 erscheint ein neuer Roman im ›Forverts‹, ›Der König der Felder‹. Über den Eintritt der ahistorischen polnischen Völkerstämme in die Geschichte. Und den zum Scheitern verurteilten Versuch des Sammlers und Jägers »Cybula«, mithilfe der neu eingeführten Ackerbautechnik ein an humanen Regeln orientiertes Gemeinwesen zu schaffen. Worin er sich von einem als Sklaven in diese Gegend verschlagenen Juden, »Ben Dosa«, unterstützen lässt.

Seit 1978 unterrichtet Singer an der Universität von Miami, wo er den Winter zuzubringen pflegt, »creative writing«, gemeinsam mit dem Autor und erfahrenen Literaturpädagogen Lester Goran. Bei seiner Antrittsvorlesung erscheinen 600 Leute, es gibt Begrüßungsartikel, er wird gefeiert.

Aber er muss trotz allem gespürt haben, dass seine Kräfte nachlassen. Dass die geschmeidige Elastizität, mit der er blitzschnell auf neue Situationen und Personen reagieren konnte, allmählich verbraucht ist. Dass der Respekt und die Achtung, die man ihm entgegenbringt, mehr und mehr seiner bisherigen Leistung gelten als seiner gegenwärtigen Ausstrahlung.

Lester Goran, ein kräftiger, massiv gebauter Mann, dessen Mutter eine hingebungsvolle ›Forverts‹- und Singer-Leserin gewesen war (was Singers starke Wirkung auf ihn erklären mag), ein ehemaliger Militärpolizist mit festen Grundsätzen, berichtet, wie Singer ihn anzuschauen und mit großer Selbstverständlichkeit Dinge zu unterstellen pflegte, die nichts, aber auch gar nichts mit seiner Wirklichkeit zu tun gehabt hätten: wilde Abenteuer mit tollen Studentinnen, brennendes Interesse an einer Geschichte, das nicht da war, und anderes mehr.

Die Universität, die dem Autor 30 000 Dollar im Jahr für nicht ganz dreißig Vorlesungsstunden zahlt (einige schwänzt er), macht trotzdem ein gutes Geschäft; denn die Spenden, die sein Name einbringt, übersteigen die Ausgaben um ein Mehrfaches. Selbst wenn man den Aufschlag von 200 Dollar dazurechnet, den die lange weiße Limousine kostet, die Singer jede Woche in seinem Apartment in Miami abholt. Denn der Autor, der stets an einer gewissen Orientierungsschwierigkeit gelitten hatte, kommt mit der neuen Umgebung derart schlecht zurecht, dass dem Problem nur so begegnet werden kann.

Lester Goran schreibt, dass ihm eigentlich schon bei der ersten Stunde klar geworden sei, dass Singer nicht mehr aufnahmefähig genug war, um sich auf die Arbeiten der jungen, erst werdenden Autoren einzulassen. Doch angesichts von Singers Charme hätte er es nicht über sich gebracht, sich dies einzugestehen. Was der Literaturprofessor im Nachhinein mit einem Heine-Zitat begründet: *... keiner ist so verrückt, dass er nicht einen noch Verrückteren fände, der ihn versteht.*[349] Womit er, nicht anders als Dvorah Telushkin an der oberen Ecke des amerikanischen Kontinents, in die Phase des Niedergangs und der allmählichen Auflösung einer faszinierenden Persönlichkeit hineingezogen wird, deren Bannkraft und Charisma selbst dann erhalten bleiben, als die tragende große Intelligenz allmählich wegbricht. Goran beobachtet, wie Singer im Unterricht ziemlich exakt abwechselnd mal stark lobt, mal stark tadelt, beides ohne Beziehung zum vorgetragenen Text.

Auch in das Eheleben der Singers bekommt Goran Einblick. Alma, die erschrocken feststellt, dass sich ihr Mann manchmal mit Kleidern in die Badewanne legt oder den Pyjama über den Anzug anzieht, wenn er in die Klasse will. Während Singer, immer noch schlagfertig, Pointen setzt. Als Alma einen Fehler in einem Text findet, sagt er laut: *»Sie hat das Auge eines Adlers.«* Um nach einer wirkungsvollen Pause leise hinzuzufügen: *»Und sie hat das Hirn eines Adlers.«*[350]

[Isaac] sagte mir mehrmals, dass er unbedingt von ihr weg wollte, während sie mich manchmal vorsichtig am Ärmel zupfte und mir zuflüsterte, dass er sie bald so verrückt gemacht haben werde, wie er es bereits sei. Aber zwischen den beiden bestand eine tiefe Verbundenheit, voller gegenseitiger Sympathie und Verständnis, unergründlich, ein Bollwerk gegen die Welt.[351]

Dvorah Telushkin passiert es nun mehrmals, dass sie in Singers Auftrag Mittel auslegt (etwa für mühsam hergestellte Fotokopien alter und brüchiger Zeitungsausschnitte), die dieser dann auf einmal nicht mehr erstatten will. Bereits besprochene und angeleierte Projekte werden plötzlich fallen gelassen.

Singers Umgang, wenn er gut drauf ist, ist nach wie vor bezaubernd und faszinierend. Noch kann er, wie Lester Goran, der sich ihm als unentgeltlicher Co-Übersetzer zur Verfügung stellt, bezeugt, seine Geschichten mit gewohnter Meisterschaft ins Amerikanische übertragen. Aber sobald das Leben sich außerhalb dieser bekannten Bahnen bewegt, findet sich der Autor immer schlechter zurecht. Singer leidet an Altersdemenz. Der Mann, der seinem Sohn sagen konnte, wo im Rabbinerhaus von Bilgoraj welches Buch gestanden hatte, vergisst auf einmal die einfachsten Dinge.

Als er 1984 mit Dvorah Telushkin spazieren gehen will, lässt er sie eine halbe Stunde im Hof warten. *Als ich endlich nach oben ging, fand ich ihn verstört im hinteren Korridor. »Ich habe Angst«, sagte er mir. »Ich bin an einen Punkt gekommen, wo ich mich nicht mehr an die Namen meiner Helden erinnern kann. Wenn ich mich zum Schreiben niedersetzen will, vergesse ich offenbar, wer wer ist. Deborah«* – Isaac *fasste nach mir und stützte sich auf meinen Arm – »das ist die größte Tragödie, die einem Autor passieren kann.«*

Er ist schrecklich angezogen, in unpassenden Hosen, falschem Jackett und verflecktem, offen stehenden Regenmantel. Dvorah führt ihn ins Chaos-Zimmer, um angemessene Kleidung für ihn auszusuchen. Und dort, vor den vielen Ehrendiplomen, vor dem Foto, das den Nobelpreisträger mit den überlangen Hosen vor dem König zeigt, teilt er ihr mit: *»Ich bin derart farblondzeht (verwirrt), dass ich nicht mehr weiß, was ich tue.«*[352]

Er hat immer stärkere Verarmungsängste. Der so selbstsicher und schlagfertig erscheinende Mann führt nun stets 7000 Dollar in Reiseschecks mit sich, um auf alle Eventualitäten – wie eine plötzliche Ausweisung – vorbereitet zu sein. *Es ist besser so. Ich gehöre nicht zu den Optimisten, die sich in Amerika sicher fühlen. Ich bin nicht so überzeugt wie sie. Ich muss immer ein wenig Geld dabei haben. Falls es so schlimm kommt, dass ich plötzlich weg muss.*[353]

Bei einer Vortragstour ruft er sie nachts um ein Uhr vierzig an, weil er fürchtet, nicht bezahlt zu werden. Während der gemeinsamen Spaziergänge auf dem Broadway wühlt er in Mülleimern und zieht feuchte Zeitungen heraus. Schließlich geht er nur noch mit ihr aus, wenn sie zuvor verspricht, ihren Kaffee selbst zu bezahlen. In diesem Zustand bringt er noch die englische Fassung von ›König der Felder‹ zuwege und freut sich ungeheuer, als das Buch gut angenommen wird. Aber bei der kleinsten beruflichen Frustration rastet er aus. Singer, dessen zu versteuerndes Jahreseinkommen 1983 mit 575 000 Dollar angegeben wird,[354] zählt ständig fünf Dollar durch – und lässt sich nicht von der verzweifelten Vorstellung abbringen, es seien seine letzten. Seine Tischmanieren waren nie besonders gepflegt gewesen; nun weiß er kaum mehr, von welchem Teller er essen oder aus welchem Glas er trinken soll und wie. Lester Goran: *Er pflegte Brotkrumen von einem schmutzigen Tisch aufzupicken, an dem wir zu dritt saßen; halb angeknabberte Brötchen zu verzehren, die vom vorigen Gast in der Restaurantnische zurückgelassen worden waren; den Arm unvermerkt in verschüttete Flüssigkeit zu legen und ohne einen Blick auf den Inhalt fast jede Tasse leer zu trinken, die er auf einem Tisch entdeckte.*[355]

Der »Jude aus Babylon« wird schließlich – trotz eines letzten, verzweifelten Stoßgebetes – von den Kräften des Bösen geholt. *Am Morgen fand man ihn tot, mit dem Gesicht nach unten, nicht weit von der Stadt. Sein Kopf war im Sand begraben, Hände und Füße ausgebreitet, als sei er aus großer Höhe abgestürzt.*[356]

Doch erstaunlich ist vielleicht weniger, dass auch Singer der Zeit seinen Tribut zahlen muss, als dass er derart lange und zäh dagegen halten konnte.

Es dauert bis zum Januar 1988, ehe der ehrliche Lester Goran meint, den Unterricht mit Singer nicht mehr verantworten zu können. Was die Universität dem Autor leichter machen will, indem sie ihm sein Gehalt vorläufig weiterbezahlt, ihn aber nur beschränkt beschäftigt (drei Vorträge pro Semester). Die weiße Limousine allerdings, die Singer einmal die Woche zur Vorlesung abgeholt hat, soll gestrichen werden – Motto: Taxi genügt. Und gerade an ihr war dem alten Mann so sehr gelegen – zeigte sie doch den anderen alten Leuten in seinem Wohnblock, dass er immer noch gebraucht wurde, dass er jemand war.

Singer geht auf Lester Goran los, den er für seinen »Rausschmiss« verantwortlich macht. Gleichgültig, wie sehr dieser sich um die Zusammenarbeit mit ihm verdient gemacht, wie intensiv er sich privat um ihn gekümmert und wie viele Erzählungen er unentgeltlich übersetzt hat. Singer will mit ihm nichts mehr zu tun haben. Was Lester Goran, einen gestandenen Mann, dem die Zusammenhänge von Alter und Persönlichkeitsveränderung nur zu gut bekannt sind (sein eigener Vater hatte ein ähnliches Schicksal), der als Künstler durchaus Verständnis für die Eigenheiten der Singer'schen Persönlichkeit hat, bis heute schmerzt.

Noch brutaler verläuft die Trennung für Dvorah Telushkin. Denn die hat Singer sehr gerne. Er hat sie *behaymele* (dummes Kühlein), *tnoyfes* (Kadaverchen), *chanzir* (Ferkelchen), *oytserl* (Schätzchen), *oytserl mayner* (mein Schätzchen) genannt. Die junge Frau, die auf das Grab ihrer Mutter geschworen hatte, ihn bis zuletzt und unter allen Umständen zu pflegen, hat nun selbst ein Kind. Steckt in einer immer problematischer werdenden Ehe, die schließlich in Scheidung endet. Und kann es ihrem Chef je länger je weniger recht machen. Er setzt ihr zu, weil sie als Schriftstellerin nicht produktiv genug ist – und hat Mühe, sich mit ihrem Erfolg als Geschichtenerzählerin abzufinden. Die Spannungen werden derart massiv, dass sie aufhören will. Worauf er ihr eine bedeutende Gehaltserhöhung anbietet. Mit zugesicherter Abfindung von 15 000 Dollar. Aber auf Dauer ist das Verhältnis nicht mehr zu kitten. Singer beschimpft Dvorah Telushkin als »treulos«, weil sie ihn nicht aufopferungsvoll genug pflegen will. Verflucht sie aufs Grässlichste. Fühlt sich unvermittelt von ihr bedroht. Macht ihr fürchterliche Szenen. Um sich anschließend zu entschuldigen: *»Mein Kopf ist krank. Das ist mein eigener Wahnsinn. Ich erzeuge Wahnsinn in anderen.«*[357]

1987 kommen sie überein, sich im gegenseitigen Einverständnis zu trennen. Singer diktiert Dvorah ein wunderbares Abschiedszeugnis in die Maschine. Dann geraten sie wegen der vertraglich vereinbarten Abfindung von 15 000 Dollar erneut aneinander. Alma bringt einen Kompromiss von 8000 Dollar zustande. Singer ist einverstanden. Aber fürs Scheck Ausstellen sei er zu geschafft. Dvorah hat denselben nie erhalten.

Ganz trennen sie sich nicht. Dvorah besucht ihn mehrmals in Miami und ist bis zuletzt ab und an für ihn tätig. Singer hat Dvorah zu wiederholten Malen ein Legat von 100 000 Dollar versprochen. Wie sie beteuert, ohne jegliche Erwartungshaltung oder Zutun ihrerseits. Bei Lester Goran waren es 20 000 Dollar. Der lebenserfahrene Goran hat dies gleich als gut gemeinte Geste ohne Wirklichkeitsbezug verstanden, während die jüngere, finanziell ungesicherte Dvorah Telushkin mit ihrem Kind Singers unerfüllt bleibendes Versprechen ernster nahm. Wobei sie sich, wie sie ihm stets gesagt hatte, nur eines von ihm wünschen würde: seine erste jiddische Schreibmaschine, die Remington von 1935. Die hat er ihr bei einem ihrer späteren Besuche in Miami beiläufig geschenkt.

1988 besucht der Sohn seinen Vater zum letzten Mal in New York. Singer, der so stolz darauf war, mit seiner alten, aus Polen mitgebrachten Armbanduhr auszukommen – deren Band er zuweilen mit einer Sicherheitsnadel flickte –, trägt nun ein spezielles medizinisches Gerät, das seinen Puls misst. Statt der gewohnten schwarzen Herrenschuhe hat er eine jener sportlichen Stoff- und Gummikonstrukte mit Klettverschluss an den Füßen, die er eigentlich grässlich fand.

Israel Zamir: *Seine einst blauen Augen wirkten dunkel. Eines davon war kürzlich operiert worden, und er litt immer noch an Schmerzen. Ein Jahr zuvor hatte man ihm die Prostata entfernt. Wenn er heftige Schmerzen hatte, bekam er einen Wutanfall und warf den Körper herum, um sich etwas Erleichterung zu verschaffen. Sein Geist war jedoch klar, und er schien sich zu freuen, dass er mich sah. Ich hatte meine neue Übersetzung des ›Büßers‹ dabei.*[358]

Die sich der Vater probeweise vorlesen lässt, weil er sie mit eigenen Augen nicht mehr lesen kann. Dann nimmt er den Sohn zum vegetarischen »American Restaurant« am Broadway mit. Man bestellt, isst, doch dann hat der Vater das Interesse an der Mahlzeit verloren.

»In Israel gehen sie gegen das Jiddische los«, sagte er. … »Hunderte Jahre haben die Juden Jiddisch gesprochen. Und heute geht eine großartige literarische Tradition verloren. … Ich kann nicht verstehen, warum Israel das Jiddische verachtet, darauf spuckt. … Ist das Jiddische nicht Teil unserer Kultur? Unserer Väter und Vorväter? Warum sollen wir uns ihrer schämen? Mit unseren eigenen Händen erziehen wir unsere Kinder gegen uns!« Er schrie beinahe. … Noch heute klingt mir jedes Wort in den Ohren.

Den Heimweg legen sie aufgrund von Almas dringenden Bitten, den angestrengten Vater nicht noch mehr zu ermüden, schweigend zurück.

Als wir zum Hauseingang kamen, lief eine attraktive junge Frau an uns vorbei. Mein Vater blieb stehen und wandte sich bewundernd um.

»Immer noch?«, fragte ich ungläubig.

»So lange ich Atem in meinem Körper habe«, antwortete er mit seinem alten, charmanten Lächeln. »Ich mag ein bisschen taub und blind und selbst ein bisschen senil sein, aber ein hübsches Gesicht erkenne ich nach wie vor.«[359]

Danach zieht Singer endgültig nach Miami um. Wo die an seinem Wohnhaus in Surfside vorbeiführende Straße bereits zu seinen Lebzeiten in »Isaac-Bashevis-Singer-Boulevard« umbenannt worden ist.

Als ihn Paul Mazursky wegen der Filmrechte für die 1989 entstandene Umsetzung von ›Feinde‹ besucht, sitzt Singer bereits im Rollstuhl. *Er schaute zu mir auf und fasste mich an der Hand. Er hatte einen festen Händedruck. Und sagte: »Was Barbra Streisand mit ›Yentl‹ machte, hat mir gar nicht gefallen.« Also sagte ich: »Mr. Singer, ich verspreche Ihnen – keine Lieder.« – »Sie sind ein guter Junge.«*[360]

Singer fällt immer mehr der geistigen Umnachtung anheim. Ein alter, hilfloser Mann, der, von seiner hingebungsvollen Frau Alma und einer von allen Seiten gelobten Krankenschwester, Amparo Ruiz, bestens betreut, langsam dahindämmert und auf den Tod wartet? Singer wäre nicht Singer, wenn es ihm nicht gelänge, selbst hier, am Rande des Nichts, das immer mehr von ihm Besitz ergreift, zu entkommen, und sei es nur für Augenblicke.

Israel Zamir: *Einmal, während eines meiner Besuche, schrie er ganz plötzlich – vielleicht infolge eines inneren Gesichtes – sehr laut: »Naama!«*[361]

Es dauert einige Zeit, bis der Sohn versteht. Die zur Dämonin gewordene Naama war die große Liebe des »gut neunhundertjährigen Methusalem« gewesen, als dessen Versucherin sie in der gleichnamigen Geschichte – einer der letzten des Autors – auftritt. Wo Methusalem vor seinem Tod durch Naamas unfreiwillige Hilfe zur Erkenntnis gelangt: *Gott hat den Söhnen Adams eine Fülle von Eigenliebe, das gefährliche Geschenk des Verstandes, wie auch die Illusionen von Zeit und Raum gewährt, aber nicht den Sinn für ein Ziel und den Sinn für Gerechtigkeit.*[362]

Gabriele Werffeli, die einen maßgeblichen Beitrag zu dem schönen ›Du‹-Sonderheft über Isaac Bashevis Singer vom Oktober 1990 geleistet hat und später eine Zeit lang die Begleiterin von Alma Singer wurde, beschreibt, wie sie die Wohnung der Singers in Miami betrat, während Singer reglos auf dem Sofa lag. Einmal, unvermittelt, habe er sie, mit geschlossenen Augen, angesprochen. Und wissen wollen, wer sie sei. Sie habe nicht zu antworten gewusst, und er sei immer dringender und lauter geworden. Die herbeigeeilte Alma habe ihn umgehend beruhigt. »Duhli (oder »Dooley«, Almas Kosename für Singer), das ist die Gabriele.« Darauf Singer, mit geschlossenen Augen, in einem gar nicht lauten, aber von derart weit her kommenden Ton, dass es ihr durch und durch gegangen sei: »Du bist der Engel Gabriel.« – Worauf er wieder still liegen blieb und sie nicht mehr zur Kenntnis nahm.[363]

Es ist bezeugt, dass Singer, bis zuletzt, immer wieder Zeichen auf Papier kritzelte. *Das Gehirn ist voller kleiner Türen und Kämmerchen. ... Doch letztlich lässt sich alles auf die Seele zurückführen. Ohne die Seele wäre der Kopf nicht klüger als der Fuß.*[364] Man möchte wünschen, dass dies dem, was vom Schriftsteller Singer noch da war, die Befriedigung bot, die ihm das Schreiben zeit seines langen schöpferischen Lebens stets gewährt hat. Und kann nicht umhin, ein klein wenig zu bedauern, dass man als Leser so gar nichts von seinen letzten Anstrengungen hat.

Isaac Bashevis Singer stirbt am Mittwoch, dem 24. Juli 1991. Alma, die ihren immer kränkeren Mann fast bis zu allerletzt bei sich behielt, einmal gar in fliegendem Wechsel eine größere Wohnung im gleichen Haus bezog, um die Krankenschwester und die stets umständlicher werdenden medizinischen Apparaturen sicher unterzubringen, hatte zuvor noch den Verlust ihrer eigenen Tochter verkraften müssen, die viel zu jung dem Blutkrebs zum Opfer fiel.

Sie entscheidet, dass der Mann, dessen Leben sie über ein halbes Jahrhundert teilte und neben dem sie, auch nicht mehr die Jüngste und Gesündeste, einmal zu liegen gedenkt, in der Nähe ihrer Tochter begraben wird. Auf dem alten, etwas abseits gelegenen jüdischen Friedhof »Beth-El« in Paramus, New Jersey. Entsprechend den Beerdigungsgebräuchen in Amerika wird in einem »Funeral Parlor« bei einem privaten Beerdigungsunternehmer Abschied genommen, wobei etwa dreihundert Menschen erscheinen. Die Leichenrede hält der gleiche Rabbi Berkowitz, der zur Verleihung des Nobelpreises mitreiste; als mittendrin das Mikro unerklärlicherweise ein nicht zu stoppendes Rückkoppelungspfeifen von sich gibt, wird das von all denen, die mit deren Inhalt unglücklich sind, den legendären Kräften des Verstorbenen zugeschrieben. (Als der Sohn danach einige allgemein als sehr berührend empfundene Worte spricht, gibt es plötzlich keinerlei technische Probleme mehr.) Doch zur eigentlichen Beerdigung in New Jersey gehen nur diejenigen, für die ein Platz in einer Limousine vorgesehen ist. Da Alma, den Grundsätzen ihrer langjährigen Ehe getreu, nur einen einzigen Wagen bestellt hat, hätte selbst Israel Zamir ohne die improvisierte Hilfe motorisierter Freunde der Beerdigung des eigenen Vaters fernbleiben müssen. Als die kleine Gesellschaft nach dem traurigen Anlass den Friedhof verlassen will, findet sie das Tor verschlossen: Die Grabstätte sei noch nicht voll bezahlt. Alma versucht den Friedhofsbetreibern klar zu machen, wer hier bei ihnen beerdigt wurde. Umsonst. Mit der Gleichmütigkeit eines antiken Totenschiffers wird auf die hohen Fixkosten verwiesen. Worauf Alma ihr Scheckbuch hervorholt.

Singer war ein großer und eifriger Testamentschreiber gewesen; mindestens zwei ausführliche Versuche sind bezeugt, wahrscheinlich waren es mehr. Aber zuletzt hat er, müde geworden, das Ordnungmachen Alma überlassen. Und sie räumt in der Hinterlassenschaft ihres Mannes ebenso konsequent auf wie im eigenen Leben. Nach einigen Anlaufschwierigkeiten organisiert sie eine finanziell wie literaturwissenschaftlich zufrieden stellende Abwicklung; das Singer-Archiv geht ans Harry Ransom Center der University of Texas, wo es wissenschaftlich erschlossen wird. Die New Yorker Wohnung wird aufgelöst, aller überflüssige Besitz an den Meistbietenden verkauft; der 50-Dollar Schreibtisch und der kommerziell uninteressante Teil der Bibliothek gehen an die »Molly S. Fraiberg Judaica Collection« der »Florida Atlantic University«, einer Privatuniversität in Boca Raton, wo sie besichtigt werden können. Alma zeichnet für die postume Herausgabe dreier Romane – ›Meschugge‹, ›Das Visum‹ und ›Max der Schlawiner‹ – verantwortlich und stirbt am 11. Januar 1996. Und wird, wie sie es sich gewünscht hat, neben ihrem Mann begraben.

Schlussfantasie: In seinem letzten veröffentlichten Interview wurde Singer gefragt, wie man sich einmal an ihn erinnern solle.

Ich möchte, dass man mich als einen guten Autor in Erinnerung behält, nicht als einen schlechten Autor. Ich möchte, dass man mich als einen guten Menschen in Erinnerung behält, nicht als einen schlechten Menschen. Aber ob sich das so ergeben wird, ist eine große Frage.[365]

In Singers Geschichten stößt man öfter auf die Vorstellung, dass in der kommenden Welt jemand für den Verstorbenen eintritt. Und ihm hilft, sich, im Sinne der in seiner Nobelpreisrede umrissenen jiddischen Mentalität, trotz der eigenen Unzulänglichkeit ins Paradies hineinzuschmuggeln, sich mit den Himmelsmächten zu arrangieren. Wenn der ältere Bruder, ganz gegen seine Gewohnheit, die Lust am Helfen verloren haben sollte, wenn der jüngere Bruder und die Mutter nicht wollen oder können, wenn der Vater aufgrund rabbinischer Bestimmungen passen muss, wenn das Verdienst seiner frommen Ahnen zum Ausgleich von Singers menschlichen Schwächen nicht ausreicht, könnte, so stellt man sich vor, der Mann mit der Witterung für Talente, Jacques Levi, der Freund Kafkas, der an allerhöchster Stelle das eine oder andere zugute haben dürfte, sich für seinen hoch begabten literarischen Freund aus Warschau verwenden. Und, so sie denn an so erhabenem Ort zur Kenntnis genommen wird, die Freude und das Vergnügen, die Singers Schriften seinen vielen irdischen Lesern gemacht haben und gewiss noch lange machen werden. »*Schließlich, was ist denn ein Schriftsteller? Nur seine Werke.*«[366]

Danksagung

Dieses Buch wäre nicht möglich ohne die eingehenden Vorarbeiten und die Hilfe anderer. Zunächst sind dies die beiden Biografien von Paul Kresh und die neue Singer-Biografie von Jane Hadda, sowie die Singer-Studie von Agata Tuszynska. Weiterhin die Erinnerungen von Singers Sohn Israel Zamir und Singers langjähriger Sekretärin Dvorah Telushkin, die mir beide freundlich die Erlaubnis zur ausführlichen Zitierung erteilt haben, der Gedenkaufsatz seines Neffen, Maurice Carr, und das Buch von Singers Mitarbeiter in Miami, Lester Goran. Sowie die Bibliografien von David Neal Miller und Roberta Saltzman, die als Assistant Chief Librarian der Dorot Jewish Division der Public Library of New York die Recherchen zu diesem Buch maßgeblich unterstützt hat, was auch für die Mitarbeiter der Bibliothek der Jüdischen Gemeinde zu Berlin gilt.

Ich habe all denen zu danken, die ihre Erinnerungen an den großen Autor mit mir teilten: Dorotea Bromberg und Knut Ahnlund aus Schweden, Helen und Bob Castelain, Irmgard und Heinrich Hesch, Dorothea Straus, Emily und Bruce Davidson, Dvorah Telushkin, Klaus Wassermann, Gabriele Werffeli, Grace Farrell, sowie Israel Zamir und den früheren und heutigen ›Forverts‹-Mitarbeitern Fanny Jacobson, Vera Hannenberg, Harold Ostroff, Louis Katz, Kobi Weitzner, Itzik Gottesman und Chana Pollack. Weiterhin gilt mein Dank den Mitarbeitern des YIVO New York; Monika Adamcyk-Garbowska und Konrad Zielinski von der Uniwersytet Marii-Curie Skłodowskiej Lublin; Gayle Schlissel Riley und Michael Honey; Nelli Pehl, die mich über die Zustände in Kasachstan informierte; Jeannette Cohen-Kin, die mich auf den jüdischen Hintergrund von Wengen hinwies; sowie Ida Friedlande und Maoz Azarjahu, deren engagierte Hilfe für das Verständnis der jiddischen Texte unabdingbar war. Ich habe zu danken dem Carl Hanser Verlag München, Thomas Zenke vom Deutschlandfunk Köln, meiner Lektorin, Katharina Festner, und meiner Frau, Flóra Tree.

Fußnoten

Kindheit und Jugend

1 Isaac Bashevis Singer, ›The Autobiography of Yiddish‹, zitiert in Dvorah Telushkin, ›Master of Dreams. A Memoir of Isaac Bashevis Singer‹, William Morrow and Company Inc., New York 1997, S. 93f.*
Alle mit * gekennzeichneten Zitate sind vom Verfasser übersetzt.

2 Bernard Weinryb, ›The Jews of Poland‹, The Jewish Publ. Soc. of America, Philadelphia 1973, S. 164.*

3 Vor dem Kosakenaufstand von 1648 wird ihr Anteil auf 5 Prozent der Gesamtbevölkerung geschätzt, worauf er stark abnimmt, um, bei der Bevölkerungszählung von 1766, wieder auf 7 Prozent anzusteigen. Nach der polnischen Teilung kommen Emigranten aus Russisch Polen dazu.

4 ›Salomon Maimons Lebensgeschichte‹, von ihm selbst erzählt und herausgegeben von Karl Philipp Moritz, neu herausgegeben von Zwi Batscha, Insel Verlag, Frankfurt/M. 1984, S. 13.

5 Ebd., S. 11.

6 Ebd., S. 13.

7 Israel Joshua Singer, ›Von einer Welt, die nicht mehr ist – Erinnerungen‹, Deutsch von Gertrud Baruch, Carl Hanser Verlag München Wien 1991, S. 140f.

8 Isaac Bashevis Singer, ›Mein Vater, der Rabbi‹ (Nach der Hochzeit), Deutsch von Otto F. Best, Rowohlt, Reinbek bei Hamburg 1971, S. 56.

9 Ebd. (Der Stammbaum), S. 53.

10 Isaac Bashevis Singer, ›Ein Tag des Glücks und andere Geschichten von der Liebe‹ (Fremde), Deutsch von Ellen Otten, Deutscher Taschenbuch Verlag, München 1992, S. 274.

11 Israel Joshua Singer, ›Erinnerungen‹, S. 145.

12 ›Mein Vater, der Rabbi‹ (Der Stammbaum), S. 53f.

13 Israel Joshua Singer, ›Erinnerungen‹, S. 26.

14 Isaac Bashevis Singer, ›Eine Kindheit in Warschau‹ (Wer ich bin), Deutsch von Karin Polz, Deutscher Taschenbuch Verlag, München 1983, S. 9.

15 Telushkin, S. 223.*

16 Israel Joshua Singer, ›Erinnerungen‹, S. 171.

17 Maurice Carr, ›My Uncle Itzhak: A Memoir of I.B. Singer‹, in: ›Commentary‹, Ausgabe vom Dezember 1992, S. 27.*

18 ›Ein Tag des Glücks‹ (Fremde), S. 274.

19 Israel Joshua Singer, ›Erinnerungen‹, S. 51.

20 Ebd., S. 167.

21 Ebd., S. 170.

22 Paul Kresh, ›Isaac Bashevis Singer. The Magician of West 86th Street. A Biography‹, The Dial Press, New York 1979, S. 390.*

23 Wie der polnische Historiker Konrad Zielinski vermutet, wurden jeweils nur bestimmte Jahrgänge für den Militärdienst gezogen, und da sei es immer von Vorteil gewesen, möglichst jung zu sein.
Der Kniff war dem Autor jedenfalls bekannt: *Grein hatte den Verdacht, dass [seine Frau Leah] älter war als er. In dem Schtetl, aus dem sie kam, waren im Ersten Weltkrieg sämtliche Personenstandsakten verbrannt, und die Geburtsurkunde, die Leah besaß, war anhand von Zeugenaussagen ausgestellt worden. Es war Grein nie gelungen, in Erfahrung zu bringen, wie alt sie wirklich war* (Isaac Bashevis Singer, ›Schatten über dem Hudson‹, Deutsch von Christa Schuenke, Deutscher Taschenbuch Verlag, München 2002, S. 105).

24 ›Mein Vater, der Rabbi‹, S. 263.

25 Paul Kresh, ›Isaac Bashevis Singer – The Story of a Storyteller‹, Loadstar Books, New York 1984, S. 14.

26 Isaac Bashevis Singer, ›Schoscha‹, Deutsch von Ellen Otten, Carl Hanser Verlag München Wien 1980. Deut-

scher Taschenbuch Verlag, München 1982, S. 16.

27 Isaac Bashevis Singer, ›Satan in Goraj‹, Deutsch von Ulla Hengst, Rowohlt Taschenbuch Verlag, Reinbek bei Hamburg 1991, S. 116.

28 Israel Joshua Singer, ›Erinnerungen‹, S. 292.

29 Israel Joshua Singer, ›Josche. Ein jiddischer Roman‹, Deutsch von Jan Müller, Herder, Freiburg im Breisgau 1967, S. 5.

30 Isaac Bashevis Singer, ›Die Familie Moschkat‹, Deutsch von Gertrud Baruch, Carl Hanser Verlag München Wien 1984. Deutscher Taschenbuch Verlag, München 1986, S. 37.

31 Esther Kreitmann, ›Deborah – Narren tanzen im Ghetto‹, Deutsch von Abraham Teuter, Alibaba Verlag, Frankfurt/M. 1984, S. 6.

32 Ebd., S. 94.

33 ›Mein Vater, der Rabbi‹, S. 155.

34 Israel Joshua Singer, ›Erinnerungen‹, S. 26.

35 Ebd., S. 33.

36 Ebd., S. 172.

37 Isaac Bashevis Singer, ›In My Father's Court. A Memoir‹ (My Sister), Penguin Books, Harmondsworth, Middlesex, 1979, S. 132.*

38 Telushkin, S. 192.*

39 ›Eine Kindheit in Warschau‹ (Die Waschfrau), S. 48.

40 Ebd.

41 Ebd. (Tote Gänse schreien nicht), S. 27ff.

42 Kreitman, S. 116.

43 ›Eine Kindheit in Warschau‹ (Die Fahrt von Radzymin nach Warschau), S. 15.

44 Ebd., S. 16.

45 Ebd., S. 17.

46 Ebd., S. 18.

47 Ebd. (Die Schüsse von Sarajewo), S. 91.

48 Ebd. (Wer ich bin), S. 10.

49 Kresh, S. 128.*

50 Telushkin, S. 195.*

51 ›Eine Kindheit in Warschau‹ (Wer ich bin), S. 10.

52 Ebd. (Der Kaftan aus Satin), S. 80.

53 Kresh, S. 36.*

54 Isaac Bashevis Singer, ›Ich bin ein Leser. Gespräche mit Richard Burgin‹, Deutsch von Harald Raykowski, Deutscher Taschenbuch Verlag, München 1988, S. 20.

55 Ebd., S. 16f.

56 ›Eine Kindheit in Warschau‹ (Wer ich bin), S. 10.

57 Isaac Bashevis Singer, ›Jews and Poles‹, zitiert in: Agata Tuszynska, ›Lost Landscapes‹. In: Search of Isaac Bashevis Singer and the Jews of Poland, Translated by Madeline G. Levine, William Morrow and Company, New York 1998, S. 26f.*

58 Heinrich Heine, ›Sämtliche Werke in zwölf Bänden‹, dritter Band, Cotta'sche Buchhandlung Nachfolger, Stuttgart o. J., S. 118, (Romanzero, Hebräische Melodien, Jehuda Ben Halevy).

59 Ebd., S. 120.

60 ›Mein Vater, der Rabbi‹ (Ich werde Einsammler), S. 154.

61 Isaac Bashevis Singer, ›Verloren in Amerika. Vom Schtetl in die Neue Welt‹ (Ein kleiner Junge auf der Suche nach Gott), Deutsch von Ellen Otten, Carl Hanser Verlag München Wien 1983. Deutscher Taschenbuch Verlag, München 1998, S. 12ff.

62 Telushkin, S. 220.*

63 ›Mein Vater, der Rabbi‹ (Meine Schwester), S. 158.

64 Carr, S. 30.*

65 Kreitmann, S. 252.

66 ›Eine Kindheit in Warschau‹ (Schoscha), S. 119f.

67 Ebd. (Die Starken), S. 60ff.

68 Ebd. (Schoscha), S. 121.

69 Ebd. (Die Schüsse von Sarajewo), S. 94.

70 Ebd. (Hunger), S. 98.

71 Ebd., S. 100.

72 Telushkin, S. 52.*

73 ›Verloren in Amerika‹ (Ein kleiner Junge auf der Suche nach Gott), S. 36.

74 Ebd., S. 36.

75 Ebd., S. 37f.

76 Ebd., S. 38.

77 ›Eine Kindheit in Warschau‹ (Die Reise), S. 103.

78 Ebd. (Bilgoraj), S. 111.

79 Ebd., S. 112f.

80 ›Mein Vater, der Rabbi‹, S. 294.

81 ›Satan in Goraj‹, S. 12.

82 ›Verloren in Amerika‹ (Verloren in Amerika), S. 227.

83 ›Eine Kindheit in Warschau‹ (Bilgoraj), S. 113.

84 ›Mein Vater, der Rabbi‹ (Die Familie), S. 295.

85 ›Eine Kindheit in Warschau‹ (Neue Zeiten), S. 114.

86 Ebd., S. 116.

87 Ebd.

88 ›Mein Vater, der Rabbi‹ (Neue Freunde), S. 305.
89 Ebd. (Alte Jüdischkeit), S. 293.
90 ›Eine Kindheit in Warschau‹ (Neue Zeiten), S. 118.
91 Ebd.
92 Ebd.
93 »Alt-Dzików«, »Dschikúff« ausgesprochen, zwischen Cewkow und Cieszanow südöstlich von Tarnogrod und nordöstlich von Lubaczow bei Lublin gelegen, nicht identisch mit »Dzików/Tarnobrzeg«, mit dem es manchmal verwechselt wird.
94 ›Eine Kindheit in Warschau‹ (Ein junger Philosoph), S. 88.

In der Literaturküche

95 Isaac Bashevis Singer, ›Das Visum‹, Deutsch von Gertrud Baruch, Carl Hanser Verlag München Wien 1998. Deutscher Taschenbuch Verlag, München 2000, S. 5.
96 Ebd., S. 7.
97 Ebd., S. 75.
98 ›Die Familie Moschkat‹, S. 623f.
99 Kresh, S. 78.*
100 ›Forverts‹, 23. Februar 1952, S. 2.*
101 Telushkin, S. 275.*
102 ›Das Visum‹, S. 5.
103 Knut Hamsun, ›Hunger‹, Deutsch von J. Sandmeier und S. Angermann, Deutscher Taschenbuch Verlag, München 1982, S. 6.
104 ›Das Visum‹, S. 85.
105 ›Verloren in Amerika‹ (Ein kleiner Junge auf der Suche nach Gott), S. 53.
106 Isaac Bashevis Singer, ›Wahnsinnsgeschichten‹ (Drei Begegnungen), Deutsch von Ellen Otten, Greno Verlagsgesellschaft, Nördlingen 1986, S. 411.
107 Ebd., S. 412.
108 ›Verloren in Amerika‹ (Ein kleiner Junge auf der Suche nach Gott), S. 53f.
109 ›Wahnsinnsgeschichten‹ (Drei Begegnungen), S. 413.
110 Ebd., S. 414.
111 Celia S. Heller, ›On the Edge of Destruction. Jews of Poland between the Two World Wars‹, Wayne State University Press, Detroit 1977, S. 53.
112 ›Verloren in Amerika‹ (Ein kleiner Junge auf der Suche nach Gott), S. 78.
113 Ebd., S. 60.
114 ›Das Visum‹, S. 137.
115 Ebd., S. 143.
116 ›Ein Tag des Glücks‹ (Das Interview), S. 49ff.
117 ›Verloren in Amerika‹ (Ein kleiner Junge auf der Suche nach Gott), S. 64f.
118 ›Forverts‹, 6. Juni 1963, S. 5.*
119 ›Verloren in Amerika‹ (Ein kleiner Junge auf der Suche nach Gott), S. 66.
120 Ebd., S. 68f.
121 Zitiert in Dr. Wyrick's Web-Classes, North Carolina State University, Herbst 2003.
122 ›Verloren in Amerika‹ (Ein kleiner Junge auf der Suche nach Gott), S. 73.
123 Ebd., S. 83.
124 Ebd. (Ein junger Mann auf der Suche nach Liebe), S. 99.
125 Ebd., S. 101.
126 Isaac Bashevis Singer, ›A Friend of Kafka and Other Stories‹ (A Friend of Kafka), Penguin Books, Harmondsworth, Middlesex, 1979, S. 9.*
127 ›Verloren in Amerika‹ (Ein junger Mann auf der Suche nach Liebe), S. 102.
128 ›A Friend of Kafka‹ (A Friend of Kafka), S. 9.*
129 Mauro Nervi, ›The Kafka Projekt‹, http://www.kafka.org/briefe/Brod/1914/br14-006.html.
130 ›A Friend of Kafka‹ (A Friend of Kafka), S. 20.*
131 Vgl. Martin Buber, ›Die Erzählungen der Chassidim‹, Manesse Verlag Zürich 1949, S. 31.
132 ›Das Visum‹, S. 30.
133 Ebd., S. 107.
134 Ebd., S. 115.
135 Ebd., S. 247.
136 ›Verloren in Amerika‹ (Ein kleiner Junge auf der Suche nach Gott), S. 88.
137 Ebd., S. 89.
138 ›Das Visum‹, S. 249f.
139 Ebd., S. 254.
140 ›Verloren in Amerika‹ (Ein junger Mann auf der Suche nach Liebe), S. 116.
141 Ebd., S. 121.
142 Ebd., S. 124.
143 Isaac Bashevis Singer, ›Feinde, die Geschichte einer Liebe‹, Deutsch von Wulf Teichmann, Carl Hanser Verlag München Wien 1978. Deutscher Taschenbuch Verlag, München 2002, S. 9.
144 ›Verloren in Amerika‹ (Ein junger Mann auf der Suche nach Liebe), S. 177.

145 Carr, ›My Uncle Itzhak‹, S. 27.*
146 Ebd., S. 27.*
147 Ebd., S. 30.*
148 Ebd., S. 29.*
149 Ebd., S. 29.*
150 ›Feinde‹, S. 59.
151 ›Schoscha‹, S. 48.
152 Isaac Bashevis Singer, zitiert in Robert Fulford, Review of Isaac Bashevis Singer's book ›Shadows on the Hudson‹ and Janet Hadda's book ›Isaac Bashevis Singer: A Life‹, ›Ottawa Citizen‹, 26. Juli 1998.
153 ›Forverts‹, 28. August 1955, S. 5f.*
154 ›Verloren in Amerika‹ (Ein junger Mann auf der Suche nach Liebe), S. 101.
155 ›Verloren in Amerika‹ (Verloren in Amerika), S. 221.
156 Ebd., S. 227.
157 Ebd., S. 238.
158 Telushkin, S. 77.*
159 Telefoninterview mit Knut Ahnlund, Berlin/Stockholm, 15.10.03.*
160 ›Verloren in Amerika‹ (Verloren in Amerika), S. 242.
161 ›Schoscha‹, S. 219f.
162 ›Die Familie Moschkat‹, S. 526f.
163 ›Verloren in Amerika‹ (Verloren in Amerika), S. 252.

Verloren in Amerika

164 Ebd., S. 251ff.
165 Ebd., S. 269f.
166 Ebd., S. 271.
167 Ebd., S. 274.
168 Ebd., S. 280.
169 Ebd., S. 285.
170 Ebd., S. 290.
171 Ebd., S. 291.
172 Ebd., S. 293f.
173 Ebd., S. 295.
174 Ebd.
175 Ebd., S. 298.
176 Ebd., S. 299.
177 Ebd., S. 300f.
178 Weinryb, S. 447.
179 ›Verloren in Amerika‹ (Verloren in Amerika), S. 303f.
180 ›Forverts‹, Nachruf auf Thomas Mann, 28. August 1955, S. 5f.*
181 ›Verloren in Amerika‹ (Verloren in Amerika), S. 305.
182 Ebd., S. 306f.
183 Heller, S. 138.
184 ›Ich bin ein Leser‹, S. 25f.
185 Brief an Ravich, zitiert in: Janet Hadda, ›Isaac Bashevis Singer: A Life‹, Oxford University Press, New York and Oxford 1997, S. 85.*
186 ›Verloren in Amerika‹ (Verloren in Amerika), S. 318f.
187 Ebd., S. 342
188 Ebd., S. 349.
189 Ebd., S. 350.
190 Ebd., S. 353.
191 Ebd., S. 394.
192 Brief an Runya, zitiert in: Israel Zamir, ›Journey to my Father, Isaac Bashevis Singer‹, Arcade Publishing, New York 1995, S. 67ff.*
193 Hadda, S. 96.*
194 ›Verloren in Amerika‹ (Ein junger Mann auf der Suche nach Liebe), S. 126.
195 Hadda, S. 97.*
196 Isaac Bashevis Singer, ›Der Kabbalist vom East Broadway‹ (Die Aktentasche), Deutsch von Ellen Otten, Carl Hanser Verlag München Wien 1976. Deutscher Taschenbuch Verlag, München 1998, S. 123.
197 Interview mit Klaus Wassermann, New York, 5.11.03.*
198 Hadda, S. 98.*
199 Ebd.
200 Zamir, S. 25.*
201 Interview mit Klaus Wassermann, New York, 5.11.03.*
202 Isaac Bashevis Singer, ›Conversations‹, herausgegeben von Grace Farrell, University Press of Mississippi, Jackson and London 1992, S. 131.*
203 ›Ich bin ein Leser‹, S. 161.
204 ›Die Familie Moschkat‹, S. 644.
205 Jonas Turkow, ›Farloshene shtern‹ (S.99), zitiert in: Guido Massino, ›Fuoco Inestinguibile. Frank Kafka, Jizchak Löwy e il teatro yiddish polacco‹, Bulzoni Editore, Rom 2002, S. 74.*
206 Carr, S. 31.*
207 Interview mit Nelly Pehl, Berlin, 16.11.03.
208 Michael Weissner, »On this desk I will write great things«, ›Forward‹ (engl. Teil), 8. Oktober 1993, S. 11.*
209 Isaac Bashevis Singer, ›Gimpel der Narr. Ausgewählte Erzählungen‹ (Zeidlus der Papst), Deutsch von Wolfgang von Einsiedel, Rowohlt Taschenbuchverlag, Reinbek bei Hamburg 1982, S. 185.

210 Hadda, S. 103ff.*
211 Zamir, S. 61.*
212 Ebd., S. 57.*
213 ›Verloren in Amerika‹ (Ein kleiner Junge auf der Suche nach Gott), S. 15.
214 ›Forverts‹, 4. Dezember 1944, S. 2.*

Der Preisträger

215 Emanuel Ringelblum, ›Ghetto Warschau. Tagebücher aus dem Chaos‹, Seewald, Stuttgart 1967, S. 161.
216 ›Ich bin ein Leser‹, S. 138.
217 Hadda, S. 103ff.*
218 Isaac Bashevis Singer, ›Zlateh die Geiß und andere Geschichten‹ (Vorwort), Deutsch von Rolf Inhaus, Zeichnungen von Maurice Sendak, Verlag Sauerländer, Aarau 1992, S. 7.
219 ›Verloren in Amerika‹ (Ein junger Mann auf der Suche nach Liebe), S. 99.
220 ›Die Familie Moschkat‹, S. 685.
221 ›Ich bin ein Leser‹, S. 138.
222 Hadda, S. 136.*
223 Kresh, S. 129.*
224 Telefoninterview mit Irmgard Hesch, Berlin/Ludwigshafen, 1.8.03.
224a Telefoninterview mit Helen und Bob Castelain, Berlin/Spiez, 29.7.03
224b Telefoninterview mit Fanny Jacobson, New York, 29.10.03.
225 Interview mit Vera Hannenberg, Great Neck, 30.10.03.*
226 Ebd.*
227 Telushkin, S. 21.*
228 Kresh, S. 183f.*
229 Hadda, S. 129.*
230 Kresh, S. 184.*
231 Isaac Bashevis Singer, ›Das Erbe‹, Deutsch von Thomas Kolberger, Carl Hanser Verlag München Wien 1981. Deutscher Taschenbuch Verlag, München 1998, S. 387.
232 ›Gimpel der Narr‹ (Gimpel der Narr), S. 22.
233 Ebd., S. 23.
234 Interview mit Dorothea Straus, New York, 27.10.03.*
235 Telefoninterview mit Grace Farrel, New York/Indiana, 31.10.03.*
236 Zitiert in: Isaac Bashevis Singer, ›Gimpel the Fool and Other Stories‹, Avon Books, New York 1969.*
237 Stefan Kanfer, ›Isaac Singer's Promised City‹, City Journal, New York, Vol. 7, No. 3, Summer 1997 (Website-Zitat, ohne Seitenangabe).*
238 Interview mit Dorothea Straus, New York, 27.10.03.*
239 Zamir, S. 48f.*
240 Telushkin, S. 333.*
241 ›Ich bin ein Leser‹, S. 113.
242 Interview mit Dorothea Straus, New York, 27.10.03.*
243 Kresh, S. 191.*
244 Ebd., S. 373.*
245 Telefoninterview mit Dorotea Bromberg, Berlin/Stockholm, 13.8.03.*
246 Zamir, S. 43ff.*
247 Interview mit Vera Hannenberg, Great Neck, 30.10.03*
248 Interview mit Dorothea Straus, New York, 27.10.03.*
249 Lester Goran, ›The Bright Streets of Surfside. The Memoir of a Friendship with Isaac Bashevis Singer‹, The Kent State University Press, Kent, Ohio, und London, England 1994, S. 4f.*
250 Telushkin, S. 47.*
251 Telushkin, S. 167.*
252 Telushkin, S. 136.*
253 Kresh, S. 208.*
254 Hadda, S. 131.*
255 Telushkin, S. 115.*
256 Ebd., S. 115.*
257 Ebd., S. 116.*
258 ›New York Times‹, 9. Dezember 1978.*
259 Hadda, S. 181.*
260 ›A Friend of Kafka and Other Stories‹ (The Son), S. 225.*
261 Ebd., S. 228.*
262 Ebd., S. 230.*
263 Zamir, S. 32f.*
264 Ebd, S. 238.*
265 Telefoninterview mit Israel Zamir, Berlin/Beit Alfa, 28.12.03.*
266 ›Feinde‹, S. 33.
267 Ebd., S. 42.
268 Telefoninterview mit Grace Farrel, New York/Indiana, 31.10.03.*
269 Zamir, S. 91.*
270 Hadda, S. 211.*
271 ›Ich bin ein Leser‹, S. 32.
272 Isaac Bashevis Singer, ›Der Zauberer von Lublin‹, Deutsch von Susanne Rademacher, Rowohlt, Reinbek bei Hamburg 1967, S. 9f.
273 Ebd., S. 13.
274 Ebd., S. 223.
275 Interview mit Dorothea Straus, New York, 27.10.03.*

276 Nathan Hannover, ›Jawen Mezula. Schilderung des polnisch-kosakischen Krieges und der Leiden der Juden in Polen während der Jahre 1648-1653. Bericht eines Zeitgenossen.‹ Nach einer von J. Lelewel durchgesehenen französischen Übersetzung herausgegeben von J. J. Benjamin II, 2., durch einen Anhang vermehrte Auflage, im Selbstverlage des Herausgebers, Hannover 1863, S. 13f.
277 ›Satan in Goraj‹, S. 5.
278 Isaac Bashevis Singer, ›Jakob der Knecht‹, Deutsch von Wolfgang von Einsiedel, Büchergilde Gutenberg, Frankfurt/M. 1979, S. 105f.
279 Isaac Bashevis Singer, ›Short Friday and Other Stories‹ (A Wedding in Brownsville), Penguin Books, Harmondsworth, Middlesex, England 1983, S. 163ff.*
280 Ebd., S. 168.*
281 Ebd., S. 170.*
282 Zamir, S. 6.*
283 ›Verloren in Amerika‹ (Ein kleiner Junge auf der Suche nach Gott), S. 60.
284 Kresh, S. 186.*
285 ›Ich bin ein Leser‹, S. 149.
286 ›Conversations‹, S. 230.*
287 ›Jewish Cronicle‹, 2.8.91.*
288 Telushkin, S. 183.*
289 Kresh, S. 331.*
290 Ebd., S. 374.*
291 ›Zlateh, die Geiß‹ (Zlateh, die Geiß) S. 66.
292 Ebd., S. 73.
293 ›Feinde‹, S. 74.
294 Kresh, S. 246.*
295 Ebd., S. 203.*
296 ›Der Kabbalist vom East Broadway‹ (Der Kabbalist vom East Broadway), S. 13.
297 Ebd., S. 15.
298 Cynthia Ozick, ›Yiddish in Amerika‹ in: ›Jewish-American Stories‹, Edited and with an Introduction by Irving Howe, The New American Library, New York 1977, S. 160.*
299 Ebd., S. 173.*
300 ›Der Kabbalist vom East Broadway‹ (Der Bart), S. 237.
301 Telushkin, S. 123.*
302 Ebd.*
303 Zamir, S. 121.*
304 Kresh, S. 237.*
305 Mitteilung von Harold Ostroff, New York, 5.11.03*
306 Kresh, S. 347.*
307 Interview mit Bruce Davidson, New York, 6.11.03.*
308 Interview mit Emily Davidson, New York, 6.11.03.*
309 Interview mit Bruce Davidson, New York, 6.11.03.*
310 Mitteilung von Louis Katz, New York, 5.11.03.*
311 ›Schoscha‹, S. 24.
312 Telushkin, S. 18f.*
313 Ebd., S. 29.*
314 Ebd., S. 36.*
315 ›Schoscha‹, S. 254.
316 Telushkin, S. 52.*
317 Ebd.*
318 ›Schoscha‹, S. 272.
319 Telushkin, S. 112.*
320 Ebd., S. 214.*
321 Ebd.*
322 Ebd., S. 60.*
323 Ebd., S. 233f.*
324 Ebd., S. 223.*
325 Telefoninterview mit Grace Farrel, 31.10.03.*
326 Ebd.*
327 Kresh, S. 395.*
328 Isaac Bashevis Singer, TV-Interview, zitiert in: ›Š über einen versteckten Gott š‹, Film von Isy Morgenstern, Prod. France 3, 1997.*
329 Kresh, S. 395.*
330 Ebd., S. 396.*
331 Ebd., 407.*
332 Ebd.*
333 Telefoninterview mit Dorotea Bromberg, Berlin/Stockholm, 13.8.03.*
334 Lars Gyllensten, ›The Work of Isaac Bashevis Singer‹, zitiert in: Isaac Bashevis Singer, ›Nobel Lecture‹, Farrar Straus Giroux, New York 1978, S. 16f.*
335 Ebd., S. 7f.*
336 Nobel Lecture, S. 8f.*
337 Zamir, S. 181f.*
338 Telushkin, S. 80.*
339 Zamir, S. 182.*
340 Ebd., S. 189.*
341 Isaac Bashevis Singer, ›Jentl‹, Deutsch von Wolfgang von Einsiedel, Deutscher Taschenbuch Verlag, München 2002, S. 5.
342 Ebd., S. 28.
343 Lars Gyllensten, zitiert in ›Nobel Lecture‹.*
344 Kreitmann, S. 94.
345 Telushkin, S. 65.*
346 ›Conversations‹, S. 226.*
347 Telushkin, S. 197.*

348 Isaac Bashevis Singer, ›Der Tod des Methusalem und andere Geschichten von Glück und Unglück der Menschen‹ (Der Jude aus Babylon), Deutsch von Ellen Otten, Carl Hanser Verlag München Wien 1992. Deutscher Taschenbuch Verlag, München 1997, S. 5.
349 Heinrich Heine, ›Die Harzreise, 1824‹ in: H. Heine, ›Reisebriefe und Reisebilder‹, Rütten & Loening, Berlin 1981, S. 130.
350 Goran, S. 34.*
351 Ebd., S. 66.*
352 Telushkin, S. 267.*
353 Ebd., S. 152.*
354 Hadda, S. 209.*
355 Goran, S. 33.*
356 ›Der Tod des Methusalem‹ (Der Jude aus Babylon), S. 13f.
357 Telushkin, S. 290.*
358 Zamir, S. 214.*
359 Ebd., S. 220ff.*
360 Hadda, S. 203f.*
361 Zamir, S. 226.*
362 ›Der Tod des Methusalem‹ (Der Tod des Methusalem), S. 235f.
363 Mitteilung Gabriele Werffeli, Barney Greengrass, New York, 1.11.03.
364 ›A Friend of Kafka‹ (The Chimney Sweep), S. 123.*
365 ›Conversations‹, S. 255.*
366 ›Ein Tag des Glücks‹ (Der Ratgeber), S. 14.

Erwähnte literarische Werke

Personenregister

Verzeichnis literarischer Gestalten